Manual de gestión aduanera

Normativas y procedimientos
en el comercio internacional

Manual de gestión aduanera

Normativas y procedimientos en el comercio internacional

Pedro Coll

Cristina Coll

Colección: GESTIONA
Director: Adrià Gibernau

MANUAL DE GESTIÓN ADUANERA
NORMATIVAS Y PROCEDIMIENTOS EN EL COMERCIO INTERNACIONAL

1.ª edición, 2013
2.ª edición, 2015
3.ª edición, 2019
4.ª edición, 2020
5.ª edición, noviembre 2023

© Pedro Coll Tor, Cristina Coll Albós
© de esta edición, incluido el diseño de la cubierta, ICG Marge, SL

Edita: Marge Books
Brutau, 160 – 08203 Sabadell (Barcelona)
Tel. 931 429 486 – marge@margebooks.com
www.margebooks.com

Edición: Núria Gibert
Compaginación: Mercedes Lara
Impresión: Safekat, SL (Madrid)

ISBN edición impresa: 978-84-19109-75-0
ISBN edición digital: 978-84-19109-76-7
Depósito Legal: B 19474-2023

 El papel empleado en este libro no ha sido blanqueado con cloro elemental (CI_2).

Índice

Capítulo 4
Condiciones de entrega de las mercancías: las reglas Incoterms

Capítulo 5
Procedimientos aduaneros

Capítulo 9
Despacho aduanero de mercancías 153

Autores

Pedro Coll

Tras estudiar Ingeniería Técnica Mecánica, se licenció en Ciencias Económicas y Empresariales por la Universidad de Barcelona y obtuvo el título de Doctor en Economía Aplicada por la Universidad Abat Oliba CEU.

Experto en comercio internacional, ha llevado a cabo su cometido en empresas nacionales y multinacionales. Profesionalmente, se ha especializado en servicios de tráfico internacional de mercancías, consultoría y de agente de aduanas, compaginando su actividad profesional con la de profesor. Desde hace más de treinta años imparte clases en varias universidades y escuelas de negocios en España y otros países.

Cristina Coll

Estudió Bachelor en Business Administration en INEDE, actual Universidad Internacional de Cataluña. Máster en Empresa Internacional y Comercio Exterior por la Universidad de Barcelona. Ostenta el título de Representante Aduanero por la Agencia Estatal de Administración Tributaria.

Ha desarrollado su carrera profesional en el Reino Unido y en España. Experta en comercio internacional, ejerce como representante aduanero y consultora en comercio exterior. Profesora de gestión aduanera y logística internacional, imparte clases en universidades y escuelas de negocios, formando parte del profesorado de Cámara de Comercio de Barcelona.

Manual de gestión aduanera

Normativas y procedimientos en el comercio internacional

Introducción

En un mercado globalizado, las operaciones logísticas en los intercambios de bienes, servicios y capitales son una realidad cotidiana; en consecuencia, se han de tener muy presentes el conocimiento y el cumplimiento de las normas legales relativas a la gestión aduanera, junto con las operaciones conexas de transacciones financieras en divisas y los servicios de transporte internacional, almacenaje, distribución y tráfico de mercancías.

Hoy en día, las empresas productivas deben situar sus referentes, salvo excepciones, más allá del mercado doméstico. Cualquier organización ha de entender que sus fabricados pueden ser importados desde otros países, sobre todo si se trata de artículos de escasa incorporación tecnológica. Por tanto, además de la competencia interior también sufre la proveniente del extranjero, en ocasiones a precios inferiores y con calidades superiores.

La dirección de la empresa debe contemplar la posibilidad de desarrollar una operativa logística de acopios global, capaz de abastecerse de materias primas y productos elaborados desde cualquier país que pueda ofrecerlos en condiciones favorables, tanto técnicas como económicas, y medioambientalmente sostenibles.

De igual modo, ha de ocuparse del desarrollo de la compañía mediante la exportación de sus fabricados, evitando las limitaciones que puede contener la demanda interna o los perjuicios de competir con la llegada de nuevas ofertas exteriores. El acceso a nuevos mercados supone dedicar especial atención a evitar o aminorar el impacto de los costos fijos en los productos, optimizar el rendimiento productivo, mejorar las posibilidades de financiación y diversificar los riesgos empresariales. Con esa visión, la empresa puede disponer de una pluralidad de proveedores y clientes, nacionales o extranjeros, y experimentar una mejora de su posicionamiento en el mercado.

El mercado interior de la Unión Europea (UE), ejemplo de agrupación económica regional, se enmarca en el territorio formado por veintisiete Estados (Reino Unido abandona la UE el 31 de enero de 2020, con un periodo transitorio hasta el 31 de diciembre del mismo año). A esta agrupación podrían sumarse aquellos Estados que en el futuro sean admitidos, constituyendo un referente de actividad económica a escala mundial, por lo que en varias ocasiones nos referiremos a la UE como ejemplo a considerar. Ello significa tener muy presente, que cada país integrante de la UE se halla en un «mercado único» formado por todos los Estados miembros, en el cual es posible comprar y vender bienes y servicios con libertad de movimiento de capitales, residiendo en cualquiera de dichos territorios. En consecuencia, pueden realizarse operaciones de comercio exterior con terceros países desde cualquier Estado miembro de la Unión.

En el marco de las relaciones internacionales, los Estados suscriben numerosos acuerdos, tanto de ayuda económica como de cooperación y de relaciones comerciales, que deben tenerse muy en cuenta en las operaciones de comercio internacional, pues están íntimamente relacionadas con la política comercial y, en consecuencia, con la gestión aduanera.

En este contexto, para afrontar los retos derivados del comercio con mercados exteriores, las empresas precisan que las personas responsables de su gestión y dirección posean amplios conocimientos que permitan disponer de las herramientas necesarias para emprender tal aventura. Para ello es necesario, por una parte, que conozcan los deberes y las obligaciones de la gestión aduanera referidos al tráfico de mercancías en las compraventas con el exterior; y, por otra parte, necesitarán contar con la ayuda de profesionales, internos o externos, con capacitación en técnicas de comercio internacional, que colaboren en alcanzar el éxito de los objetivos empresariales planteados en cuantos trámites hayan de realizarse para que las mercancías lleguen a su destino en la forma más eficiente posible. En esta línea de puesta al día de la información necesaria para la correcta contratación de las operaciones de compraventa internacional, incluimos la revisión de las condiciones de entrega de las mercancías: las reglas Incoterms, desarrolladas en el capítulo 4, que entraron en vigor el 1 de enero de 2020.

Las legislaciones y los acuerdos que regulan las transacciones internacionales, aunque son de origen diverso, poseen objetivos comunes. En esta obra se toman como referencia los principios básicos de los acuerdos y, particularmente, la legislación de la UE. Esta última, en su evolución desde los tratados fundacionales de las Comunidades Europeas, Tratado de la Comunidad Europea del Carbón y del Acero (CECA), firmado en París

Sitios web relacionados con la gestión aduanera en la Unión Europea	
Comisión Europea	commission.europa.eu/index_es
Legislación de la Unión Europea	eur-lex.europa.eu
Exportaciones a la Unión Europea	https://trade.ec.europa.eu/access-to-markets/es/home
Aduana Española/Agencia Tributaria	https://sede.agenciatributaria.gob.es/
Consejo Superior de Cámaras de Comercio, Industria y Navegación de España	camara.es

en 1951 y el Tratado de Roma de 1957, que establece la Comunidad Económica Europea (CEE) y la Comunidad Europea de la Energía Atómica (Euratom), constituyen un claro ejemplo de cooperación regional basada en principios consensuales, y se ha adaptado progresivamente a los nuevos objetivos económicos, políticos y sociales. De igual modo, las instituciones comunitarias han evolucionado en función de sus cometidos y han consolidado la integración económica de los Estados miembros, mientras los gobiernos de otros Estados han formalizado acuerdos de cooperación comercial con el objeto de competir en el mercado mundial.

A lo largo del libro plantearemos los distintos aspectos de la gestión aduanera aplicada al comercio internacional. Las directrices que se expondrán, con las adaptaciones oportunas, pueden ser igualmente válidas en economías nacionales y zonas regionales de libre comercio o de integración económica de cualquier área geográfica. Poco importa si en la UE se denomina «declaración» al documento que se presenta ante la aduana o si el documento análogo recibe en México el nombre de «pedimento». Lo verdaderamente importante es que ambas legislaciones obedecen a los principios generales del comercio internacional según los acuerdos de la Organización Mundial del Comercio (OMC), cuyos miembros representan el 98 % del comercio mundial. Todo ello con el objetivo de que el profesional adquiera el conocimiento que le permita afrontar con éxito los problemas que, sin duda, le surgirán en el cometido de su responsabilidad. Deseamos que esta obra constituya, pues, una eficaz herramienta para su labor.

Capítulo 1
Conceptos generales de la gestión aduanera

La gestión aduanera, en el marco del comercio internacional, abarca una diversidad de operaciones que la hacen sumamente compleja. Coexisten operaciones comerciales de importación, exportación, regímenes especiales y tránsito de mercancías, junto con la logística de transporte, almacenaje y distribución, que operan en el cumplimiento de las normativas fiscales, de control, de seguridad y de política comercial exterior. Para los agentes que intervienen en el comercio internacional, ello significa disponer de una serie de servicios, infraestructuras y terminales logísticas adecuados para la circulación y el almacenamiento de mercancías, así como aplicar los procedimientos aduaneros que permitan atender las necesidades del mercado de manera eficaz, pues en un mercado abierto el más eficaz disfruta de ventaja comparativa frente a los demás.

Las empresas y la Administración pública han de disponer de los recursos necesarios para afrontar los retos del comercio internacional: las primeras, mediante la fabricación y la oferta de bienes y servicios según los requisitos solicitados por los clientes; la segunda, velando por el cumplimiento de las reglamentaciones de manera ágil. Ambas partes han de colaborar en el mismo objetivo, que no es otro que el desarrollo empresarial productivo, iniciado en el seno de la empresa y con repercusión final en el producto interior bruto (PIB) de cada país. Si alguna de las dos partes no cumple adecuadamente su cometido, la otra sufre las consecuencias, que finalmente se trasladan al conjunto de la sociedad mediante la disminución o el incremento de la renta nacional.

Los Estados llevan a cabo políticas económicas y comerciales tendentes al liberalismo o al proteccionismo del mercado, cuestiones que inciden directamente en la tipología y el volumen de las transacciones internacionales ya que los operadores del comercio internacional deben adaptarse a tales políticas y a sus normativas legales.

Actualmente, los Estados tienden a elaborar políticas económicas de expansionismo comercial, a la vez que forman parte de organismos supranacionales y firman tratados y convenios internacionales con el objetivo de incrementar los intercambios mercantiles.

Considerando que el mercado internacional tiende a la globalización, a pesar de algunas medidas proteccionistas, como las impulsadas por el presidente Donald Trump en EEUU en 2019, con altas subidas de aranceles a productos importados de la UE, lo que provocó una respuesta similar proteccionista por parte de la UE. Las legislaciones estatales y regionales tratan de adaptarse a las necesidades de las empresas, evitando burocracias innecesarias y adoptando sistemas electrónicos de presentación documental, agilizando los trámites documentales y logísticos.

La UE, como ejemplo de agrupación regional de Estados, ha emitido el Reglamento 952/2013, referido al Código Aduanero de la Unión Europea (CAU), para la modernización y puesta al día legislativa con el objetivo de alcanzar la mayor eficacia posible, complementado con el Reglamento de Ejecución (UE) 2015/2447 y el Reglamento Delegado (UE) 2015/2446 con normas de desarrollo.

1   Definiciones

Como sea que la normativa aduanera, además del tráfico de mercancías entre países distintos, prevé las operaciones con zonas francas o áreas fiscalmente exentas dentro del mismo territorio del país considerado, debe tenerse en cuenta el significado de *área fiscal,* tal como se define más adelante.

También hay que considerar que muchas de las operaciones comerciales están complementadas con operaciones de elementos «invisibles» o «intangibles», es decir, conceptos inmateriales que forman parte de las operaciones de comercio exterior, como los que se describen en la tabla 1.

Durante muchos años, el comercio exterior era sinónimo de importación o de exportación entre países distintos. Sin embargo, en la actualidad, debido al desarrollo de las necesidades logísticas, además de lo citado existen otras posibilidades, como las siguientes:

- Mercancías situadas en un área económico-fiscal exenta –también conocida como *zona franca*– de extensión variable, debidamente protegida y vigilada por las autoridades en su contorno, perteneciente a un país determinado, desde la cual se exportan las mercancías a un país extranjero o al interior del mismo país. En esta segunda posibilidad, se realiza una importación desde un territorio exento fiscalmente perteneciente al propio país.
- Mercancías introducidas en un área económico-fiscal exenta y sometidas a transformación; el producto obtenido puede ser exportado a un país extranjero o al propio país, en cuyo caso la mercancía importada estará sujeta a las normas de origen.

CONCEPTOS INTANGIBLES EN COMERCIO EXTERIOR
Servicios bancarios y financieros: créditos, préstamos, financiaciones e inversiones
Asistencia técnica
Montajes
Contratación de personal
Explotación de marcas y patentes con sus cánones y *royalties*
Derechos de autor
Seguros
Servicios de transporte
Servicios de empresas transitarias
Agencias de aduana / Representante aduanero
Celebración de contratos de agencia, intermediación y comisionistas
Servicios logísticos de almacenamiento y distribución
Servicios de seguros
Gestión de liquidación de tributos, tasas e impuestos
Servicios de asesoramiento jurídico, administrativo, fiscal, mercado, etc.

Tabla 1. Conceptos inmateriales que forman parte de las operaciones de comercio internacional.

- Mercancías introducidas en un área económico-fiscal exenta con las características fiscales de almacén –depósito franco o depósito aduanero–, cuya superficie depende del volumen de las mercancías almacenadas, desde el cual estas se exportan, sin haber sufrido transformación excepto la puesta a punto o mantenimiento, al extranjero o al propio país, en cuyo caso la mercancía estará sujeta a las normas de origen. Dichas mercancías deben estar bajo el control de una autoridad aduanera competente o y bajo la responsabilidad de una persona física o jurídica autorizada que cumpla los requisitos y las garantías exigidos para su cometido.
- Mercancías introducidas en un almacén con las características fiscales de depósito franco o depósito aduanero, las cuales, una vez transformadas, se exportan al extranjero o al propio país, en cuyo caso habrán de cumplirse las normas de origen.

De todo ello se desprenden una serie de conceptos aceptados internacionalmente, si bien debe tomarse en consideración la legislación propia de cada país, pues la norma legal, aun conservando idéntica función operativa, puede diferir en la amplitud de aplicación. De forma general, proponemos las siguientes definiciones:

- **Persona residente**

  Persona física o jurídica con residencia fiscal en un país o territorio determinado, según las leyes en vigor.

- **Persona no residente con derecho económico operativo**

  Persona física o jurídica no residente que dispone de una autorización legal para realizar determinadas operaciones económicas.

- **Área económico-fiscal**

  Territorio de un país en el que rige una normativa económica y fiscal común a toda la ciudadanía residente en él, incluidas las personas jurídicas. Distinguimos dos posibilidades:

  - *Área económico-fiscal gravada.* Territorio en el que las operaciones comerciales realizadas se someten a los impuestos generales, tasas y gravámenes que sean de aplicación.
  - *Área económico-fiscal exenta.* Parte del territorio al que se concede una exención fiscal total o parcial por motivos económicos.

- **Operación comercial de importación**

  Toda operación de mercancías objeto de comercio por la cual un sujeto pasivo legalmente capaz, residente o con derecho económico operativo en un área económico-fiscal determinada, introduce en ella –proveniente de otra área económico-fiscal– el objeto de la operación, bajo la observancia de las normas legales en la materia.

- **Operación comercial de exportación**

  Toda operación de mercancías objeto de comercio por la cual un sujeto pasivo legalmente capaz, residente o con derecho económico operativo en un área económico-fiscal determinada, expide desde ella –con destino a otra área económico-fiscal– el objeto de la operación, bajo la observancia de las normas legales en la materia.

- **Operaciones de invisibles**

  Toda operación de transacciones internacionales relativas a servicios e intangibles o que no estén consideradas operaciones comerciales al no existir mercancía física en la operación.

2   Recursos administrativos

Todos los hechos que se consideren contrarios al ordenamiento jurídico o cuyos efectos lesionen intereses particulares concretos pueden ser impugnados. Para ello, los países contemplan en sus legislaciones el acceso a la defensa a través de recursos administrativos. En la UE, además del amparo legislativo, puede presentarse queja ante el Defensor del Pueblo Europeo.[1]

La impugnación debe realizarse según lo previsto en cada norma legal y en la ley específica de cada impuesto, mediante las vías administrativa, económico administrativa y contencioso administrativa.

Téngase en cuenta que, en materia de comercio exterior, la presentación de las declaraciones tributarias aduaneras ante la autoridad competente, así como las responsabilidades tributarias, según la legislación de cada país,[2] afecta a tributos o impuestos como los siguientes:

- Arancel de aduanas.
- Impuesto sobre el valor añadido (IVA).
- Impuestos especiales sobre:
  - Cerveza.
  - Vino y bebidas fermentadas.
  - Productos intermedios.
  - Alcohol y bebidas derivadas.
  - Hidrocarburos.
  - Labores del tabaco.
  - Electricidad.
- Impuesto especial sobre los envases de plástico no reutilizables.
- Derechos *antidumping*.
- Derechos compensatorios.
- Derechos sobre determinados productos (azúcar, cereales, etc.).
- Tasas y exacciones sobre bienes agrícolas o ganaderos, u otras específicas.
- Derechos especiales para productos originarios de determinados países.
- Cualquier otra exacción declarada.
- Restituciones o devoluciones a la exportación.

De ello resulta en ocasiones la lesión de intereses, tanto de la administración pública como de los particulares, que debe resolverse mediante los recursos y actos administrativos oportunos.

---

[1] Véase modelo publicado en el *Diario Oficial de la Unión Europea (DO)* de 1 de junio de 1996.

[2] Respecto a la legislación española relacionada con el comercio internacional, han de considerarse la Ley 37/1992 del Impuesto sobre el Valor Añadido, la Ley 38/1992 de Impuestos Especiales, modificadas por la Ley 28/2014, la Ley 7/2022, de residuos y suelos contaminados para una economía circular, en la que se basa el Impuesto especial sobre los envases de plástico no reutilizables, la Ley Orgánica 12/1995 de Represión del Contrabando –modificada por la Ley Orgánica 6/2011–, la Ley General Tributaria 58/2003, así como el Código Aduanero del Reglamento (UE) 952/2013 mencionado anteriormente.

En cuanto a los plazos legales para presentar reclamaciones e iniciar actuaciones, deben tenerse en cuenta las disposiciones para cada impuesto y la normativa común nacional y comunitaria. Los plazos para actuar administrativamente responden a los conceptos de «prescripción» y «caducidad».

- **Plazo de prescripción**

  Generalmente, los plazos legales de actuación administrativa comprenden cuatro años desde la fecha en que se produjo el acto impositivo, el cual puede interrumpirse, aplicando este criterio, en el caso de aquellos impuestos en los que así esté previsto. Dicha interrupción, a instancia de la administración pública o del particular afectado, prorroga el plazo un año, con objeto de elevar a definitivas las actuaciones. Estos plazos han de corroborarse con la legislación de cada país.

- **Plazo de caducidad**

  En función de este criterio, el plazo para actuaciones no se puede interrumpir por acto administrativo; como consecuencia, toda acción se ha de realizar y resolver dentro del plazo legalmente estipulado.

  En el ámbito del comercio exterior, dado que en las declaraciones tributarias suelen combinarse conceptos aduaneros y de impuestos indirectos, los plazos legales para actuación de la inspección fiscal se configuran según su norma específica. Al igual que en el plazo de prescripción, los plazos legales se han de verificar con la legislación de cada Estado. A modo de ejemplo para la UE, es como sigue:

  - En la inspección de aranceles, exacciones agrícolas, derecho *antidumping* y antisubvención y demás gravámenes derivados del Código Aduanero, el plazo legal es de tres años y se aplica el criterio de caducidad.
  - En cuanto a la comprobación de los impuestos indirectos (IVA e impuestos especiales) que forman parte de las declaraciones aduaneras, son de aplicación sus respectivas leyes, según las cuales el plazo se extiende durante cuatro años y prevalece el criterio de prescripción, por lo cual el plazo puede interrumpirse con un año adicional.

3   Tendencias globalizadoras del mercado

La propensión al crecimiento del comercio internacional en el último tercio del siglo xx evidenció posteriormente, en las primeras décadas del xxi, que estas tendencias comportan profundos cambios sociales, producciones tradicionales con un futuro incierto y nuevas tecnologías florecientes. La realidad es que los intercambios crecen y que la globalización es un hecho.

En este contexto, numerosos países se hallan en la necesidad de adaptar sus legislaciones, principalmente en materia económica, fiscal y laboral. Al mismo tiempo, los países más industrializados suscriben tratados con terceros países con objeto de incrementar el comercio internacional. Los primeros ofrecen tecnología o productos de alto valor añadido y los menos desarrollados aportan materias primas y manufacturas por razón de costo productivo, por lo que dichos intercambios responden a las «ventajas comparativas» de cada país. Así, por ejemplo, los menores costos de producción constituyen un incentivo para que un gran número de empresas de la UE o del Tratado de Libre Comercio de América del Norte (TLCAN) (North American Free Trade Agreement o NAFTA) hayan decidido trasladar su producción al exterior, sobre todo en los casos de necesidad productiva de mano de obra intensiva.

Por todo ello, los profesionales de la gestión aduanera han de tener una formación adecuada a unas políticas empresariales que tienden a la apertura de los mercados, tanto de importación como de exportación, sin obviar la inversión directa o cualquier otro tipo de acuerdo de colaboración.

4   Nuevo orden económico

En realidad, el actual mercado globalizado nació a mediados del siglo xx, con el apoyo de la Organización de las Naciones Unidas (ONU) a la conferencia celebrada en el complejo hotelero Bretton Woods en New Hampshire (EEUU) en 1944, donde fueron creadas unas instituciones de gran relevancia en la economía mundial. Nos referimos al Fondo Monetario Internacional (FMI) y al Banco Internacional de Reconstrucción y Fomento (BIRF), más conocido como Banco Mundial (BM).

Esta conferencia marcó el rumbo de la economía. Aunque inicialmente la Organización Internacional de Comercio (OIC) fue más un proyecto que una realidad, era evidente la proyección hacia el incremento del comercio internacional. Las conclusiones fueron una propuesta económica de gran envergadura, al proponer la paulatina caída de las barreras protectoras a las importaciones, el traslado de producciones en aplicación de las ventajas comparativas ofrecidas por los Estados y la tendencia a la liberalización de los movimientos de capitales. Siendo un cambio económico tan drástico, del proteccionismo al liberalismo, algunos Estados recibieron ese «nuevo orden económico» con alguna reticencia. Las consecuencias de la Segunda Guerra Mundial eran una realidad, por ello, algunos Estados prefirieron mantener posturas conservadoras proteccionistas, ante la incertidumbre de la inmediata apertura al mercado exterior. Para ello fue necesario esperar a la Conferencia de La Habana, de 1947, en la que se firmó la creación del *General Agreement on Tariffs and Trade* (GATT), operativo en enero del año siguiente al firmarlo 23 países, estableciendo una serie de normas comerciales de incentivo al comercio internacional, tales como:

- Aplicación de reducciones arancelarias.
- Eliminación de medidas no arancelarias.
- Definición del criterio de «nación más favorecida» en la aplicación de normas más beneficiosas en los intercambios de bienes.
- Aceptación de un código de buena conducta.
- Prohibición de precios *dumping*.
- Prohibición de los cárteles tendentes a eliminar la competencia o establecer acuerdos de precios abusivos.

Paulatinamente, el GATT se fue imponiendo. Periódicamente fueron celebradas rondas con presencia de las máximas autoridades políticas y económicas, incrementando sustancialmente el comercio internacional. Cabe destacar la aprobación del Código

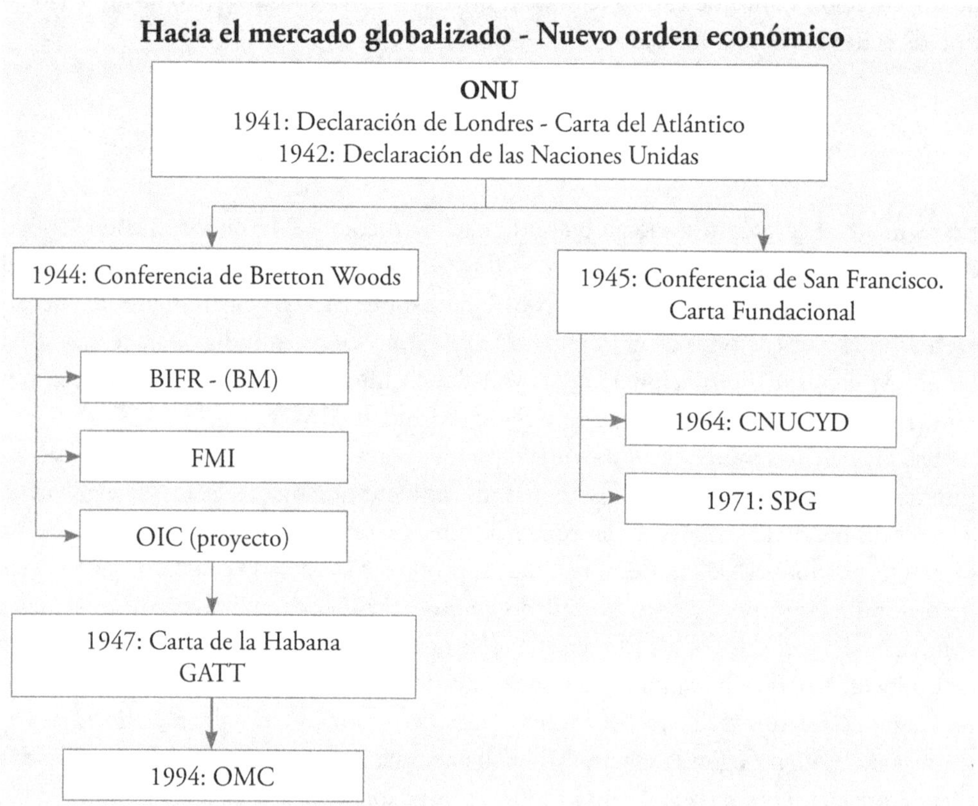

Leyendas: OIC: Organización Internacional de Comercio. CNUCYD: Conferencia de las Naciones Unidas sobre Comercio y Desarrollo. SPG: Sistema de Preferencias Generalizada. GATT: General Agreement on Tariffs and Trade. OMC: Organización Mundial de Comercio.

Figura 1.1. Instituciones y normativas en un orden económico globalizado.

de Valoración GATT como modelo de aplicación por los Estados miembros de la organización (véase el capítulo 8, «Valor en aduana de las mercancías»).

El liberalismo generalizado llegó el 15 de abril de 1994, en la conferencia celebrada en la ciudad marroquí de Marrakech, al firmar el acuerdo de culminación de la Ronda Uruguay iniciada en 1986, creando la Organización Mundial de Comercio (OMC), que inició sus actividades en 1995. Del GATT se pasaba definitivamente a la OMC. Actualmente, los 164 Estados miembros de esta organización representan algo más del 98 % del comercio mundial.

Paralelamente, se incentivaron tratados y acuerdos internacionales tendentes a la ampliación de los mercados internos hacia el comercio internacional, los cuales tratamos en el capítulo 2, «Los acuerdos de libre comercio y la integración económica regional».

5   Operadores económicos del comercio internacional

Desde que una mercancía ha sido producida y se encuentra en el punto de expedición, deben realizarse una serie de operaciones hasta la entrega a la empresa destinataria en el punto convenido del país comprador. La cadena logística de la mercancía, desde la empresa fabricante o vendedora hasta la destinataria final o compradora, es compleja. Han de realizarse una serie de contrataciones con operadores logísticos especializados, ya que han de cumplirse las normas de política comercial impuestas por los Estados. En general, estas políticas tienden a un control fiscal y verificación de las mercancías a la entrada y salida de los territorios fiscales, comprobación del cumplimiento de los tratados internacionales y a favorecer la contratación de los medios de transporte en sus distintas modalidades, junto con los servicios conexos como la manipulación y el almacenamiento.

Con independencia de la responsabilidad en la ejecución de las operaciones logísticas a realizar por la empresa vendedora o la compradora, según la condición de entrega pactada (véase el capítulo 4, «Condiciones de entrega de las mercancías: las reglas Incoterms»), han de considerarse una serie de operaciones, las cuales realizan los operadores económicos especializados, cuyo resumen enunciativo es el siguiente:

- **Envase y embalaje.** La mercancía ha de estar debidamente envasada y embalada para poder ubicarla en el medio de transporte internacional, teniendo en consideración los tiempos de tránsito, las condiciones climatológicas y el adecuado trincado de la mercancía. Si no lo realiza la empresa vendedora, suele contratarse una operadora especializada.

- **Seguro contra daños del transporte.** Las compañías de seguros ofrecen pólizas que cubren la totalidad del costo de la mercancía, generalmente superior a los mínimos garantizados por los seguros obligatorios de los convenios internacionales de transporte. Este servicio también lo ofrecen los representantes aduaneros.

- **Entrega de la mercancía a la terminal de carga para su transporte.** Las terminales de carga reciben las mercancías en función del medio de transporte –terrestre, aéreo, marítimo o fluvial–, provistas de los medios de manutención y las instalaciones adecuadas. También hay terminales para graneles, sólidos, líquidos o gases. Las operaciones en las terminales se realizan contratadas y bajo la responsabilidad de la empresa compradora cuando la entrega de la mercancía es en condiciones EXW, en las que esta se obliga a hacerse cargo de la mercancía en la fábrica o el almacén de la vendedora (véase Casos especiales de entrega, de la condición EXW, en el capítulo 4, «Condiciones de entrega de las mercancías: las reglas Incoterms»).

- **Certificación de verificación previa al embarque.** En cumplimiento de las condiciones de la contratación puede exigirse que una empresa especializada de verificación realice el control previo al embarque sobre la mercancía, certificando el cumplimiento de las cantidades o características técnicas requeridas.

- **Despacho aduanero de exportación.** Debe presentarse, generalmente por medio de una empresa transitaria, una agencia de aduanas o un representante aduanero, la declaración tributaria aduanera de exportación ante la administración pública, junto con la documentación requerida: facturas comerciales, licencias, autorizaciones y certificaciones (documentación variable según la política comercial de exportación, clase de mercancía y país de destino). En el supuesto de existir aranceles a la exportación –situación excepcional–, deberá ingresarse la deuda tributaria en los plazos legales establecidos (véase el capítulo 9, «Despacho aduanero de mercancías»).

- **Servicio de control y seguridad oficial a la exportación.** Referido a los controles sobre la mercancía en función de su clase, por ejemplo: veterinario, seguridad, sanidad, fitosanitario, etc., de acuerdo con la reglamentación del país exportador. Estos trámites suele realizarlos el representante aduanero.

- **Manipulación de la mercancía.** Con la llegada de la mercancía a la terminal de carga, esta debe ser colocada en lugar o área de preparación de cargas para posteriormente ser acondicionada en el medio de transporte.

- **Operación de carga en transporte internacional.** Tras la manipulación de la mercancía, deben realizarse las operaciones de carga, utilizando los medios de manutención adecuados, al objeto de acondicionar la carga, estibándola y trincándola en el medio de transporte principal. Todo ello según las condiciones de entrega pactadas mediante una regla Incoterms, acordada contractualmente entre las partes vendedora y compradora.

- **Transporte.** Realización del transporte principal en las modalidades de grupaje (bultos sueltos) o carga completa, es decir camión o contenedor completos para una sola empresa cargadora, también conocidas como *less container load* (LCL) o *full container load* (FCL), así como los graneles.

- **Llegada de la mercancía a la terminal de destino.** Con la llegada del medio de transporte al país de destino, en el supuesto de hacerlo a una terminal de carga, ha de realizarse la manipulación de la mercancía, con el pago de tasas de terminal, los costos de estancias, guarderías, manipulaciones para inspecciones previas al despacho aduanero, etc. Estos gastos son repercutidos a la agencia consignataria de buques, a las compañías aéreas o las transitarias o agentes de carga, quienes los trasladarán a los representantes aduaneros o agencias de aduanas. Las operaciones realizadas en las terminales terrestres, marítimas o aéreas, las realiza personal de las propias instalaciones.

  Si la unidad de transporte engloba el total de la mercancía, como en el caso de contenedores completos para una sola empresa destinataria o los envíos en camión completo, los gastos de manipulación serán proporcionales a la unidad de carga completa, y las manipulaciones, salvo las de inspección aduanera previa al despacho aduanero de importación, se harán en el almacén o instalación de la empresa destinataria.

- **Verificación previa de las mercancías objeto de importación.** Según la clase de mercancía debe realizarse y aportarse a la autoridad aduanera una serie de certificaciones, como por ejemplo: certificación de pesos o cantidades, análisis químico, certificación sanitaria, fitosanitaria o veterinaria, verificación de seguridad o calidad según parámetros establecidos (tintes en ropa, juguetes aptos por edades, pinturas sobre muñecas, mobiliario exento de elementos peligrosos, ropa infantil adecuada, seguridad en aparatos eléctricos, etc.).

- **Despacho aduanero de importación.** Se debe presentar ante la aduana de despacho las declaraciones tributarias, junto con la documentación requerida: facturas comerciales, *packing-list,* licencias, autorizaciones, certificaciones en aplicación de la política comercial a la importación, que puede variar según la mercancía y su origen. Estas documentaciones son preparadas y presentadas por quién actúe como representante aduanero (véase el capítulo 9 «Despacho aduanero de mercancías»).

- **Certificados de origen.** Con la documentación que se ha de presentar en el momento del despacho aduanero debe acreditarse el origen de la mercancía, que puede significar la aplicación de reducciones arancelarias por la existencia de acuerdos comerciales entre el país de origen y el de destino (véase el capítulo 7 «El origen de las mercancías»).

- **Liquidación de los tributos de la renta de aduanas.** Una vez presentada la declaración tributaria de importación, se genera una deuda tributaria. En los plazos legalmente establecidos han de ingresarse a la hacienda pública los aranceles, tasas e impuestos indirectos. En algunos países, los impuestos indirectos afectos a la importación puede ingresarlos el sujeto pasivo importador directamente a la hacienda pública.

  Hay países donde es obligado realizar estas operaciones exclusivamente a través de agentes de aduanas, representantes aduaneros o de empresas autorizadas, para ejercer esta actividad, cumpliendo la normativa legal...

- **Transporte interior hasta destino final.** Una vez realizados los trámites aduaneros a la importación, la mercancía debe seguir hasta su destino final, habitualmente por medios de transporte terrestres y, excepcionalmente, fluviales.

Todas estas operaciones han de ajustarse al tipo y clase de mercancía. Obviamente, no es lo mismo importar un producto de consumo humano, un fármaco, un bien de equipo, o unas manufacturas de plástico o de hierro. Cada mercancía tiene su propia identidad y debe tratarse de manera diferenciada.

Por ello, los operadores económicos que intervienen en la logística del comercio internacional has han de ser especialistas en su cometido.

5.1 Definición de operador económico

Con un criterio amplio, consideramos operador económico a toda persona física o jurídica (empresas, agentes profesionales individuales o asociados) que realice una actividad profesional o empresarial en el ámbito de bienes y servicios, en nuestro caso, como operadores del tráfico internacional de mercancías.

En este ámbito, podemos enunciar las siguientes funciones o actividades empresariales y profesionales:

- Empresa fabricante o exportadora.
- Transportista interior.
- Empresa transitaria o agente de carga internacional.

- Agencia de aduanas o representante aduanero.
- Agencia consignataria de buques.
- Compañía naviera
- Transportista terrestre.
- Compañía aérea.
- Operadora de transportes y de productos especiales: perecederos, animales vivos, cargas sobredimensionadas o de peso excesivo, peligrosos (radioactivos, tóxicos, explosivos, gases inflamables o tóxicos, combustibles y comburentes) o infecciosos.
- Empresa de verificación y control.
- Empresa importadora o compradora.

Además, existen una serie de actividades profesionales y empresariales, conexas con las citadas, como por ejemplo:

- Agente de intermediación comercial.
- Compañía de seguros y sus agentes.
- Agente corresponsal.
- Almacenista, en sus diversas variantes:

  - Carga general.
  - Productos perecederos (refrigerados y congelados).
  - Mercancías peligrosas.
  - Silos y tanques para granos, líquidos o gases.
  - Depósitos para mercancías sujetas a impuestos especiales.
  - Depósitos exentos fiscalmente.

- Servicios financieros y de ordenación bancaria.
- Empresa de manipulación portuaria y aeroportuaria.
- Servicios de consultoría.
- Consejero de seguridad del transporte.

Aunque la empresa importadora o exportadora puede realizar por sí misma esas operaciones, la complejidad de las gestiones en las distintas fases logísticas, la amplia legislación existente, sujeta a modificaciones derivadas de las necesidades económicas y de seguridad de los distintos países y de los tratados internacionales, requiere una constante puesta al día que precisa de una gestión especializada. Debe valorarse la disyuntiva entre soportar costos directos o indirectos, y la conveniencia de apoyarse en operadores logísticos externos, controlando el resultado y costo de las operaciones, o bien asumir directamente la responsabilidad de la gestión operativa por los propios medios de la empresa.

Capítulo 2
Los acuerdos de libre comercio y la integración económica regional

En el marco del comercio internacional, cabe distinguir dos modelos diferenciados de acuerdos transnacionales entre dos o más Estados, uno conocido como «acuerdo de libre comercio» (ALC) y el otro denominado como de «integración económica regional» (IER).

1   Acuerdo de libre comercio

Tiene por objeto alcanzar acuerdos que permitan la circulación de bienes y servicios con un criterio de libertad comercial, evitando obstáculos arancelarios y no arancelarios al comercio. Los tipos arancelarios suelen tender a cero, aunque puede establecerse unos tipos residuales que no sean meramente proteccionistas, pues en ese supuesto el ALC quedaría desvirtuado. El contenido del ALC puede extenderse a otros ámbitos de la economía, como complemento al objetivo comercial, tal sería la homologación de títulos profesionales o la instauración de entidades financieras y de seguros.

Ejemplos de acuerdos de cooperación e intercambios económicos existen en todos los continentes:

- Asociación Europea de Libre Comercio (AELC).
- Mercado Común del Cono Sur (Mercosur).
- Área de Libre Comercio de las Américas (ALCA).
- Alianza del Pacífico.
- Comunidad del Caribe (Caricom).
- Asociación Latinoamericana de Integración (Aladi).

- Alianza Bolivariana para los Pueblos de Nuestra América - Tratado de Comercio de los Pueblos (ALBA-TCP).
- Tratado de Libre Comercio de América del Norte (TLCAN).
- Asociación de Naciones del Sudeste Asiático (ANSA).
- Comunidad de Desarrollo de África Austral (SADC).
- Comisión del Océano Índico (COI).

Estos acuerdos, caracterizados por los intercambios comerciales, no interfieren directamente en la política interna de cada país. Se respeta la soberanía nacional y es relativamente secundario el régimen político imperante o las estructuras internas, lo básico es no interferir en el desarrollo comercial del área económica.

Por ello, esos acuerdos son relativamente sencillos de alcanzar, pues a los Estados les interesa generalmente incrementar el territorio de influencia comercial. Captar nuevas demandas para sus productos significa crecimiento y desarrollo económico, es decir, aumento del producto interior bruto (PIB). Obviamente, las subvenciones a la exportación o aquellas medidas internas que no cumplan criterios de libre competencia deben eliminarse, pues esas ventajas extracomerciales tendentes al proteccionismo incidirán en conductas de autodefensa de los demás socios. En casos extremos, puede pactarse mercancías exentas del acuerdo, como por ejemplo los productos y tecnologías de guerra o tecnología de doble uso.

El acuerdo ha de ser dinámico, es decir, debe prever su actualización en función de la situación económica y comercial de cada momento. En consecuencia, un grupo de estudio compuesto por expertos en los distintos campos económicos, representando a todos los Estados miembros del ALC, deben estudiar iniciativas tendentes a la transparencia de los intercambios, las cuales han de ser debidamente consensuadas. Es fundamental evitar medidas que afecten negativamente a algún Estado miembro, pues si no percibe compensación dejará de ser un socio adicto.

Los Estados miembros del ALC han de prever medidas y modos de actuación aceptados por todos los integrantes, como, por ejemplo, los siguientes:

- Control del sistema financiero, particularmente de las devaluaciones, la deuda externa y los tipos de interés, así como la posibilidad de controlar la depreciación de los precios impuesta por la acción gubernamental.
- El respeto a la propiedad intelectual, básica para defender los intereses del desarrollo tecnológico.
- Los convenios de transporte entre diversos países que faciliten la circulación de las mercancías y eviten las manipulaciones fronterizas que encarecen los productos.
- Regular las inversiones exteriores y las repatriaciones de dividendos, considerando que la llegada de capitales externos inciden positivamente en el incremento del PIB.

– Garantizar un sistema de seguridad jurídica que asegure las operaciones empresariales y las transacciones económicas.
– Disponer de un sistema fiscal equilibrado socialmente.

2　La UE como modelo de integración económica regional

Este modelo de integración económica implica la cesión de parte de la soberanía nacional en favor de un organismo superior. Ello significa dotar de poder legislativo a ese organismo, siendo sus resoluciones de obligado cumplimiento para los Estados que participan de la integración económica regional (IER).

Dicho de otra manera, ninguna legislación nacional puede ser contraria a una norma emitida por la IER. Sería nula de pleno derecho y, por tanto, inaplicable. Obviamente, ha de desarrollarse un mecanismo que garantice esa superioridad legislativa, lo cual se consigue dotando al organismo de la IER de un presupuesto económico que condicione las conductas individuales de los Estados.

Actualmente, el mayor exponente de IER es el formado por los Estados integrantes de la Unión Europea (UE), cuya iniciativa hay que situarla a finales de la Segunda Guerra Mundial, cuando en septiembre de 1944, los Gobiernos de Bélgica, Luxemburgo y Países Bajos, durante su exilio londinense, suscribieron una unión regional cuya convención fue ampliada en noviembre de 1947. Este documento puede concebirse como el embrión de lo que años más tarde serían las Comunidades Europeas, hasta llegar a la actual UE.

En este contexto, el planteamiento de cooperación regional tendente a alcanzar objetivos que a todos beneficiaran tenía como finalidad eludir los conflictos bélicos como medio de solución a los problemas. Las propuestas de cooperación internacional favorecían los intereses comunes, cuyo desarrollo cambiaría sustancialmente las relaciones económicas entre los Estados miembros de la UE.

Los llamados *padres fundadores* de la UE establecieron los pilares de una cooperación económica europea basada en principios democráticos. La propuesta de Robert Schuman, una revolución en la producción del carbón y del acero (materias fundamentales en el conflicto bélico), se tradujo en la prevalencia de los intereses comunes sobre los individuales de los Estados. La fecha en que fue anunciada, el 9 de mayo de 1950, se considera la de la fundación de la Comunidad Económica Europea (CEE).

Mediante este plan se abrió un nuevo camino para Europa que progresivamente la ha llevado a regular la economía, la energía atómica y la unión monetaria a cambio de un alto grado de cesión de soberanía estatal a favor de los órganos de las Comunidades Europeas.

Personalidades promotoras de la Unión Europea

- Konrad Adenauer, canciller de la República Federal de Alemania (de 1949 a 1963).
- Joseph Bech, representante de Luxemburgo, propuso la creación de la Comunidad del Carbón y del Acero.
- Johan Willem Beyen, neerlandés, impulsó la integración europea en la década de 1950.
- Winston Churchill, primer ministro de Reino Unido (de 1940 a 1945 y de 1951 a 1955), propuso la creación de los Estados Unidos de Europa como garante de la paz.
- Alcide de Gasperi, primer ministro italiano (de 1945 a 1953), fomentó vínculos económicos con los Estados europeos.
- Walter Hallstein, político alemán, primer presidente de la Comisión Europea (de 1958 a 1967), impulsó el mercado común europeo.
- Sicco Mansholt, político neerlandés, primer comisario europeo de Agricultura, tomó en consideración la importancia de la producción de alimentos como productos básicos. Fue presidente de la Comisión Europea entre 1972 y 1973.
- Jean Monnet, economista francés, promovió la integración europea.
- Robert Schuman, ministro de Asuntos Exteriores francés, elaboró el llamado Plan Schuman para el control de la producción del carbón y del acero.
- Paul-Henri Spaak, político belga, colaboró en la redacción del Tratado de Roma de constitución de la Comunidad Económica Europea.
- Atiero Spinelli, político italiano, defendió el federalismo europeo.

3   Las Comunidades Europeas

La UE está formada, en el momento de la edición de este libro, por veintisiete Estados miembros, considerando excluido el el Reino Unido de la Gran Bretaña e Irlanda del Norte.[3] Dichos Estados han aceptado los Tratados constitutivos de las Comunidades Europeas en el marco político del Tratado de la Unión Europea o de Maastricht, cuyo contenido, Estados integrantes y territorio son los siguientes:

- **Comunidad Económica del Carbón y del Acero (CECA)**
  Nacida con la firma del Tratado de París de 18 de abril de 1951 por parte de Alemania, Francia, Italia, Países Bajos, Bélgica y Luxemburgo, esta entidad tenía como objetivo regular la producción del carbón, el hierro y el acero, así como el mercado siderúrgico.

---

[3] No se contempla el Reino Unido de la Gran Bretaña e Irlanda del Norte, como consecuencia del referéndum de 23 de junio de 2016, por el cual la ciudadanía decidió no seguir formando parte de la UE.

Estados que configuran la circunscripción aduanera de la Unión Europea
– Gran Ducado de Luxemburgo
– Principado de Andorra (excluye los productos agrícolas)
– Reino de Bélgica
– Reino de Dinamarca, salvo las islas Feroe y Groenlandia
– Reino de España, salvo Ceuta y Melilla
– Reino de los Países Bajos
– República Checa
– República de Austria
– República de Bulgaria
– República de Chipre, de acuerdo con las disposiciones del Acta de Adhesión de 2003
– República de Croacia
– República de Eslovenia
– República de Estonia
– República de Finlandia
– República de Hungría
– República de Irlanda
– República de Letonia
– República de Lituania
– República de Malta
– República de Polonia
– República de Rumanía
– República de San Marino
– República de Suecia
– República de Turquía (excluye los productos agrícolas)
– República Eslovaca
– República Federal de Alemania, salvo la isla de Helgoland y el territorio de Buesingen (Tratado de 23 de noviembre de 1964 entre la República Federal de Alemania y la Confederación Suiza)
– República Francesa. Se incluye el territorio de Mónaco, pero no los de Nueva Caledonia, Mayotte, San Pedro y Miquelón, Wallis y Futuna, Polinesia Francesa y Territorios Australes Franceses
– República Helénica
– República Italiana, salvo los municipios de Liviano y Campione d'Italia y las aguas nacionales del lago de Lugano comprendidas entre la orilla y la frontera política de la zona situada entre Ponte Tresa y Porto Ceresio
– República Portuguesa

Tabla 2. Países que configuran la circunscripción aduanera de la Unión Europea en 2023.

- **Comunidad Económica Europea (CEE)**

  Los Tratados de Roma, firmados el 25 de marzo de 1957 por los Estados integrantes de la CECA, establecieron entre ellos una zona de libre cambio sin barreras arancelarias y redujeron los trámites de otra índole que entorpecieran el mercado. De este modo, se adoptó una política exterior común con la aplicación de un arancel único y una tasa exterior común, única frente a las importaciones y ocasionalmente para las exportaciones, evitando las ventajas comparativas entre los Estados miembros. Asimismo, se garantizó su abastecimiento mediante la aplicación de una política agrícola común.

- **Comunidad Europea de la Energía Atómica (CEEA)**
  Firmada conjuntamente con la CEE, tiene por objetivo desarrollar una política común de los Estados integrantes en lo que se refiere a la aplicación de la energía atómica con fines pacíficos. Actualmente, por motivos ecológicos y medioambientales, los Estados miembros estudian la viabilidad de esta energía.

3.1 *Evolución de los Tratados constitutivos de las Comunidades Europeas*

Las normativas de las Comunidades Europeas han evolucionado en función de las necesidades y de los objetivos establecidos.

- **Acta Única Europea**
  La primera de las reformas significativas, firmada en Luxemburgo el 28 de febrero de 1986, modificó las relaciones entre los Estados con vistas a conformar la futura Unión Europea.

- **Tratado de la Unión Europea**
  La firma de este documento, celebrada en la ciudad neerlandesa de Maastricht el 7 de febrero de 1992, supuso otro avance en el ámbito internacional al prever la ampliación de la integración política con antiguos países socialistas de la órbita del Pacto de Varsovia y de la antigua URSS.

- **Acuerdo de creación del Espacio Económico Europeo (EEE)**
  Mediante su firma, el 13 de diciembre de 1993, se sentaron las bases de la liberalización de los intercambios comerciales con los Estados pertenecientes a la Asociación Europea de Libre Comercio (AELC).

- **Tratado de Ámsterdam**
  Firmado el 2 de octubre de 1997, modificó el Tratado de la Unión Europea y los Tratados Fundacionales. Entre sus objetivos figuran el fortalecimiento de la cohesión económica y social y el establecimiento de una unión económica y monetaria que, posteriormente, dio lugar al nacimiento del euro, representativo de una gran cesión de la soberanía nacional a favor de las instituciones comunitarias.

Acontecimientos significativos en la configuración de la Unión Europea	
Fecha	*Acontecimiento*
18-4-1951	Tratado de París, constitutivo de la Ceca. Firmado por Francia, Alemania, Italia, Países Bajos, Bélgica y Luxemburgo
25-3-1957	Tratado de Roma, constitutivo de la CEE y de la CEEA. Firmado por Alemania, Bélgica, Francia, Países Bajos, Italia y Luxemburgo
30-7-1962	Política agrícola común desarrollada en el artículo 39 del Tratado CEE
20-7-1963	Convenio de Yaundé de asociación entre la CEE y dieciocho Estados africanos
1-7-1968	Eliminación de los derechos de aduanas entre los Estados miembros para productos industriales y creación del arancel aduanero común (con dieciocho meses de antelación a la fecha prevista)
22-1-1972	Firma de la adhesión de Dinamarca, Irlanda, Noruega y Reino Unido. Validación pendiente de referéndum o aprobación parlamentaria
1-1-1973	Inicio de la primera ampliación: Dinamarca, Irlanda y Reino Unido (Noruega obtiene un referéndum negativo)
28-2-1975	Convenio de Lomé I, entre la CEE y 46 países de África, el Caribe y el Pacífico
13-3-1979	Inicio del sistema monetario europeo
7/10-6-1979	Primera elección directa del Parlamento Europeo (410 miembros)
31-10-1979	Convenio de Lomé II, entre la CEE y 58 Estados de África, el Caribe y el Pacífico
1-1-1981	Segunda ampliación: entrada de Grecia
8-12-1984	Tercer convenio entre la CEE y 66 países de África, el Caribe y el Pacífico
Enero de 1985	Jacques Delors es nombrado presidente de la Comisión de las Comunidades Europeas
1-1-1986	Tercera ampliación: Portugal y España
Febrero 1986	Firma en Luxemburgo y La Haya del Acta Única Europea
15/18-6-1989	Tercera elección de parlamentarios
17-7-1989	Solicitud de adhesión de Austria
9-11-1989	Caída del Muro de Berlín
15-12-1989	IV Convenio de Lomé entre la CEE y Estados de África, el Caribe y el Pacífico
19-6-1990	Acuerdo de Schengen
4/16-7-1990	Solicitud de adhesión de Malta y Chipre

Continúa

Continuación

Acontecimientos significativos en la configuración de la Unión Europea	
Fecha	*Acontecimiento*
3-10-1990	Unidad alemana
1-07-1991	Solicitud de adhesión de Suecia
21-10-1991	Acuerdo de Creación del Espacio Económico Europeo (EEE)
7-2-1992	Firma del Tratado de Maastricht. Concepción de la Unión Europea
18-3-1992	Solicitud de adhesión de Finlandia
2-5-1992	Firma del Acuerdo del EEE
1-11-1993	Entrada en vigor del Tratado de Maastricht
1-4-1994	Solicitud de adhesión de Hungría
8-4-1994	Solicitud de adhesión de Polonia
15-4-1994	Firma del Acta de la Ronda Uruguay del Acuerdo General sobre Aranceles Aduaneros y Comercio o GATT *(General Agreement on Tariffs and Trade)* en Marrakech. Creación de la Organización Mundial del Comercio (OMC)
9/12-6-1994	Cuartas elecciones al Parlamento Europeo
1-1-1995	Cuarta ampliación: Austria, Finlandia y Suecia
23-1-1995	Inicio de la presidencia de la Comisión Europea de Jacques Santer (1995-2000)
26-3-1995	Entrada en vigor del Convenio de Schengen
2-10-1997	Tratado de la Unión Europea o de Ámsterdam
1-1-1999	Instauración de la moneda europea: el euro
16-3-1999	El presidente y los veinte miembros de la Comisión Europea son obligados a dimitir por presunta corrupción y malversación de fondos
19-6-2000	El dracma entra en la eurozona
26-2-2001	Firma del Tratado de Niza
1-1-2002	Inicio de la circulación de monedas y billetes de euro
1-5-2004	Quinta ampliación: Chipre, Eslovaquia, Eslovenia, Hungría, Estonia, Letonia, Lituania, Malta, República Checa y Polonia
1-1-2007	Sexta ampliación: Bulgaria y Rumania

Continúa

Continuación

ACONTECIMIENTOS SIGNIFICATIVOS EN LA CONFIGURACIÓN DE LA UNIÓN EUROPEA	
Fecha	*Acontecimiento*
2007	Eslovenia entra en la eurozona
13-12-2007	Tratado de la Unión Europea y Constitutiva de la Comunidad Europea o de Lisboa
1-1-2008	Chipre y Malta entran en la eurozona
Febrero de 2008	Bajo la supervisión de la UE y de la Organización del Tratado del Atlántico Norte (OTAN), Kosovo se declara independiente de Serbia. Los países miembros España, Grecia, Rumania, Eslovaquia y Chipre, junto con Serbia y Rusia, no reconocen el nuevo Estado
1-1-2009	Eslovaquia entra en la eurozona
19-11-2009	El belga (flamenco) Herman van Rompuy es nombrado presidente del Consejo Europeo y la británica Catherine Ashton representante exterior de la UE
1-12-2009	Entrada en vigor del Tratado de Lisboa, en sustitución de la Constitución no aprobada por unanimidad. Cambio en el sistema de voto
2010	Tormenta financiera y estancamiento. Irlanda, Lituania, Grecia, Portugal, España e Italia conocen dificultades económicas
2011	Grave crisis en España: reducción de los salarios del sector público, estancamiento de las inversiones y 25 % de la población laboral en paro
1-1-2011	Estonia entra en la eurozona
2011-2012	Previsión de entrada en la eurozona de República Checa, Estonia, Letonia y Lituania. La situación financiera no mejora. Planes de austeridad en los Estados con dificultades económicas. Tras aplicar drásticas medidas, Irlanda remonta la crisis
2012	La UE sigue inmersa en una grave crisis económica. España supera el 25 % de paro y sufre un aumento generalizado de los impuestos
1-7-2013	Integración de Croacia en la UE
1-1-2014	Letonia entra en la eurozona
1-1-2015	Lituania adopta el euro como moneda. Sigue la crisis en la UE, con mayor virulencia en los países mediterráneos
23-6-2016	Triunfo del referéndum en el Reino Unido para el abandono de la UE, 51,9 % a favor y 48,1 % en contra
2018-2019	Previsión de entrada en la eurozona de Hungría, Rumanía, Croacia, Polonia y República Checa
31-01-2020	Reino Unido abandona la UE

Tabla 3. Acontecimientos significativos en la configuración de las Comunidades Europeas, por orden cronológico.

- **Tratado de Niza**
  Con fecha de 26 de febrero de 2001, modificó los tratados anteriores. Constituye un impulso al Tratado de Ámsterdam en relación con el funcionamiento de las instituciones de la UE con una Unión ampliada, y establece una política de seguridad común que garantice el fortalecimiento de los objetivos comunitarios.

- **Tratado de Lisboa**
  Firmado el 13 de diciembre de 2007, modificó el Tratado de la Unión Europea y el Tratado constitutivo de la Comunidad Europea. Acentúa la herencia cultural, religiosa y humanista de Europa, y el desarrollo de los valores universales de los derechos inviolables e inalienables de la persona, así como la libertad, la democracia, la igualdad y el estado de derecho. Establece la refundición de las normas legales en que se basa la Unión, que se fundamenta en el presente tratado y en el Tratado de la Unión Europea o de Funcionamiento, en virtud del cual tuvo lugar la integración de la CECA y la CEE.

  Inicialmente, este tratado pretendía una Constitución Europea, cuyo texto fue rechazado por referéndum en Francia y los Países Bajos. Finalmente, el 1 de diciembre de 2009, entró en vigor el Tratado de Lisboa, por el que se dotó a la UE de personalidad jurídica para la firma de tratados internacionales, y se crearon las figuras de presidente del Consejo Europeo y el responsable de la Política Exterior. También fueron ampliadas las atribuciones del Parlamento Europeo en materia de control de las competencias de la UE y la admisión de la iniciativa popular proponiendo nueva legislación. La idea de la Constitución Europea quedó aparcada indefinidamente.

- **Versiones consolidadas**
  La dinámica legislativa desde el inicio de las Comunidades Europeas (CCEE), ha obligado a una puesta al día de los tratados en «versiones consolidadas», cuya normativa global se encuentra en los tratados siguientes:

  - Tratado de la Unión Europea (TUE).
  - Tratado de Funcionamiento de la Unión Europea (TFUE).
  - Tratado constitutivo de la Comunidad Europea de la Energía Atómica (Euratom).
  - Carta de Derechos Fundamentales de la Unión Europea (CDF).

4 Principios de la Unión Europea

Los principios básicos suscritos en el Tratado constitutivo de la CEE, que actualmente conocemos como TUE, son los siguientes:

Estados integrantes de la zona euro					
Pos	*Estado*	*Año*	*Pos*	*Estado*	*Año*
1	Austria	1999	11	Irlanda	1999
2	Países Bajos	1999	12	Grecia	2001
3	Bélgica	1999	13	Eslovenia	2007
4	Portugal	1999	14	Chipre	2008
5	Finlandia	1999	15	Malta	2008
6	España	1999	16	Eslovaquia	2009
7	Francia	1999	17	Estonia	2011
8	Italia	1999	18	Letonia	2014
9	Luxemburgo	1999	19	Lituania	2015
10	Alemania	1999	20	Croacia	2023

Tabla 4. Estados integrantes de la zona euro y año de incorporación. No existe obligación de integrarse en el euro. Su incorporación es voluntaria y significa ceder la soberanía monetaria al Banco Central Europeo (BCE).

- **Libre circulación de mercancías**

El artículo 9.º del Tratado de Roma abolió la imposición de aranceles entre los Estados miembros e instauró un arancel común frente a terceros países. Estas medidas constituyeron la puesta en marcha efectiva de la unión aduanera.

El tráfico de mercancías con terceros países, entre territorios de un mismo Estado o con otros Estados miembros de la UE no contemplados como territorio aduanero comunitario está regulado por el Código Aduanero Modernizado, aprobado por el Reglamento (CE) 450/2008, derogado por el Reglamento (UE) 952/2013 del Parlamento Europeo y del Consejo, de 9 de octubre de 2013, por el que se establece el Código Aduanero de la Unión (refundición), que entró en vigor el primero de mayo de 2016. Complementado con el Reglamento de Ejecución (UE) 2015/2447 de la Comisión, de 24 de noviembre de 2015, por el que se establecen normas de desarrollo de determinadas disposiciones del Reglamento (UE) n.º 952/2013 del Parlamento Europeo y del Consejo por el que se establece el código aduanero de la Unión y el Reglamento Delegado (UE) 2015/2446 de la Comisión, de 28 de julio de 2015, por el que se completa el Reglamento (UE) n.º 952/2013 del Parlamento Europeo y del Consejo con normas de desarrollo relativas a determinadas disposiciones del Código Aduanero de la Unión.

- **Libre circulación de personas**

  Otro de los pilares fundamentales es la libre circulación de las personas residentes de la Unión por todo el territorio comunitario, prevista en el Título III del Tratado de Roma y ratificada en el Acta Única Europea y en el Tratado de Maastricht. Con esta garantía, se reconoce el derecho de establecimiento en cualquier Estado miembro, incluidas la apertura de agencias, sucursales o filiales, las actividades no asalariadas y su ejercicio, así como la constitución y gestión de empresas.

  El Acuerdo de Schengen, de 14 de junio de 1985, relativo a la supresión gradual de los controles de las fronteras comunes, junto con el convenio de aplicación firmado en esta misma localidad el 19 de junio de 1990, constituye un texto fundamental para la libre circulación de personas. Sin embargo, algunos países firmantes de este acuerdo han suspendido temporalmente su aplicación, alegando razones de inseguridad, problemas policiales, tráficos ilegales, etc.

- **Libre circulación de servicios**

  Este hecho, previsto en los principios del Tratado CEE, implica que todo servicio ha de considerarse efectivo de forma general en cualquier Estado miembro de la UE.

  Se consideran servicios las prestaciones realizadas normalmente a cambio de una remuneración, comprendiendo en particular:

  - Actividades de carácter industrial.
  - Actividades de carácter mercantil.
  - Actividades artesanales.
  - Actividades propias de las profesiones liberales.

- **Libre circulación de capitales**

  Debe considerarse plenamente alcanzada ante la liberalización real del mercado de divisas no solo en el territorio de la Unión, sino también con el resto del mundo. En consecuencia, están prohibidas todas las restricciones al movimiento de capitales.

5   El euro y los criterios de convergencia

La voluntad de acuñar una moneda propia para los Estados comunitarios se materializó en 1999 mediante la creación de la llamada «eurozona». Con ello se avanzó en la construcción de la UE al tender hacia la unidad de criterio en la política monetaria (véase la tabla 5). Como resultado, los respectivos bancos centrales de la eurozona cedieron su soberanía al Banco Central Europeo (BCE).

Con ello se han visto claramente beneficiadas las transacciones entre los Estados miembros, pues los problemas derivados de las devaluaciones han dejado de existir.

Pertenecer a la zona euro confiere una cierta estabilidad económica, ya que las decisiones del BCE se basan en criterios objetivos. Salvo situaciones imprevistas derivadas de las crisis globalizadas.

El Estado que desee integrarse en la eurozona ha de cumplir los siguientes criterios de convergencia:

- La tasa de inflación media del año anterior al examen no debe superar en 1,5 puntos porcentuales, como máximo, a la de los tres países con mejor comportamiento de estabilidad de precios.
- El tipo de interés, un año antes del examen, no puede superar en más de 2 puntos, como máximo, al de los tres países con mejor estabilidad de precios.
- El déficit público con relación al PIB, a precios de mercado, no puede superar el 3 %.
- La tasa de deuda pública no puede superar el 60 % del PIB a precios de mercado.
- El país interesado debe participar en el sistema monetario europeo, dentro de los márgenes de estabilidad, al menos los dos años anteriores al examen.

CRONOLOGÍA DEL EURO	
1-1-1993	Inicio del mercado único. Eliminación de las declaraciones aduaneras entre los Estados miembros
1-1-1999	Creación del euro como unidad de cuenta por Alemania, Austria, Bélgica, España, Finlandia, Francia, Italia, Irlanda, Luxemburgo, Países Bajos y Portugal
1-1-2002	Puesta en circulación de las monedas y billetes euro
1-1-2002	Grecia, miembro del euro
1-1-2002	Mónaco y el Vaticano autorizados a emitir monedas de euro sin ser miembros
1-1-2007	Eslovenia miembro del euro
1-1-2008	Malta y Chipre, miembros del euro
1-1-2009	Eslovaquia, miembro del euro
1-1-2011	Estonia, miembro del euro
1-1-2014	Letonia, miembro del euro
1-1-2014	Andorra autorizada a emitir monedas de euro sin ser miembro
1-1-2015	Lituania miembro del euro
1-1-2023	Croacia, miembro del euro

Tabla 5. Cronología de la eurozona desde el inicio del mercado único europeo.

En el momento de la reedición de este libro, sobrepasada la crisis del 2007, cuyas consecuencias repercutieron de forma generalizada, se consiguió una cierta estabilidad. Lamentablemente se vio truncada por causa de la aparición de la pandemia por covid-19, notificada por primera vez en Wuhan (China) el 31 de diciembre de 2019, expandiéndose rápidamente por todo el mundo. A ello hay que añadir la invasión rusa de Ucrania, que es un episodio bélico a gran escala que empezó el 24 de febrero de 2022, consecuencia de la tensión político-social iniciada en Ucrania entre noviembre de 2013 y febrero de 2014. Estos hechos han vuelto a desestabilizar las economías mundiales. Como consecuencia, ha supuesto un alza importante de precios debidos a una inflación generalizada.

Las políticas de austeridad no han dado incentivos a la producción, en particular en aquellos países donde en lugar de disminuir la deuda por el excesivo gasto del Estado y de inversiones innecesarias, se ha optado por incrementar la recaudación impositiva y la reducción salarial, así como el aumento del tipo de interés. En consecuencia, se ha penalizado el consumo y, por tanto, la productividad.

Cabe manifestar que la inclusión de un Estado en el euro es una decisión voluntaria. A día de hoy, Suecia o Dinamarca no se han incorporado ni parece que vayan a incorporarse por el momento. Formar parte o no del euro es una cesión de soberanía monetaria, que implica la imposibilidad de emitir moneda y modificar el tipo de interés o el tipo de cambio, todas ellas cuestiones económicas fundamentales. El acceso al crédito del BCE, si interesase, puede solicitarlo cualquier entidad financiera establecida en la zona euro, sea de la UE o del exterior, ya que la libre circulación de capitales lo permite.

Las excolonias francesas del continente africano y del Pacífico poseen monedas ligadas al euro que se sitúan bajo el control del gobierno francés. La moneda de Cabo Verde, por su parte, está bajo el control de Portugal, mientras que Alemania controla las monedas de Bosnia-Herzegovina. Aunque sin ningún acuerdo con el Banco Central Europeo, Kosovo y Montenegro también utilizan el euro. Por último, mediante acuerdo, utilizan el euro: Andorra, Mónaco, San Marino y el Vaticano.

El conjunto de los Estados indicados representa el 19 % del PIB mundial, con una circulación de billetes euro en el exterior de la UE superior al 20 % del total mundial, según el BCE.

6   Reglamentación de la Unión Europea

Formar parte de la UE implica asumir como propia la legislación emitida desde su fundación; de este modo, la normativa nacional queda subordinada a la comunitaria en todo cuanto la concierna. Las distintas normas aprobadas y publicadas en el *Diario Oficial de la Unión Europea (DO)* entran en vigor en la fecha establecida y son de obligado cumplimiento para los Estados miembros o para aquellos entes a los que estén dirigidas específicamente las normas legales. Así, ninguna legislación de un Estado miembro puede interferir en aquella aprobada por la UE, ya que dicha norma legal interna sería nula de pleno derecho.

La legislación distingue las Comunidades Europeas, la CECA, la CEE y la CEEA, hasta el Tratado de Funcionamiento de la Unión Europea, que integró las Comunidades en una sola. Las normas legales que conciernen a la CECA se dividen en decisiones, recomendaciones y dictámenes, además de las resoluciones del Comité Consultivo de la CECA. En los casos de la CEE y la CEEA, la legislación comprende reglamentos, directivas, decisiones, recomendaciones o dictámenes, posiciones y acciones comunes. A efectos del comercio internacional, la norma legal está basada en el Código Aduanero de la Unión (CAU) aprobado por el Reglamento (UE) 952/2013 siendo la norma fundamental, junto con el Reglamento Delegado (UE) 2015/2446 y el Reglamento de Ejecución (UE) 2015/2447, más las ulteriores modificaciones.

Veamos más detalladamente las normas legales que conciernen a la UE:

- **Directiva (CEE/CEEA)**
  Esta norma obliga a todos los Estados miembros a alcanzar los fines que en ella se establecen, dejando libertad a las respectivas autoridades nacionales en la elección de los medios que para ello se empleen.

- **Reglamento (CEE/CEEA)**
  Obliga a todos los Estados miembros a alcanzar los fines establecidos y dicta los medios que para ello deben emplearse; su aplicación es inmediata a partir de la fecha que determine.

- **Recomendación (CEE/CEEA)**
  Este acto, carente de efectos jurídicos, tiene únicamente una intención política o moral.

- **Decisión (CEE/CEEA)**
  Acto jurídico vinculante en todos sus elementos. La decisión puede estar dirigida a un Estado, a una persona física o a una empresa; tiene fuerza de ley y es ejecutable por los tribunales nacionales.

- **Recomendación (CECA)**
  Acto jurídico equivalente a la directiva (CEE/CEEA): obliga en cuanto a la consecución del objetivo establecido, permitiendo a los destinatarios decidir libremente los medios que emplearán para lograrla. La recomendación puede estar dirigida a un Estado miembro o a una empresa.

- **Decisión (CECA)**

  Equivale al reglamento (CEE/CEEA) al tratarse de un acto obligatorio en todos sus elementos.

- **Dictamen (CEE/CEEA/ CECA)**

  Carece de fuerza vinculante, expresa un parecer y toma posición sobre cuestiones concretas.

- **Resolución del Comité Consultivo de la CECA**

  Constituye una expresión del comité sobre determinados fines que debe alcanzar la CECA. Se trata de un cómputo de consideraciones y advertencias sobre cierto asunto que concluye con una exposición de solicitudes y peticiones. Carece de fuerza vinculante.

- **Posición común**

  Como consecuencia de la modificación del artículo 149 del Tratado CEE por el artículo 7.º del Acta Única Europea de 1986, el Consejo de la UE, por mayoría cualificada a propuesta de la Comisión y con el dictamen previo del Parlamento Europeo, establece la disposición de la posición común, que el Parlamento puede aprobar o no en un plazo de tres meses. Vencido este, la falta de pronunciamiento implica la aprobación por silencio administrativo.

- **Acción común**

  Prevista en los artículos J del Tratado de la Unión Europea, referente al establecimiento de una política exterior y de seguridad comunes, concreta los objetivos por alcanzar y es obligatoria para los destinatarios.

El orden de aplicación de la legislación es el siguiente: los reglamentos y directivas (CE/UE), así como las decisiones y las recomendaciones CECA, integradas en la reglamentación común, tienen fuerza vinculante y prevalecen sobre las legislaciones nacionales.

Actualmente, la legislación CECA se basa en reglamentos y directivas de la UE, dando una cierta uniformidad a la normativa comunitaria.

7   Recursos propios de la Unión Europea

La Unión Europea dispone de recursos económicos propios que contribuyen a su sostenimiento y a la redistribución de dichos fondos de acuerdo con las políticas económicas aprobadas. Estos recursos propios son:

– *Recursos propios tradicionales.* Son verdaderos impuestos comunitarios, consecuencia de la aplicación de políticas comunes. Están constituidos por derechos de aduana y exacciones sobre el azúcar y la isoglucosa. Representan aproximadamente el 11 % de los ingresos totales que financian la UE.

– *Recurso IVA.* Es el resultado de la aplicación de un determinado porcentaje a la base IVA calculada de manera armonizada en todos los Estados miembros. Para cada Estado, esta base IVA está limitada en la cuantía del 50 % de su renta nacional bruta. Desde 2007, el tipo es del 0,3 %. Importan el 11 % de los ingresos totales de la Unión.

– *Recurso renta nacional bruta (RNB).* Se determina como diferencia entre el total del gasto comunitario y el resto de los recursos. La parte que corresponde abonar a cada país se obtiene en función del porcentaje de su RNB respecto a la comunitaria. El recurso RNB ejerce una función equilibradora entre el ingreso y el gasto, y supone cerca del 77 % de los ingresos de la UE.

– *Recurso residuos de envases de plástico no reciclado.* En vigor desde el 1 de enero de 2021, el presupuesto de la UE dispone de una nueva fuente de ingresos, basada en una contribución sobre los residuos de envases de plástico no reciclados.

De estos recursos, los Estados miembros perciben al menos dos tercios de su participación.

La Decisión 2020/2053 del Consejo de 14 de diciembre de 2020, sobre el sistema de recursos de las Comunidades Europeas, teniendo en cuenta la incorporación de nuevos Estados y la situación de otros con respecto a los recursos comunitarios, establece el máximo de los recursos propios en el 1,4 % de la RNB total de los Estados miembros a precios de mercado, y el máximo de los créditos de compromiso en el 1,13 % variable en función de la RNB.

Estos recursos permiten a la UE desarrollar sus políticas económicas y ejercer capacidad coercitiva frente a los Estados miembros que no cumplan las normas comunitarias.

8   Devenir de la Unión Europea

La crisis económica iniciada en el año 2008, tras la quiebra del banco *Lehman Brothers,* el cuarto mayor de Estados Unidos, evidenció un conjunto de deficiencias en el orden económico: el endeudamiento de algunos Estados en más del 100 % de su PIB, la emisión de bonos basura de dudosa devolución, una banca excesivamente endeudada en préstamos insolventes, la evasión fiscal, empresas endeudadas por encima de sus posibilidades, el Euribor sobrevalorado, las irregularidades bancarias, la corrupción

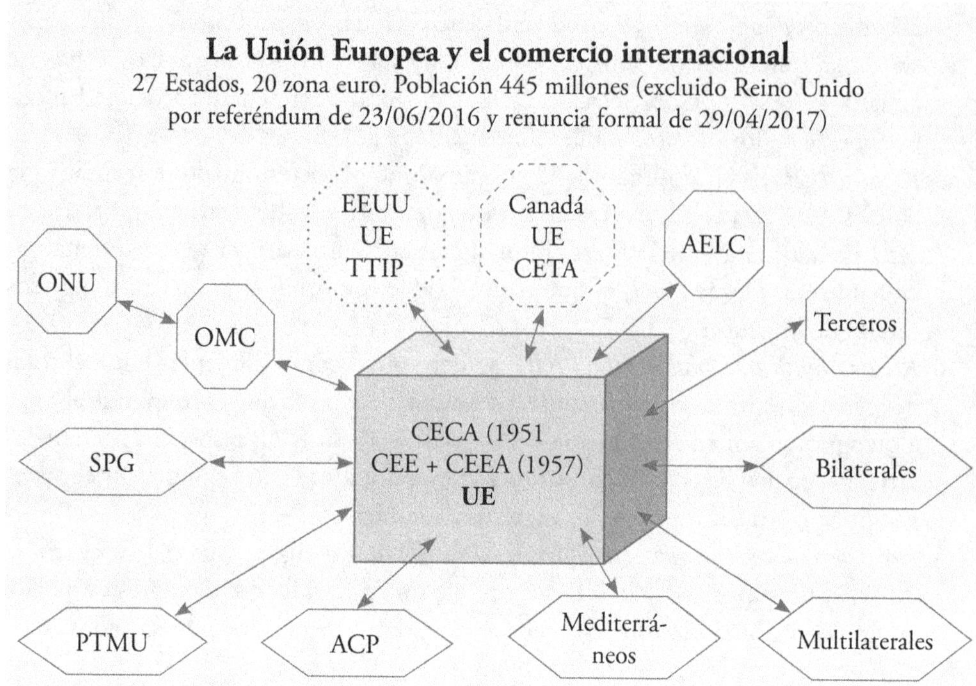

Leyendas: ACP: África Caribe y Pacífico. AELC: Asociación Europea de Libre Cambio. CECA: Co-munidad Europea del Carbón y del Acero. CEE: Comunidad Económica Europea. CEEA: Comunidad Europea de la Energía Atómica. CETA: *Comprehensive Economic and Trade Agreement* (Tratado de libre comercio entre la UE y Canadá). OMC: Organización Mundial de Comercio. ONU: Organización de las Naciones Unidas. TTIP: *Transatlantic Trade and Investment Parnership* (Asociación trasatlántica para el comercio y la inversión). PTUM: Países y Territorios de Ultramar.

Figura 2.1. La Unión Europea en el contexto económico mundial.

institucional y una excesiva euforia en una economía en declive. Todo ello propició una profunda crisis económica, social y política, y el endurecimiento de las medidas económicas, particularmente en aquellos Estados de elevados déficits.

En la Unión Europea, los problemas económicos fueron más acusados en los países mediterráneos, con un importante estancamiento en algunos de ellos, que implicó un austero reajuste de su economía, particularmente en la reducción del gasto público, con gran pérdida en ayudas sociales, descenso del poder adquisitivo, un cierto estancamiento productivo y la caída del mercado de trabajo. Las medidas económicas puestas en práctica, tardaron entre siete y diez años en hacer efectiva la recuperación, con mejores resultados en los países de mayor productividad.

Todo ello significó un duro golpe a la economía internacional, pues afectó tanto a Estados Unidos como a la Unión Europea, importantes motores económicos mundiales, y trasladó a terceros países las consecuencias de su desaceleración, dependiendo de la solidez de su economía real, de las medidas económicas adoptadas y de la capacidad de gestión de sus instituciones.

Con todo, la UE es una de las organizaciones económicas supranacionales de mayor relevancia a escala mundial, con capacidad para formalizar tratados internacionales de forma generalizada (véase la figura 2.1), e incentiva nuevos acuerdos, como el Acuerdo Económico y Comercial Global entre Canadá y la UE *(Comprehesive Economic and Trade Agreement* o CETA), suscrito el 21 de septiembre de 2017. A pesar de la autoexclusión del Reino Unido, decidida mediante referéndum en 2016, la UE sigue siendo un atractivo mercado de 445 millones de personas con un PIB per cápita de 30.000 €.

Hay países como Serbia, Kosovo y Turquía que han solicitado la incorporación a la UE. Existen más problemas políticos que económicos para esas incorporaciones, pero con todos ellos existen acuerdos de libre circulación de mercancías.

Merece destacarse que las instituciones de la UE dependen de 27 Estados soberanos y que sus acuerdos se adoptan por unanimidad, y esto significa negociar para llegar a consensos. Por otro lado, los gobiernos de los distintos Estados, son consecuencia de sistemas democráticos, y sus programas políticos no siempre son coincidentes. Asimismo, las propuestas de la Comisión y del Parlamento Europeo pueden no ser coincidentes con los programas políticos de los Estados.

Desde 2019 se ha detectado un cierto enfriamiento de la economía a escala global. La Organización para la Cooperación y Desarrollo Económicos (OCDE), previó para 2020 un crecimiento del PIB no superior al 3 %, magnitud que significa una debilidad de la economía comparable a la crisis de 2008. Para la eurozona se estimó para ese año un crecimiento del 1 %, situación equivalente al estancamiento.

En esa ralentización de la economía intervienen diferentes causas, entre ellas cabe citar:

- Debilidad generalizada de la demanda de productos en los mercados internacionales.
- La «guerra comercial» entre China y EEUU.
- La política proteccionista de EEUU, con aranceles a las importaciones de China y de la UE de hasta el 25 %; medidas contrarrestadas con tipos equivalentes a las exportaciones estadounidenses.
- La guerra del Yemen, entre sunitas y chiitas, con la intervención de Arabia Saudita e Irán, el primero apoyado por EEUU, provocando alza en el precio del petróleo y tensiones políticas.
- El incumplimiento por la UE del pacto de ajustar el déficit público al 1,3 %. En 2019, varios países superaron el 2,2 %, lo cual puede comportar un grave problema para sus presupuestos nacionales. Además, la deuda pública exterior de varios Estados supera el 100 % del PIB.

Estos factores contribuyen a crear incertidumbre en la inversión. Para combatir ese panorama, parece razonable ajustar la economía a la realidad de la producción y los servicios, aplicando medidas que incrementen la productividad de las empresas, apoyando el desarrollo tecnológico, la investigación y la formación, y promoviendo la actividad económica hacia sectores que precisan elevadas dosis de innovación, como las energías renovables y la protección del medioambiente.

Capítulo 3
Política comercial

El intercambio de mercancías en el comercio internacional está supeditado a la política comercial de cada país o a la reglamentación regional vinculante cuando los Estados comparten acuerdos aceptados voluntariamente. Las disposiciones de estas políticas y acuerdos ejercen un control sobre las mercancías objeto de comercio, que se manifiesta en el momento de presentarlas en las aduanas, o cuando se ha de solicitar la correspondiente autorización de importación o exportación al despacho aduanero.

Además de la aplicación de los aranceles y demás gravámenes a la importación y en ocasiones a la exportación, estas medidas de control tienen como objetivo garantizar la seguridad y la protección de las personas; respetar el medio ambiente; cumplir los tratados internacionales; evitar la usurpación de marcas o derechos; comprobar el valor declarado de las mercancías para evitar distorsiones al comercio, y dificultar los tráficos indeseados.

1   La unión aduanera

Este concepto se define como «el acuerdo por el cual dos o más países suprimen entre sí las barreras aduaneras y demás medidas de efecto equivalente, y al propio tiempo adoptan frente a los demás países no miembros del acuerdo un arancel común de obligado cumplimiento».

Siguiendo este criterio, en la UE, como ejemplo de unión aduanera, todos sus Estados miembros aplican un arancel único y una única tasa exterior común.

2   La política comercial

La política comercial consiste en un conjunto de medidas cuyo objetivo es el desarrollo armonioso del comercio en el marco de los intercambios internacionales de mercancías. En la elaboración de una determinada política comercial se debe tener en cuenta la situación de los mercados, que pueden estar influidos por medidas arancelarias y no arancelarias.

- **Medidas arancelarias**

  Son aquellas que gravan con impuestos, tasas y gravámenes las mercancías objeto de importación, y excepcionalmente las de exportación. Cuando los tipos impositivos son altos, el Estado actúa de manera proteccionista ante el exterior, favoreciendo la producción interior, la cual tiende a la ineficiencia por la falta de competencia. En consecuencia, los tipos arancelarios han de responder a una lógica de mercado, para evitar conductas negativas internas y reacciones equivalentes en los mercados exteriores. La soberanía nacional manifestada por las conductas gubernamentales, tiene que valorar los tipos aplicados con un criterio eficiente que estimule el comercio.

- **Medidas no arancelarias**

  Son las que consisten en dificultar la importación, mediante la obligación de someter las mercancías a una serie de normativas específicas, trámites, autorizaciones, controles y cualquier otra medida de efecto equivalente que dificulte la libertad de comercio. Esas medidas se consideran proteccionistas cuando solo se aplican al comercio de importación.

Como norma general, todos los Estados o asociaciones comerciales de Estados desarrollan una normativa de control referida a tráficos de mercancías, al objeto de verificar y valorar sus características físicas, químicas, técnicas o derechos protegidos, así como la seguridad en su sentido más amplio, ante la posibilidad de conductas negativas o contrarias a derecho. Esa normativa condiciona ciertas ventas al exterior, en particular cuando el país destinatario no goza de la confianza internacional requerida.

En el caso de la UE, como ejemplo de agrupación regional, el Tratado de Roma expresa con particular énfasis la adopción de una línea común de actuación, delegando el control del comercio exterior en las instituciones comunitarias, las cuales dictan las normas básicas por las que se rige tal política. Conceptualmente, es posible distinguir dos políticas diferenciadas: una autónoma y otra convencional, que definiremos más adelante, en los apartados 2.1 y 2.2.

En la mayoría de Estados rige el principio de libertad de comercio; no obstante, por razones de política comercial y de seguridad de las mercancías, así como por la existencia de embargos comerciales derivados de la política exterior y de seguridad, algunas de las operaciones de tráfico de mercancías con terceros países pueden estar restringidas en función del producto objeto del intercambio, como se especifica a continuación:

- **Mercancías restringidas**
  - Bienes culturales (obras de arte, artículos de colección, antigüedades).
  - Productos y tecnologías de doble uso (mercancías con aplicación civil y militar o estratégica).
  - Material de defensa (armamento militar).
  - Armas (instrumentos ofensivos y defensivos de todas clases, sus partes y piezas fundamentales).
  - Explosivos (sustancias o mezclas de ellas susceptibles de explosionar, cápsulas detonadoras, cartuchería, pistones y pólvora de caza).
  - Juegos de suerte, envite y azar (material destinado a la práctica de los juegos autorizados en casinos y salones especializados).
  - Estupefacientes y psicotrópicos (sustancias utilizadas en drogadicciones y toxicomanías).
  - Productos nocivos (aquellos que pueden dañar la salud de las personas y los animales).

Obviamente, el grado de intervención y control depende de la legislación interna de cada país. A título de ejemplo, es bien conocido que en EEUU las armas de fuego gozan de una elevada libertad de comercialización, al ser un derecho constitucional su posesión.

Cuando el comercio de este tipo de productos se realiza en el marco del comercio exterior, el control de aplicación de la política comercial restrictiva requiere licencias o autorizaciones de importación o de exportación (véanse los anexos 12-18) que han de solicitarse previamente a los organismos competentes de la Administración.

En las agrupaciones regionales, estas restricciones también conciernen al mercado interno de los Estados de la agrupación –en la UE se conoce como mercado intracomunitario–, si bien en estos casos, por razones de respeto a la libertad comercial, el trámite se limita a informar al organismo competente la identidad de la empresa compradora antes de llevar a cabo la operación comercial. Puede existir algún tipo de producto o mercancía totalmente prohibido reglamentariamente, como por ejemplo los instrumentos de tortura o el tráfico de especies protegidas de la flora y fauna silvestre.

- **Mercancías sometidas a impuestos especiales**
  Los Estados legislan gravar ciertas mercancías que consideran han de someterse a los llamados impuestos especiales (IIEE). Esos impuestos inciden sobre el consumo,

Tipo de mercancía	Partida arancelaria
Cerveza	2203
Vino y bebidas fermentadas	2204 y 2205
Productos intermedios	2204 a 2206
Alcohol y bebidas derivadas	2204 a 2208
Labores del tabaco	2401 a 2403
Hidrocarburos	2706, 2707, 2709 a 2712, 2901, 2902, 3403, 3811 y 3817
Electricidad	2716

Tabla 6. Ejemplo de mercancías que pueden estar sometidas a impuestos especiales y sus respectivas codificaciones arancelarias.

siendo de naturaleza indirecta. Son habituales los impuestos sobre tabaco, bebidas alcohólicas, automóviles, embarcaciones de recreo, hidrocarburos y electricidad, entre otros. Estos impuestos pueden corregir consumos negativos o ser meramente recaudatorios.

Como ejemplo de la normativa comunitaria de la UE, los impuestos especiales han sido regulados por la Directiva (CEE) 12/92 del Consejo, de 25 de febrero y sucesivas modificaciones.

La legislación contempla las mercancías sujetas a impuestos especiales en el momento de la importación, cuyas codificaciones arancelarias se recogen en la tabla 6.

- **Impuesto especial sobre los envases de plástico no reutilizables**
  El impuesto sobre envases de plástico no reutilizables es un tributo de naturaleza indirecta que recae sobre la utilización en territorio español de envases no reutilizables que contengan plástico, tanto si se presentan vacíos como si se presentan conteniendo, protegiendo, manipulando, distribuyendo y presentando mercancía.

  El impuesto entró en vigor en el Estado español el 1 de enero de 2023, adelantándose al resto de los Estados miembros de la UE. Regulado en el capítulo I del título VII de la Ley 7/2022, de 8 de abril, de residuos y suelos contaminados para una economía circular (artículos 67 a 83).

  Para los conceptos y términos que no estén dispuestos en esta Ley, resulta de aplicación la normativa sectorial estatal y europea.

  En concreto, tal y como indica la legislación citada, el concepto de envase está descrito en el artículo 2.1 de la Ley 11/1997, de 24 de abril, de envases y residuos de envases y el concepto de plástico es el dispuesto en el artículo 3.5 del

Reglamento (CE) número 1907/2006 del Parlamento Europeo y del Consejo, de 18 de diciembre de 2006.

- **Productos y mercancías sensibles**
  - Productos agrícolas, ganadería y pesca.
  - Productos alimenticios.
  - Productos farmacéuticos y medicinales.
  - Productos textiles.
  - Algunos productos siderúrgicos.
  - Artículos de madera.
  - Mobiliario.
  - Aparatos eléctricos y electrónicos, pilas y acumuladores.
  - Juguetes.

Además de la normativa específica sanitaria, deben tenerse en cuenta las normas complementarias para la importación de determinados productos que precisan un control de seguridad. A tal efecto, los Estados dictan normas que garanticen la seguridad requerida, así como para las mercancías consideradas sensibles o susceptibles de un control específico.

En la UE la norma principal reguladora en la seguridad de uso por las personas se basa en el Reglamento (CE) 765/2008, donde se establecen los requisitos de acreditación y vigilancia del mercado relativos a la comercialización de ciertos productos, cuyo ámbito de aplicación comprende el textil, el calzado, el material eléctrico y electrónico, pilas y acumuladores y los juguetes. Posteriormente, estas restricciones se han extendido a otros productos sensibles, como los derivados de la madera, asientos, mobiliario metálico y de madera, guirnaldas, rompecabezas y patines.

Merece especial consideración el tráfico de productos químicos peligrosos, cuya relación, en la normativa de la UE, se encuentra en el Reglamento (CE) 689/2008, y sus posteriores modificaciones, así como la aplicación de normas de seguridad y prevención de daños, y la del Convenio sobre el Comercio Internacional de Especies Amenazadas de Fauna y Flora Silvestre, más conocido como Convenio CITES.

Los países establecen organismos para llevar a cabo las inspecciones de control de las mercancías sujetas al comercio exterior de acuerdo con su estructura organizativa. No obstante, siendo la seguridad de las mercancías un aspecto de interés común, las normativas y métodos operativos son similares en las distintas legislaciones. En España, por ejemplo, el control de las importaciones y las exportaciones depende del Servicio Oficial de Inspección, Vigilancia y Regulación del Comercio Exterior (Soivre).

- **Mercancías sujetas a normas legales, convenios internacionales y política exterior**
  Los regímenes comerciales de exportación e importación prevén el cumplimiento de una serie de normas técnicas y comerciales. A modo de ejemplo, enunciamos las subdivisiones más comunes, cuya redacción está estrechamente relacionada con los convenios internacionales:

  – Convenio Cites, relativo a la protección de especies de fauna y flora silvestres.
  – Normativa relativa a los productos alimenticios: sanidad, fitosanitaria y veterinaria.
  – Normas sobre los productos farmacéuticos.
  – Normas sobre material de uso médico.
  – Normas sobre el uso de productos peligrosos.
  – Homologaciones de mercancías.
  – Seguridad en las máquinas (bienes de equipo).
  – Custodia de la propiedad intelectual y derechos de marca.
  – Control de tráficos según el país de destino, origen o procedencia.
  – Normas sobre mercancías y productos de doble uso, incluidos el soporte lógico informático *(software)* y la tecnología, que tengan aplicación civil, militar y nuclear.

    - Tráfico de bienes culturales o del patrimonio artístico.
    - Armas y material de defensa.
    - Productos nocivos.
    - Productos sometidos a control de seguridad (madera y sus artículos, textiles, calzado, material eléctrico, juguetes, bicicletas, patines, etc.).

El desarrollo de la política comercial, amparada en un marco legislativo, hay que considerarla en dos grandes compendios legislativos, uno relativo a la llamada política comercial *autónoma* y otro a la que denominamos *convencional.*

2.1   La política comercial autónoma

Es aquella que un Estado dicta en su ordenamiento jurídico para el obligado cumplimiento de sus residentes, en virtud del derecho legislativo.

En el caso de un acuerdo de integración regional, su consejo directivo emite, previo consenso, actos jurídicos de obligado cumplimiento en virtud del derecho legislativo que los Estados miembros le han otorgado y que estos han de acatar íntegramente. Consta de los siguientes apartados:

- **Política arancelaria**

De acuerdo con su política económica, cada Estado aplica unos determinados derechos tributarios de la renta de aduanas. Sin embargo, aquellos Estados que hayan suscrito convenios internacionales de cooperación comercial en el marco de la Organización Mundial del Comercio (OMC), del Sistema de Preferencias Generalizadas (SPG) o de otros convenios de liberalización comercial, tienen que adaptarse a los tipos arancelarios reducidos pactados en dichos convenios; por ello existen varias listas de mercancías o productos, cuyos tipos arancelarios de aplicación dependen de la mercancía y del origen.

En el Área de Integración de la UE, desde el 1 de julio de 1968, está en vigor la tasa exterior común, consistente en una tarifa única de derechos arancelarios de aplicación obligatoria por todos los Estados miembros. A esa tarifa deben adicionarse todas aquellas normas y acuerdos que se deriven de los convenios internacionales suscritos por la UE. Estas tasas arancelarias solo pueden ser modificadas mediante decisión comunitaria con el reglamento pertinente. Todo ello con un evidente criterio armonizador legislativo que evita ventajas comparativas.

- **Régimen de importación**

Los regímenes de importación están reglamentados según la política económica de cada Estado, que puede ser modificada en función de las circunstancias económicas. Así, el régimen será más o menos liberado o restringido, se exigirán o no licencias o autorizaciones de importación y se aplicarán tipos arancelarios protectores tendentes a disuadir la importación según la política económica aplicada por las autoridades gubernamentales.

Suelen considerarse diversas clases de mercancías: necesarias, sustitutivas, concurrentes, suntuarias o innecesarias. Según el tipo de productos se aplican tipos arancelarios diferenciados.

Igualmente, los convenios internacionales suscritos condicionan el régimen de las importaciones. En una agrupación regional de integración económica, el régimen de importación de mercancías procedentes de terceros países está uniformizado, pues la legislación es única evitando ventajas entre los Estados miembros. El régimen general de importación se aplica a los países miembros del Acuerdo General sobre Aranceles Aduaneros y Comercio (GATT), actualmente constituidos en la OMC, y contiene una lista común de mercancías liberadas y disposiciones de carácter de procedimiento. Dicho reglamento prohíbe la existencia de medidas restrictivas a la importación, de tipo cuantitativo o equivalente, aunque prevé la posibilidad de adoptar medidas de vigilancia o de salvaguardia.

- **Procedimiento** *antidumping*

  El régimen comercial de importación contempla la legislación *antidumping*, referida al precio que, destinado al mercado de exportación, es inferior al que rige en el mercado interior.

  El *dumping* conlleva una «competencia imperfecta» e incide en el equilibrio de la oferta y la demanda en los mercados de actuación.

  No obstante, conviene distinguir entre situaciones «esporádicas» y aquellas «planificadas» a corto, medio o largo plazo. Como ejemplo de las primeras podemos citar la exportación de productos perecederos o afectados a depreciación (moda, gustos del consumidor, sustitutos, existencias altas, etc.). En tales supuestos, el bajo precio es una necesidad que evita pérdidas mayores. Las segundas, en cambio, se traducen en situaciones negativas concretas como la oferta a bajo precio para eliminar o prevenir la competencia.

- **Régimen de exportación**

  Las políticas económicas de los Estados suelen ser liberales con este régimen, pues las ventas al exterior comportan una entrada de divisas que permite estabilizar la balanza de pagos.

  Sin embargo, hay productos que no son liberalizados, bien sea por tratarse de productos sensibles o por razones de política económica, como ocurre con los agrícolas, las materias primas, el material de defensa, los productos básicos siderúrgicos, etc.

  En estos casos, las autoridades requieren la obtención previa de las correspondientes licencias de exportación y, en algunos casos, verificar el destino de la mercancía a países admitidos.

  En cualquier agrupación regional de integración económica, la política en esta materia tiende a unificar los regímenes de exportación y a armonizar las políticas de ayuda al comercio exterior, respetando el principio general de la libertad de exportación de mercancías.

  En relación con las ayudas a la exportación, se concilian las políticas nacionales con objeto de evitar la competencia desleal. Las políticas en esta materia se enmarcan, generalmente, en el ámbito de actuación de la Organización para la Cooperación y Desarrollo Económicos (OCDE).

  En cuanto a los impuestos indirectos, como el impuesto sobre el valor añadido (IVA), sobre «bebidas alcohólicas» u otros que gravan el consumo y no interfieren en el costo de producción por su carácter de neutralidad fiscal, está admitida su devolución al exportar esas mercancías, pues tales impuestos actuarían negativamente en el precio de venta al mercado exterior. En los supuestos en que la imposición indirecta sea en «cascada», es decir, gravando cada uno de los estadios del proceso productivo, sin derecho a aplicar la neutralidad impositiva, la devolución del impuesto soportado durante toda la cadena productiva es un tipo a tanto alzado, sobre bases corregidas en función del proceso industrial y comercial, lo cual comporta un cierto grado de distorsión fiscal y falta de equidad. Ejemplo de ello son las llamadas desgravaciones fiscales a la exportación, extorno del monto de ventas, etc.

2.2   La política comercial convencional

Es resultado de la decisión de los Estados, mediante la suscripción o adhesión a convenios internacionales.

En el caso de que la adhesión a un convenio existente lo realice un área de liberalización comercial o de integración económica, los signatarios actúan por cuenta de la organización. Como ejemplo práctico, el artículo 210 del Tratado de Roma confiere personalidad jurídica a la UE, lo cual le permite establecer acuerdos internaciones con terceros países; además, y en este caso es muy importante, el artículo 113 del mismo el cual dispone, que su competencia es exclusiva en materia de política comercial exterior. Por tanto, los Estados miembros han cedido la política comercial exterior a las instituciones de la UE.

El Convenio Internacional de Transporte por Carretera (TIR) o la Convención sobre el Comercio Internacional de Especies Amenazadas de Fauna y Flora Silvestres (Cites) son ejemplos de acuerdos internacionales en materias del comercio internacional y servicios conexos.

Existen diferentes tipos de convenios y acuerdos internacionales, que pueden agruparse en bilaterales y multilaterales, en función de los signatarios. A modo de ejemplo, la UE ha suscrito numerosos acuerdos bilaterales y multilaterales:

- **Acuerdos bilaterales**
  Firmados con México, Chile, Sudáfrica, Andorra, Israel, San Marino, Albania, Kosovo, Moldavia, Bosnia-Herzegovina, Serbia, Montenegro, Autoridad Nacional Palestina, India, Corea del Sur, Confederación Helvética, Japón, Singapur, Vietnam y Canadá.

  Australia y Nueva Zelanda están en negociaciones sobre sendos acuerdos de libre comercio en el momento de la actualización de este libro.

- **Acuerdos multilaterales**
  Firmados con los países integrantes del GATT o Estados miembros de la OMC; con la Asociación Europea de Libre Comercio (AELC); Espacio Económico Eu-

ropeo (EEE), formado por la UE e Islandia, Liechtenstein y Noruega, con países de África, el Caribe y el Pacífico (ACP); con Estados mediterráneos del Magreb y del Máshreq,[4] y con los países beneficiarios del Sistema de Preferencias Generalizadas, Estados miembros de la comunidad del Caribe (Cariforum), la Asociación de Naciones del Sudeste Asiático (Asean), el Mercosur y la Comunidad Andina de Naciones (CAN).

2.3 Política comercial de las importaciones

El poder legislativo de los Estados establece el modo operativo del comercio exterior, resultando que las mercancías pueden estar más o menos liberadas o restringidas, según el grado de liberalización existente en cada Estado.

Es frecuente la exigencia de licencias, autorizaciones y declaraciones previas, lo cual significa un control administrativo y una barrera no arancelaria, causada por la situación económica del país en cuestión o de su burocracia interna.

En la UE o en países como Estados Unidos, en general, el comercio de importación goza de amplia libertad, salvo en los casos citados que afectan especialmente a las mercancías restringidas y sensibles y a las sujetas a normas legales, convenios internacionales y política exterior, así como a las restricciones o prohibiciones de atentado a la moral, al orden público, a los usos y a las buenas costumbres.

El control de las importaciones en la UE se lleva a cabo mediante la tramitación de diversos documentos y otros servicios de inspección y seguridad, como son: factura, lista de contenido y documento de transporte, si la mercancía es libre. Si requiere algún control, además puede exigirse, entre otros:

- Documentos de vigilancia a la importación o declaración previa (Dovi).
- Autorización administrativa o licencia de importación (AAI).
- Autorización de contingente.
- Certificados de importación para productos agrícolas (Agrim).
- Certificado Cites.
- Certificado sanitario y fitosanitario.
- Veterinario, medicina, farmacia.
- Certificado Soivre o equivalente para control de productos diversos.

---

[4] Región geográfica más oriental del mundo árabe, opuesta al Magreb o poniente, que engloba todos los países árabes al este de Libia.

Además, en función de la naturaleza de la mercancía pueden tener que certificarse:

– Baja tensión eléctrica.
– Homologación técnica.
– Seguridad en las máquinas.
– Análisis.
– Derechos de propiedad intelectual.

2.4 Política comercial de las exportaciones

Al igual que ocurre con las importaciones, esta legislación prevé exceptuar de la libertad comercial las mercancías sensibles relacionadas en aplicación de la política comercial, de los tratados internacionales y de la política exterior comunitaria.

Las restricciones a la exportación, cuando proceden, se establecen según las características y la función de la mercancía y del país de destino, al objeto de aplicar las disposiciones legales previstas. En aquellos casos en que sea preceptivo aplicar la restricción a la exportación, se requiere la correspondiente licencia o autorización, como por ejemplo:

– Licencia o autorización de exportación.
– Certificado de exportación para productos agrícolas (Agrex).
– Autorización administrativa de exportación (AAE).
– Documento de vigilancia a la exportación (Dove).
– Asignación de contingente a la exportación.

3 La política agrícola común de la UE

La UE es un gran consumidor y productor de productos agrícolas y de sus derivados, lo que en muchas ocasiones ha sido motivo de confrontación con países no comunitarios.

Es conocido que la UE apoya la producción agrícola mediante la aplicación de la Política Agrícola Común (PAC), que en el año 2014 representó el 25 % del presupuesto comunitario. La rentabilidad de estas ayudas varía notablemente en función de su carácter, ya que las subvenciones pueden estar dirigidas al producto final, a la empresa intermediaria o directamente al agricultor.

La política agrícola de apoyo a la producción, muy cuestionada por los llamados países emergentes o en vías de desarrollo, ha suscitado una polémica internacional. La UE se ha visto afectada a causa del otorgamiento de las denominadas *restituciones a la exportación,* consistentes en una contribución económica concedida al exportador. La opinión se divide, por un lado, en la de aquellos para quienes esta contribución significa una subvención directa a la exportación y, por otro lado, los que opinan que equivale a devolver un exceso de carga tributaria y de mayores costos de producción sufridos durante el proceso productivo. Con esta restitución se trata de equiparar el precio de venta con el del mercado exterior, ya que el mismo producto se ofrece en otros países a un precio sensiblemente más bajo, al no soportar los costos productivos comunitarios relacionados con la «economía del bienestar».

Para que los precios de los productos originarios de la UE sean competitivos, han de equivaler a los existentes en otros mercados, por lo que las restituciones cumplen un cometido de equilibrio en el precio final. Las restituciones están reguladas por el Reglamento de la OCM Única 1308/2013 y legislación complementaria. En la tabla 7 se relacionan los productos agrícolas con derecho a las restituciones a la exportación.

La tabla 8 especifica los capítulos de la codificación de mercancías del arancel en los que se inscriben los productos agrícolas con derecho a las restituciones a la exportación.

Este tipo de política no es exclusiva de la UE, pues otros países del primer mundo, encabezados por Estados Unidos, aplican una política agrícola altamente proteccionista. Por ello conviene informarse periódicamente de los cambios que se produzcan en estas legislaciones, así como de los nuevos convenios internacionales bilaterales y multilaterales, pues el grado de liberalización del mercado afecta en gran medida a los países en vías de desarrollo.

Es frecuente que estos países se quejen de que productos subvencionados de la UE llegan a su país a precios inferiores a los que allí rigen y, además, acusan a las empresas exportadoras de la UE de exportar a precios por debajo del costo, lo que repercute muy negativamente en su producción interna. De ser cierto este hecho, el país importador tiene la opción de aplicar un derecho *antidumping* compensatorio, para equiparar el precio de importación al nacional. La propia UE se defiende ante los precios *dumping* aplicando derechos en ocasiones muy altos, como, por ejemplo, del orden del 70 % a la importación de tornillería china.

También tienen gran importancia las rentas existentes en los distintos países. Los agricultores de la UE están sujetos a un sistema impositivo progresivo sobre la renta y a asumir, por ejemplo, los costos de la seguridad social, entre otros de la llamada «economía del bienestar», mientras que en muchos países esos costos sociales son mínimos o inexistentes. Con todo, está claro que los costos de producción son muy distintos en un lugar u otro.

El resultado es que, si los agricultores comunitarios carecen de una compensación a la exportación, no pueden exportar. Es cierto que pueden donar los excedentes, pero las consecuencias serían todavía peores, pues llegarán al país importador a precios aún más bajos, perjudicando la producción interna. Otra solución, la de destruir el excedente, provocaría otros problemas sociales. No es fácil dar respuesta a esos problemas.

Cereales, harina y grañones y sémolas de trigo y centeno
Arroz y arroz partido
Productos transformados a base de cereales y de arroz
Alimentos compuestos a base de cereales para los animales
Carne bovina
Carne de cerdo
Carne de aves de corral
Huevos
Leche y productos lácteos
Azúcar blanco y azúcar en bruto sin perfeccionar
Jarabes y otros productos de azúcar

Tabla 7. Productos agrícolas con derecho a las restituciones a la exportación concedidas por la Unión Europea.

01. Animales vivos y productos del reino animal
02. Carnes y despojos comestibles
04. Leche y productos lácteos, huevos de ave; miel natural; productos comestibles de origen animal no expresados ni comprendidos en otra parte
10. Cereales
11. Productos de la molinería; malta; almidón y fécula; inulina; gluten de trigo
16. Preparaciones de carne, de pescado o de crustáceos, de moluscos o demás invertebrados acuáticos
17. Azúcares y artículos de confitería
21. Preparaciones alimenticias diversas
23. Residuos y desperdicios de las industrias de alimentación; alimentos preparados para animales

Tabla 8. Capítulos de la codificación de mercancías del arancel en los que se inscriben los productos agrícolas con derecho a las restituciones a la exportación.

El carácter estratégico de los productos alimenticios hace que todos los países intenten ser autosuficientes y sean frecuentes las ayudas a este sector, en ocasiones muy opacas. En el caso de la UE, las ayudas son públicas y aparecen expuestas en los diarios oficiales.

Si aceptamos una economía de mercado transparente, sin intervención del sector público, deberíamos aceptar que el precio de venta sea el resultado de los costos de producción y de su eficacia productiva. Sin embargo, la diversidad de rentas que hemos citado y las diferencias en las políticas fiscales y monetarias hace muy difícil llegar a un precio equilibrado en el mercado.

Probablemente, podría ayudar a resolver el problema una mejor distribución de las ayudas a la agricultura. Hoy por hoy queda mucho por hacer. Lo fundamental es que todos los países vayan incrementando su renta; esa es la mejor solución, lamentablemente, a largo plazo.

4   Modalidades de exención de derechos en la economía arancelaria

En la exención de derechos arancelarios existen las siguientes modalidades:

- **Contingentes**
  Cantidades prefijadas de importación sin pago de derechos o con reducción de estos.

- **Suspensiones**
  Exención de derechos durante un periodo determinado.

- **Franquicias**
  Consisten en reglamentaciones que permiten no aplicar a la importación o exportación ciertos aranceles o exacciones reguladoras. A esta modalidad se pueden acoger determinadas circunstancias que no requieren la aplicación de medidas protectoras de la economía o a consecuencia de lo dispuesto mediante convenios internacionales multilaterales.

- **Destinos particulares o subjetivos**
  Se refieren a aquellas mercancías destinadas a un fin de interés comunitario y objetivo específico. La importación está exenta de derechos si se cumplen los requisitos contemplados reglamentariamente.

- **Franquicias en régimen de viajeros**
  Las importaciones de bienes en régimen de viajeros, de pequeños envíos, de bienes con ocasión de un matrimonio, de bienes de escaso valor o debidas a un cambio de residencia pueden disfrutar de franquicias arancelarias y fiscales dentro de los límites que se establezcan en cada país.[5]

---

[5] En relación con las franquicias españolas, puede consultarse el sitio web de la Agencia Estatal de Administración Tributaria (www.aeat.es).

4.1   Contingentes

En la economía arancelaria, los contingentes se definen como cierta cantidad de mercancía que puede importarse o exportarse en un plazo concreto, bajo determinadas condiciones. En ocasiones, en aplicación de la política comercial, se permite la importación con exención o reducción de derechos arancelarios con el objetivo de suplir una escasez o necesidad de dicha mercancía.

También puede aplicarse un contingente a ciertas mercancías con motivo de la firma de convenios internacionales que representan un acuerdo de cooperación económica, beneficiando de este modo al país exportador cuyas mercancías tienen por destino al otro Estado o la agrupación económica firmantes del convenio.

Los contingentes se dividen en cuantitativos, arancelarios y mixtos.

- **Contingentes cuantitativos**
  Fijan la cantidad de mercancía en unidades o valor monetario que puede importarse o exportarse en un periodo determinado. Una vez alcanzada dicha cantidad, la importación o exportación queda interrumpida y no puede llevarse a cabo ninguna otra operación, ni aun abonando los derechos máximos previstos en el arancel de aduanas.

  Se trata, pues, de una cantidad máxima que puede importarse o exportarse en el Estado o agrupación económica según las condiciones fijadas en la gestión del contingente.

  Ejemplos de ello son las importaciones de productos textiles, si se fija el número de unidades o su valor monetario, o en el caso de los productos agrícolas, cuando se reglamenta la cuantía o el valor máximo de las exportaciones con derecho a restitución. La identificación exacta de las mercancías está determinada por las codificaciones arancelarias, que se desarrollan en el capítulo 6, «El arancel de aduanas. Codificación de las mercancías».

- **Contingentes arancelarios**
  Fijan la cantidad de mercancía o de valor monetario que puede importarse o exportarse con exención o reducción de derechos; una vez alcanzada dicha cantidad, se puede seguir operando, abonando el tipo arancelario general que corresponda.

  En este caso, el objetivo consiste en aminorar la imposición arancelaria para cubrir una necesidad o por aplicación de algún motivo de política comercial, como la compensación por importaciones.

- **Contingentes mixtos**
  Estos contingentes resultan de la combinación de los dos anteriores: fijan una cantidad de mercancía o de valor, pero disfrutan de una reducción arancelaria.

En este supuesto, el contingente cuantitativo prevalece sobre el arancelario, cuya gestión está desarrollada reglamentariamente.

5   Organismos de acreditación

La evolución de los mercados ha propiciado la aparición de los llamados «organismos de acreditación», cuya función es verificar las mercancías y certificar el cumplimiento de las normas legales. El motivo es que los productos objeto de comercio, especialmente cuando se benefician de la libre circulación por el interior de un territorio, han de cumplir ciertos requisitos de protección del interés público en los ámbitos de la salud, la seguridad en el trabajo, la protección de los consumidores y la protección del medio ambiente, siempre y cuando no hayan sido certificadas por otra reglamentación equivalente.

La legislación considera a los puntos fronterizos como lugares propicios para detectar productos peligrosos y no conformes, y productos en los que las marcas o etiquetas puestas por el fabricante sean falsas o engañosas.

Por ello, siempre que sea necesario, en función de la clase de mercancía, en el momento de su introducción en el territorio de importación, se realizarán por el organismo competente los controles, los análisis y las pruebas de verificación oportunas a fin de garantizar el cumplimiento de las disposiciones reglamentarias.

En la UE, la normativa está recogida en el Reglamento (CE) 765/2008 y la Decisión (CE) 768/2008, que en su articulado establece las funciones y responsabilidades de los organismos nacionales de acreditación, de las autoridades nacionales y establece la Infraestructura Europea de Acreditación sobre la base de EA *(European co-operation for Accreditation)*. Como aplicación de ello, en la legislación española, la Ley 21/1992, de 16 de julio, de Industria y el Real Decreto 2200/1995, de 25 de diciembre, aprobó el Reglamento de Infraestructura para la Calidad y Seguridad Industrial y la creación de la Entidad Nacional de Acreditación (Enac). Esta entidad sin ánimo de lucro es el organismo que garantiza la imparcialidad y la competencia técnica en sus intervenciones. El texto que lo articula es el siguiente:

- *Artículo único.* Designación de la Entidad Nacional de Acreditación como único organismo nacional de acreditación.

  1. Se designa a la Entidad Nacional de Acreditación (Enac) como único organismo nacional de acreditación, dotado de potestad pública para otorgar acreditaciones, de acuerdo con lo establecido en el Reglamento (CE) n.º 765/2008 del Parlamento Europeo y el Consejo, de 9 de julio de 2008, por el que se establecen los requisitos de acreditación y vigilancia de mercado relativos a la

comercialización de los productos y por el que se deroga el Reglamento (CEE) n.º 339/93.

2. Enac podrá firmar con la Administración General del Estado y con la Administración de las Comunidades Autónomas los convenios de colaboración que resulten pertinentes para el mejor desempeño de sus actividades y funciones.

- *Disposición adicional única.* Presunción de conformidad para los organismos nacionales de acreditación y los organismos de evaluación de la conformidad acreditados por ellos.

Las Administraciones públicas, en el ejercicio de sus competencias, reconocerán la equivalencia de los servicios prestados por los organismos de acreditación de cualquier Estado miembro de la Unión Europea, siempre que dichos organismos se hayan sometido con éxito al sistema de evaluación por pares previsto en el Reglamento (CE) n.º 765/2008, de 9 de julio, del Parlamento Europeo y del Consejo, y aceptarán la validez de los certificados de dichos organismos de acreditación, así como las certificaciones emitidas por los organismos de evaluación de la conformidad acreditados por ellos.

Capítulo 4
Condiciones de entrega de las mercancías: las reglas Incoterms

En el ámbito del comercio internacional, la entrega de mercancías está regulada por las reglas Incoterms®, de reconocimiento internacional, cuyo nombre deriva de la abreviación de *International Chamber of Commerce Trade Terms*.

Las reglas Incoterms nacieron en 1936 con la publicación, por la Cámara de Comercio Internacional (CCI), de las reglas para el uso de términos comerciales nacionales e internacionales, para la entrega de mercancías con vistas a su aplicación en los contratos de compraventa internacionales.

Con el propósito de adaptarla a las nuevas necesidades logísticas, esta publicación ha sido revisada con cierta periodicidad, concretamente en los años 1953, 1967, 1976, 1980, 1990, 2000, 2010 y 2020 (en vigor desde el primero de enero de este año). En esta última versión se ha sido eliminada la regla DAT (entrega en terminal o *delivered at terminal*) y se ha creado la nueva DPU (entrega en lugar de destino descargada o *delivered at place unloaded*).

Las reglas Incoterms pueden emplearse en los contratos de compraventa nacionales e internacionales, siempre que las partes contratantes así lo convengan. Pese a que su aplicación no es obligatoria, sí resulta recomendable.

En este contexto de regulación de las compraventas internacionales, cabe resaltar que Estados Unidos ha suscrito la Convención de Naciones Unidas sobre los Contratos de Compraventa Internacional de Mercaderías de 1980 *(Convention for the International Sale and Goods* o CISG),[6] conocida como «Convención de Viena de 11 de abril de

---

[6] El Estado español firmó el instrumento de adhesión a este convenio el 17 de julio de 1990, BOE n.º 26 de 30 de enero de 1991.

1980, para las Compraventas Internacionales», lo que facilitará poder utilizarlas en sustitución de las reglas del Código Comercial Uniforme *(Uniform Commercial Code* o UCC), siendo recomendable que el contrato de compraventa indique que las condiciones de entrega son las ICC 2020 y el derecho aplicable es el del país vendedor o comprador, según proceda. Si ambos países han firmado y ratificado la Convención de Viena, la seguridad jurídica queda reforzada si en ellos radica la actividad empresarial.[7]

En tales casos, conviene citar, en los contratos de compraventa, que las condiciones de entrega de las mercancías están sujetas a las reglas internacionales publicadas por la Cámara de Comercio Internacional (CCI), Incoterms 2020, Publicación ICC n.º 723 ES, o bien, *International Chamber of Commerce (ICC), Publication 723E,* vigentes desde el 1 de enero de 2020.

1   Generalidades de las reglas Incoterms

La importancia de estas reglas radica en la delimitación de los deberes, las obligaciones y las responsabilidades de las partes contratantes, de la repercusión de los gastos y los riesgos que cada parte asume antes y después de la entrega de la mercancía, concretando la parte que debe responsabilizarse del embalaje, el transporte, las manipulaciones, los trámites aduaneros –incluyendo la documentación pertinente cuando deban realizarse– y de la contratación del seguro de transporte. Así, cada regla estipula:

- El momento de la entrega de la mercancía en el punto acordado por la parte vendedora a la compradora.
- El carácter obligatorio, dependiendo de la regla Incoterms, o facultativo de la contratación de un seguro frente a eventuales daños sufridos por la mercancía durante el transporte.
- El momento de la transmisión de la parte vendedora a la compradora del riesgo sobre los daños que pueda sufrir la mercancía en el transporte.
- La documentación que deba facilitar la parte vendedora a la compradora o viceversa, según proceda, de acuerdo con la regla Incoterms pactada, para que la parte a la que corresponda pueda realizar los trámites de exportación, tránsito e importación.

La versión en idioma inglés constituye el texto oficial de las reglas Incoterms, siendo este el idioma válido para cualquier controversia o interpretación internacional.

---

[7] En la aplicación del Convenio de Viena sobre compraventas, es conveniente verificar las reservas que cada Estado incluye en la firma.

En síntesis, cada regla define:

- Las obligaciones generales de cada una de las partes.
- El lugar de entrega en la fecha contractual.
- La parte que contrata el transporte de la mercancía y sus obligaciones; admitiéndose que el transporte puede realizarlo una empresa especializada o por los medios propios de las partes vendedora o compradora.
- El momento en que se produce la transmisión de riesgos.
- La parte obligada –en la exportación o en la importación– a realizar las gestiones aduaneras, los pagos fiscales y la obtención de documentos, notificaciones y licencias.
- La parte encargada de la provisión de embalajes.
- El modo en que han de realizarse las verificaciones o el control de calidad de las mercancías.
- La parte contratante del seguro sobre daños o pérdidas durante el transporte de la mercancía debe cubrir, al menos, el mínimo de coberturas de la cláusula C del Institute of Cargo Clauses (ICC) o de la Lloyd's Market Association/International Underwriting Association LMA/IUA), u otras coberturas similares, para las condiciones CIF, y de la cláusula todo riesgo A, extensible a guerra, huelgas y motines, para la regla CIP, permitiendo su variación por acuerdo de las partes, pero como mínimo incrementado un 10 % la base del valor asegurable.
- La parte que ha de soportar los costos y gastos no especificados.
- La documentación requerida entre las partes puede acordarse en papel o por medios electrónicos (si la legislación lo permite), y en su defecto como sea habitual. En este sentido debe verificarse previamente si los documentos se requieren en original, firmado y sellado (por la parte exportadora, organismo de control, consulado, etc.), o si se admite el envío electrónico especificando el formato de validación.

Por el contrario, las reglas Incoterms no hacen referencia a:

- El precio de la compraventa, ni a la forma ni al medio de pago.
- La cantidad, la calidad ni las características técnicas de la mercancía.
- La homologación, ni los derechos de propiedad industrial o intelectual.
- Deja al acuerdo entre las partes, cuando proceda, la obtención y soporte de costos de la certificación de la masa bruta verificada *(verified gross mass* o VGM), según la Regla 2 del Convenio Internacional para la Seguridad de la Vida Humana en el Mar *(Safety of Life at Sea* o SOLAS).

En aquellas reglas Incoterms en que la parte compradora contrata el transporte principal y el medio de pago de la compraventa se basa en un crédito documentario, es conveniente prever que la parte compradora dé instrucciones a la empresa transportista de entregar el juego completo de originales de los documentos de embarque, ya que será necesario adjuntarlos en la plica documental del crédito, junto con las facturas, la lista de contenido, los certificados u otros documentos requeridos contractualmente, ya que su falta provocaría «reservas» por la entidad bancaria.

A continuación, de acuerdo con la versión de 2020 de las reglas de la CCI, se detalla brevemente el contenido de cada una de ellas. Toda aquella persona interesada en profundizar en su aplicación práctica puede consultar el manual *Las reglas Incoterms 2020*,[8] del profesor Alfonso Cabrera Cánovas, o bien la publicación oficial de la CCI n.º 723 ES.

2 Documentación contractual

En las obligaciones generales de cada una de las reglas Incoterms se indica lo siguiente: «El vendedor debe suministrar la mercancía y la factura comercial de conformidad con el contrato de compraventa y cualquier otra prueba de conformidad que pueda exigir el contrato». El cumplimiento de este requisito significa, que la parte vendedora ha entregado la mercancía en el lugar acordado, recibiendo el documento de conformidad por la receptora: albarán, conocimiento de embarque multimodal o FBL (siglas de *forwarder bill of lading)*, DVD (siglas de declaración de vinculación a depósito), u otro documento que proceda.

Paralelamente, entregará la factura comercial a la parte compradora, preferiblemente adjuntando la lista de contenido si fuese necesario. Cuando proceda despacho aduanero de exportación, en función de la regla Incoterms pactada, facilitará al representante aduanero la factura comercial necesaria para realizar los trámites de exportación adicionando, si es preciso, la lista de contenido.

3 Documentación electrónica

La tendencia actual en la emisión de documentos, consiste en sustituir el papel por medios informáticos o electrónicos. A título de ejemplo, la Agencia Estatal de Administración Tributaria (AEAT) ha implantado el sistema de «firma electrónica digital», lo

---

[8] *Las reglas Incoterms 2020, Manual para usarlas con eficacia.* Alfonso Cabrera Cánovas. Marge Books, Barcelona, 2020. Véase también *Guía práctica de las reglas Incoterms 2020.* David Soler. Marge Books, Barcelona, 2021.

que permite realizar un gran número de trámites por medios electrónicos. Igualmente, la Administración de Aduanas, siguiendo las directrices de la UE también utiliza el sistema electrónico para la presentación de las declaraciones aduaneras, con el objetivo de que a partir del 2020 todos los trámites con las aduanas sean por medios electrónicos.

En la redacción de las reglas Incoterms, siguiendo el mismo criterio de reducir los documentos en papel, se dice: «Cualquier documento que tenga que proporcionar el vendedor puede ser en papel o en forma electrónica como se haya acordado o, si no existe acuerdo, como sea habitual». Por tanto, considera ambas opciones como válidas.

Sin embargo, la parte vendedora debe cerciorarse de la viabilidad de utilizar el sistema electrónico, pues en ocasiones la mercancía está sujeta a autorización o licencia emitida en papel por la autoridad competente, o bien el contrato de compraventa está asociado a un crédito documentario o remesa documentaria, que obligan a entregar a las oficinas bancarias la documentación exigida, que suele ser emitida en papel. En ocasiones, a causa de regulaciones específicas de los países importadores, las facturas comerciales, los certificados de origen, las listas de pesos u otros documentos exigen el visado de cámaras de comercio, oficinas consulares o certificaciones de entidades de control y verificación, siendo esos documentos emitidos en papel.

4 Concepto de entrega y momento de transmisión de riesgos

Cada regla Incoterms define el punto o lugar de entrega de la mercancía, así como la transmisión de riesgos de la parte vendedora a la compradora, especificando la operación por la cual la mercancía es entregada de acuerdo con la reglamentación.

En la versión de 2010 de las reglas, para aquellas mercancías que fueren materias primas, productos a granel o materias básicas, como, por ejemplo: petróleo, químicos, minerales, carbón, chatarra, cemento, trigo, cacao, bananas o productos químicos, sobre los que se realizan compraventas durante el transporte, debía adaptarse el concepto de entrega al tipo de mercancía. Por ello se añadía en el concepto de «entrega» para las reglas Incoterms marítimas (FAS, FOB, CFR y CIF) el siguiente texto:

Original inglés: *«or by procuring the goods so delivered»*.
Traducción al castellano: «o proporcionando la mercancía así entregada».

En la versión de 2020 se añade esa frase a todas las reglas Incoterms, excepto la EXW. En la versión en lengua inglesa indica:

... *«or procure goods so delivered»*.
... *«or by procuring the goods so delivered»*.

Cuya traducción al castellano resulta:

… «o procurar la mercancía así entregada».
… «o procurando la mercancía así entregada».

Como puede observarse, la traducción al castellano en 2020 ha substituido «proporcionar» por «procurar», siendo invariable el término en inglés. Cabe tener presente que la versión inglesa es la única válida para cualquier controversia o interpretación.

Por ello, en los contratos en los que sea menester esa aclaración, en casos de posibles compraventas durante el transporte y, por tanto, con variaciones de la parte titular compradora inicial, por el total o una porción de la carga, es aconsejable concretar entre las partes el alcance de la conformidad del momento de entrega de la mercancía de la vendedora a la compradora.

La interpretación de los términos «o procurar» *(or procure)* y «o procurando *(or by procuring)* la mercancía así entregada», definidos en las reglas Incoterms, excepto en la EXW, son los siguientes:

- **En FCA:** la parte vendedora debe entregar la mercancía a la empresa transportista o a otra persona designada por la compradora en el punto designado, si lo hay, en el lugar designado, *o procurar* la mercancía así entregada.

- **En CPT, CIP:** la parte vendedora debe entregar la mercancía poniéndola en poder de la empresa transportista contratada por ella misma *o procurando* la mercancía así entregada.

- **En CFR, CIF:** la parte vendedora debe entregar la mercancía colocándola a bordo del buque *o procurando* la mercancía así entregada.

- **En DAP:** la parte vendedora debe entregar la mercancía poniéndola a disposición de la compradora en los medios de transporte de llegada preparada para la descarga en el punto acordado, si lo hay, en el lugar de destino designado *o procurando* la mercancía así entregada.

- **En DPU:** la parte vendedora debe descargar la mercancía de los medios de transporte de llegada y debe entonces entregarla poniéndola a disposición de la compradora en el punto acordado, si lo hay, en el lugar de destino designado *o procurando* la mercancía así entregada.

- **En DDP:** la parte vendedora debe entregar la mercancía poniéndola a disposición de la compradora en los medios de transporte de llegada preparada para la descarga en el punto acordado, si lo hay, en el lugar de destino designado *o procurando* la mercancía así entregada.

  En las reglas anteriores, la referencia a *o procurar* responde a las ventas múltiples en una cadena (cadena de ventas), especialmente comunes, aunque no de forma exclusiva, en el comercio de materias primas.

- **En FAS:** la parte vendedora debe entregar la mercancía colocándola al costado del buque designado por la compradora en el punto de carga, si lo hay, indicado por esta en el puerto de embarque designado *o procurando* la mercancía así entregada.

  En esta regla Incoterms se exige a la parte vendedora que entregue la mercancía al costado del buque o que *procure* la mercancía así ya entregada para el embarque.

  La referencia a *procurar* responde a las ventas múltiples en una cadena (cadena de ventas), especialmente comunes en el comercio de materias primas.

- **En FOB:** la parte vendedora debe entregar la mercancía colocándola a bordo del buque designado por la compradora en el punto de carga, si lo hay, indicado por esta en el puerto de embarque designado *o procurando* la mercancía así entregada.

  En esta regla se exige a la parte vendedora que entregue la mercancía a bordo del buque o que *procure* la mercancía así ya entregada para el embarque.

  La referencia a *procurar* responde a las ventas múltiples en una cadena (cadena de ventas), especialmente comunes en el comercio de materias primas.

MODALIDADES DE TRANSPORTE PARA LAS REGLAS INCOTERMS	
Reglas aptas para cualquier modalidad de transporte	
EXW	En fábrica
FCA	Franco porteador
CPT	Transporte pagado hasta …
CIP	Transporte y seguro pagado hasta …
DAP	Entrega en lugar determinado
DPU	Entrega en lugar acordado descargada
DDP	Entrega derechos pagados
Reglas para transporte marítimo y vías navegables interiores	
FAS	Franco al costado del buque
FOB	Franco a bordo
CFR	Costo y flete
CIF	Costo, seguro y flete

Tabla 9. Modalidades de transporte para las reglas Incoterms.

5   Descripción de las reglas Incoterms

A continuación presentamos una síntesis de las reglas Incoterms según la actualizada versión de 2020.

5.1   EXW: en fábrica (indicando el lugar de entrega convenido o designado); ex works (insert named place of delivery)

Regla muy utilizada en las entregas puerta a puerta con cargo a la empresa compradora, obligándose esta a la contratación del transporte desde origen hasta destino, incluidos los trámites aduaneros y la obtención de las autorizaciones y permisos de exportación. Esta regla se caracteriza por la intervención mínima de la parte vendedora, puesto que es la compradora quien asume todos los trámites y riesgos desde la recogida y carga de la mercancía en el punto acordado de entrega.

Las responsabilidades estipuladas por la regla EXW son las siguientes:

- **Gastos y modos de transporte**
  Recaen sobre la parte compradora los costos y la contratación, en cualquier modalidad de transporte.

- **Gastos y trámites aduaneros de exportación**
  Recaen sobre la parte compradora en su totalidad.

- **Deberes y obligaciones de la parte vendedora**
  – Avisar a la compradora de que la mercancía, debidamente embalada, está disponible en el lugar y punto acordados, en la fecha convenida. Ese punto concreta el lugar de entrega y la transmisión de responsabilidad del riesgo sobre la mercancía.
  – Suministrar la mercancía sin tener la obligación de cargarla en el vehículo proporcionado por la parte compradora.
  – Facilitar la factura comercial según el contrato de compraventa.
  – Prestar a la compradora, con gastos a cargo de esta, la ayuda necesaria en la obtención de los documentos que precise para la exportación, así como los requisitos técnicos y legales de seguridad para el transporte, o para la posible contratación por la compradora de un seguro de transporte.
  – Son a cargo de la vendedora los costos de verificación de la mercancía, control de calidad, medidas, pesos o recuentos.

- **Deberes y obligaciones de la parte compradora**
  – Abonar el precio de la mercancía según lo dispuesto en el contrato de compraventa.
  – Asumir todos los gastos y riesgos desde el momento de la toma de la mercancía en el domicilio, lugar o punto acordado con la vendedora hacia el destino deseado.
  – Abonar los gastos de inspección previa al embarque.
  – Obtener la documentación reglamentaria cuando la mercancía requiera trámites de exportación.

- **Transmisión de riesgos**
  Se produce en el momento de la toma de la mercancía por la parte compradora en el almacén, fábrica o lugar destinado a tal fin por la vendedora. En el supuesto de incumplimiento, la compradora asume asimismo los riesgos a partir de la fecha acordada de carga.

- **Casos especiales de entrega**
  Si la parte compradora ha elegido un punto de entrega externo a las instalaciones de la vendedora, sea para almacenamiento previo al trasporte principal, por necesidad de una operación especial de manipulación y carga, o cualquier otra causa

exigida por esta, la mercancía será entregada por la parte vendedora sobre vehículo en dicho punto, siendo a cargo de la compradora la responsabilidad de posibles daños y gastos en las operaciones de descarga, movimiento, almacenaje o manipulación, así como cualquier otro daño o pérdida que se produjera posteriormente, como la manipulación y carga en el transporte principal.

Cuando se realiza la carga de la mercancía en los almacenes de la parte vendedora con sus medios, debe acordarse el momento de la transmisión de riesgos de esta a la compradora, pues la vendedora asume riesgos en la manipulación de carga, los cuales no debería asumir. Por ello, debería plantearse utilizar otra regla Incoterms, como la FCA.

En los supuestos citados, es conveniente que ambas partes especifiquen claramente en el contrato de compraventa el momento de transmisión de riesgos de una parte a la otra.

Dado que la responsabilidad operativa recae sobre la parte compradora, conviene asegurarse previamente de la viabilidad de la operación, sobre todo en aquellos casos en que la mercancía haya de someterse a la reglamentación de exportación.

5.2 FCA: franco porteador (indicando el lugar de entrega convenido o designado); free carrier (insert named place of delivery)

Mediante esta regla polivalente, la parte vendedora se compromete a entregar la mercancía en la fecha acordada, a la empresa transportista o a otra persona designada por la compradora en el punto designado, si lo hay, en el lugar designado, *o procurar* la mercancía así entregada.

La regla FCA debería emplearse en lugar de, por ejemplo, la regla marítima FOB, porque la mercancía ha sido entregada en el lugar designado por la parte compradora sin que haya transporte marítimo o fluvial alguno.

A diferencia de lo estipulado por la regla EXW, el despacho de aduanas de exportación será, si procede, a cargo de la parte vendedora, lo cual le permitirá a esta controlar los trámites de la declaración de exportación.

Las responsabilidades estipuladas por la regla FCA son las siguientes:

- **Gastos y modos de transporte**
  Recaen sobre la parte compradora, en cualquier modalidad de transporte.

- **Gastos y trámites aduaneros de exportación**
  La parte vendedora debe obtener, a su cargo, cualquier licencia de exportación o autorización oficial y llevar a cabo los trámites aduaneros necesarios.

- **Deberes y obligaciones de la parte vendedora**
  - Suministrar la mercancía y cargarla en el vehículo de transporte cuando la entrega tenga lugar en sus instalaciones. Si las instalaciones son designadas por la compradora, el suministro se produce en el momento de entregarla sobre un vehículo de transporte en dichas instalaciones.
  - Facilitar la factura comercial según el contrato de compraventa.
  - No tiene obligación de asegurar la mercancía.
  - Si la parte compradora no ha indicado ningún punto específico de entrega, la vendedora tiene la posibilidad de escoger, dentro del lugar o la zona estipulada, dónde debe la empresa transportista hacerse cargo de la mercancía.

- **Deberes y obligaciones de la parte compradora**
  - Concluir a sus expensas un contrato de transporte de la mercancía a partir de un lugar y punto fijado de entrega de la parte vendedora.
  - No tiene obligación de asegurar la mercancía.
  - Abonar el precio de la mercancía según lo dispuesto en el contrato de compraventa.
  - Realizar a su responsabilidad y cargo los trámites de importación.

- **Transmisión de riesgos**
  Se produce en el momento de la entrega de la mercancía por la parte vendedora en el lugar y punto designado por la compradora, según lo indicado en los deberes y obligaciones de la vendedora.

5.3 *FAS: franco al costado del buque (indicando el puerto de embarque convenido);* free alongside ship (insert named port of shipment)

La parte vendedora debe entregar la mercancía colocándola al costado del buque designado por la compradora en el punto de carga, si lo hay, indicado por esta en el puerto de embarque designado *o procurando* la mercancía así entregada.

Esta regla es idónea para la entrega de mercancías a granel, automóviles y grandes cargas, dado que las terminales portuarias, ubicadas junto a los muelles de atraque de los buques, constituyen el punto habitual de estas operaciones de manipulación y carga.

Las responsabilidades estipuladas por la regla FAS son las siguientes:

- **Gastos y modos de transporte**
  Recaen sobre la parte compradora. El transporte se efectúa por vía marítima, incluidas las vías navegables interiores.

- **Deberes y obligaciones de la parte vendedora**
  - Suministrar la mercancía, la factura comercial u otros documentos exigidos según el contrato de compraventa.
  - Cumplir su obligación de entrega, cuando la mercancía ha sido colocada al costado del buque, sobre el muelle o en barcazas, en el puerto de embarque convenido y dentro de la fecha estipulada en el contrato de compraventa.
  - Llevar a cabo los trámites aduaneros de exportación requeridos y obtener, asimismo, las licencias de exportación y cualquier otro documento necesario para su gestión.
  - No tiene obligación sobre el transporte.
  - No tiene obligación de asegurar la mercancía.

- **Deberes y obligaciones de la parte compradora**
  - Abonar el precio de la mercancía según lo dispuesto en el contrato de compraventa.
  - Contratar el transporte.
  - Realizar los trámites de importación necesarios.
  - La contratación de un seguro de la mercancía es facultativa, pues no tiene la obligación de asegurar.

- **Transmisión de riesgos**
  Se produce en el momento de la entrega al costado del buque o sobre barcaza, o cuando la parte vendedora procura la mercancía así ya entregada.

5.4   *FOB: franco a bordo (indicando el puerto de embarque convenido); free on board (insert named port of shipment)*

Si bien las reglas Incoterms han sido adoptadas por la comunidad internacional, es importante tener en cuenta que en Estados Unidos y, parcialmente, en Canadá y México se emplean también, desde 1941, las reglas de las Revised American Foreign Trade Definitions. Estas difieren de las reglas Incoterms en algunos aspectos, entre los cuales destacan las acepciones de la regla FOB, que a menudo se confunden con EXW, FCA CFR o DAP, Según las expresiones usuales, se deben considerar las siguientes:

- **FOB.** *Named inland carrier at named inland point of departure.* Lugar de carga interior en el punto de salida.
  Equivaldría a la regla EXW, pero especificando el punto de carga interior, el lugar de salida y la inclusión del transporte interior a cargo o no de la parte vendedora, así como los costos y trámites de exportación si los hubiere.

- **FOB.** *Named inland carrier at named inland point of departure. Freight prepaid to (named port of exportation).* Lugar de carga interior en el punto de salida. Transporte pagado hasta (puerto de exportación).
  El significado es: mercancía cargada en un punto interior y transportada al punto de partida. Equivaldría a la regla EXW, especificando la inclusión del transporte interior a cargo de la parte vendedora. Convendría concretar quien debe soportar los costos y trámites de exportación, si los hubiere.

- **FOB.** *Named inland carrier at named inland point of departure. Freight allowed (named point).* Mercancía cargada en un punto interior y lugar de salida con flete pagado hasta un punto determinado.
  El equivalente serían las reglas CFR o DAP, concretando el lugar de recogida de la mercancía y los costos y trámites de exportación y el punto de entrega.

- **FOB.** *Named inland carrier at named inland point of exportation.* Lugar de carga y lugar de exportación.
  Equivaldría a la regla Incoterms FOB, pero concretando los costos asumidos por la parte vendedora.

- ***FOB vessel.*** *Named port of shipment.* Puerto de embarque.
  Su equivalente en las reglas Incoterms, sería la regla FOB, concretando quién asume los gastos de carga.

- ***FOB Factory.*** Entrega en fábrica sobre transporte.
  La regla Incoterms equivalente sería la FCA.

- ***FOB stowed.*** Cargada y estibada en buque.
  Su equivalente en las reglas Incoterms sería la regla FOB, pero no incluye el trincado de la mercancía.

- ***FOB stowed and trimmed.*** Cargada, estibada y trincada en buque.
  La regla Incoterms equivalente sería la FOB.

- ***FOB freight prepaid.*** FOB con flete pagado hasta lugar de destino final.
  El equivalente sería la regla DAP o la DPU en la versión de las reglas Incoterms 2020.

- ***FOB shipping point, freight prepaid.*** FOB puerto de embarque con flete pagado hasta el puerto de destino.
  La regla Incoterms equivalente sería la CFR o la FOB, concretando la repercusión de los gastos.

Por ello, aunque la versión de las reglas Incoterms 2020 pueda ser aceptada en estos países, es recomendable precisar el alcance de la regla en el momento de la contratación, pues caben interpretaciones diversas.

En aquellos casos en los que la mercancía se entregue a la empresa cargadora antes de situarla a bordo del buque (hecho frecuente en la carga en factoría de contenedores o piezas voluminosas), es aconsejable valorar la conveniencia de la adopción de la regla FCA en lugar de FOB.

Las responsabilidades estipuladas por la regla FOB, según la versión de las reglas Incoterms 2020, son las siguientes:

- **Gastos y modos de transporte**

  Recaen sobre la parte compradora. El transporte se efectúa por vía marítima, incluidas las vías navegables interiores.

- **Deberes y obligaciones de la parte vendedora**
  - Suministrar la mercancía y la factura comercial u otro documento en prueba de conformidad, según el contrato de compraventa.
  - Realizar los trámites de exportación necesarios y soportar los gastos que de ellos se deriven.
  - En la fecha acordada, entregar la mercancía en la forma acostumbrada en el puerto o colocándola a bordo del buque designado por la parte compradora en el punto de carga, si lo hay, indicado por esta en el puerto de embarque designado *o procurando* la mercancía así entregada.
  - No tiene obligación de asegurar la mercancía.
  - Proporcionar la prueba usual de entrega de la mercancía a la empresa transportista.
  - Proporcionar a la parte compradora, a petición, riesgo y expensas de esta, cualquier información que precise, especialmente la relativa a la seguridad del transporte.

- **Deberes y obligaciones de la parte compradora**
  - Abonar el precio de la mercancía según lo dispuesto en el contrato de compraventa.
  - Asumir todos los gastos y riesgos de la mercancía una vez que la parte vendedora ha cumplido con su obligación de entregarla a bordo *o procurando* la mercancía así entregada.
  - Contratar el transporte.
  - Realizar los trámites de importación necesarios.
  - La contratación de un seguro de la mercancía es facultativa, pues no tiene la obligación de asegurar.

- **Transmisión de riesgos**

  Se produce en el momento de la entrega de la mercancía, colocada a bordo del buque designado por la parte compradora en el punto de carga, si lo hay, indicado por esta en el puerto de embarque designado *o procurando* la mercancía así entregada.

  En el supuesto de entregar la parte vendedora la mercancía en la fecha contractual a la empresa transportista y que el buque designado por la compradora sufra demoras sin notificación previa a la vendedora o que el buque no admitiera carga, la compradora corre con todos los riesgos y gastos de pérdida o daño de la mercancía, desde el momento que la mercancía ha sido entregada a la compañía naviera o a su representante en la fecha contractual aceptada.

5.5 CFR: costo y flete (indicando el puerto de destino convenido); cost and freight (insert named port of destination)

Es frecuente entender que el pago del transporte por la parte vendedora incluye la responsabilidad de los eventuales daños a la mercancía hasta su entrega en el punto acordado; sin embargo, esta regla de entrega no atribuye ninguna responsabilidad a la vendedora en este sentido. En consecuencia, a la compradora le conviene asegurar la mercancía en previsión de cualquier daño ocasionado durante el transporte.

Las responsabilidades estipuladas por la regla CFR son las siguientes:

- **Gastos y modos de transporte**

  El transporte se efectúa por vía marítima, incluidas las vías navegables interiores.

- **Deberes y obligaciones de la parte vendedora**
  - Suministrar la mercancía y la factura comercial u otro documento en prueba de conformidad, según el contrato de compraventa.
  - Contratar, en los términos habituales y a sus expensas, el transporte de la mercancía hasta al puerto de destino designado.
  - Realizar los trámites de exportación necesarios y soportar los gastos que de ellos se deriven.
  - En la fecha acordada, entregar la mercancía en la forma acostumbrada en el puerto o colocándola a bordo del buque designado por la parte compradora en el punto de carga, si lo hay, indicado por esta en el puerto de embarque designado *o procurando* la mercancía así entregada.
  - No tiene obligación de asegurar la mercancía.

– Proporcionar la prueba usual de entrega de la mercancía a la empresa transportista.

– Proporcionar a la parte compradora, a petición, riesgo y expensas de esta, cualquier información que precise, especialmente la relativa a la seguridad del transporte.

- **Deberes y obligaciones de la parte compradora**
  – Abonar el precio de la mercancía según lo dispuesto en el contrato de compraventa.
  – Realizar los trámites de importación necesarios y soportar los gastos que de ellos se deriven.
  – Asumir todos los trámites y permisos para la importación.
  – No tiene obligación de contratar el transporte ni el seguro.
  – Recepcionar la mercancía en el puerto de destino.
  – Asumir los riesgos de la mercancía desde el momento en que esta es puesta a bordo del buque en el puerto de embarque, *o procurando* así entregada.

- **Transmisión de riesgos**
  Se produce en el momento de la entrega de la mercancía a bordo del buque en el puerto de embarque convenido *o procurando* la mercancía así entregada.

5.6 *CIF: costo, seguro y flete (indicando el puerto de destino convenido);* cost, insurance and freight (insert named port of destination)

Esta regla, ampliamente utilizada, se emplea en ocasiones erróneamente en transportes distintos al marítimo o por vías navegables interiores, en cuyo caso se recomienda aplicar la regla multimodal CIP.

Es conveniente que las partes contratantes suscriban un seguro por un valor que incluya el de la mercancía más todos los costos adicionales soportados (las manipulaciones portuarias, los gastos de empresas consignatarias, los aranceles y el transporte interior hasta su destino final), ya que la comprobación del daño tiene lugar generalmente una vez que la mercancía ha sido recibida por la parte compradora, cuando ya ha sido gravada con los gastos de importación indicados. Aunque el contrato del seguro vea incrementada su base en un 10 % adicional sobre el valor asegurado (siguiendo las recomendaciones de esta regla Incoterms), dicha precaución no siempre permite resarcirse del total del daño sufrido.

Las responsabilidades estipuladas por la regla CIF son las siguientes:

- **Gastos y modos de transporte**
  Recaen sobre la parte vendedora. El transporte se efectúa por vía marítima, incluidas las vías navegables interiores.

- **Deberes y obligaciones de la parte vendedora**
  - Suministrar la mercancía y la factura comercial u otro documento de prueba, según se acuerde en el contrato de compraventa.
  - Llevar a cabo los trámites aduaneros de exportación requeridos y obtener, asimismo, las licencias de exportación y todo documento necesario para su gestión.
  - Contratar, en los términos habituales y a sus expensas, el transporte de la mercancía hasta el puerto de destino designado.
  - Entregar la mercancía a bordo del buque *o procurando* la mercancía así entregada, en el puerto de embarque, en la fecha estipulada y en la forma acostumbrada en el puerto.
  - Contratar un seguro marítimo de cobertura mínima de los riesgos de la parte compradora, de acuerdo, al menos, con la modalidad «C» de las cláusulas del Institute Cargo Clauses, al mínimo del 110 % del valor del contrato de compraventa y en la divisa del mismo. Las coberturas están basadas en el redactado del Instituto Lloyd's Market Association/International Underwriting Association LMA/IUA) u otras coberturas similares, permitiendo su variación por acuerdo de las partes.

- **Deberes y obligaciones de la parte compradora**
  - Abonar el precio de la mercancía según lo dispuesto en el contrato de compraventa.
  - Obtener la documentación necesaria para la importación.
  - No tiene obligación de contratar el transporte ni el seguro.
  - Realizar los trámites de importación necesarios.
  - Recepcionar la mercancía en el puerto de destino.
  - Asumir los riesgos de la mercancía desde el momento en que esta es puesta a bordo del buque en el puerto de embarque.

- **Transmisión de riesgos**

Se produce en el momento de la entrega o la puesta a bordo *o procurando* la mercancía así entregada en el puerto de embarque.

5.7 *CPT: transporte pagado hasta (indicando el lugar de destino convenido o designado);* carriage paid to (insert named place of destination)

Según esta regla, utilizada en el transporte multimodal, la parte vendedora contrata el transporte hasta el lugar y punto de entrega acordado en el país de destino; sin embargo, esta no se hace responsable de los eventuales daños a la mercancía durante el transporte, que recaen sobre la compradora.

Las responsabilidades estipuladas por la regla CPT son las siguientes:

- **Gastos y modos de transporte**
  El flete del transporte hasta el lugar convenido recae sobre la parte vendedora. El transporte se puede efectuar en cualquier modalidad.

- **Deberes y obligaciones de la parte vendedora**
  - Suministrar la mercancía, la factura comercial y cualquier otra prueba de conformidad según el contrato de compraventa, bien sea en papel o soporte electrónico, según se haya acordado.
  - Obtener la documentación necesaria para la exportación.
  - Contratar el transporte.
  - No tiene obligación de asegurar la mercancía, pero sí tiene la de facilitar a la parte compradora, a petición de esta, los datos necesarios para que pueda contratar un seguro.
  - Entregar la mercancía a la empresa transportista *o procurando* la mercancía así entregada, en la fecha estipulada o dentro del plazo convenido.
  - Realizar los trámites de exportación.
  - A petición de la parte compradora, facilitarle el documento o documentos del transporte contratado. Si el documento se emite en forma negociable y en varios originales, debe entregarle el juego completo.

- **Deberes y obligaciones de la parte compradora**
  - Abonar el precio de la mercancía según lo dispuesto en el contrato de compraventa.
  - Asumir todos los riesgos de pérdida o daño de la mercancía desde el momento de la entrega de la mercancía a la empresa transportista.
  - Llevar a cabo los trámites aduaneros de importación requeridos, y obtener las licencias de importación y todo documento necesario para su gestión.
  - No tiene obligación de contratar el transporte.
  - No tiene obligación de contratar un seguro por daños o pérdidas durante el transporte.

- **Transmisión de riesgos**
  Se produce en el momento en que la mercancía ha sido entregada por la parte vendedora a la empresa transportista o porteadora en la fecha o plazo acordado, siendo a cargo de la compradora todos los riesgos de pérdida o daño de la mercancía.

5.8 *CIP: transporte y seguro pagados hasta (indicando el lugar de destino convenido o designado);* carriage and insurance paid to (insert named place of destination)

Esta regla, adecuada para el transporte multimodal, obliga a la parte vendedora a contratar el transporte y un seguro adicional que cubra el valor del contrato de compraventa incrementado la base, como mínimo, en un 10 %. Para el cálculo de la base del importe del seguro se aplican los mismos criterios que en la regla CIF; por tanto, las partes deben determinar lo que proceda contractualmente.

Las responsabilidades estipuladas por la regla CIP son las siguientes:

- **Gastos y modos de transporte**
  Recaen sobre la parte vendedora, en cualquier modalidad de transporte.

- **Deberes y obligaciones de la parte vendedora**
  - Suministrar la mercancía y la factura comercial según el contrato de compraventa.
  - Llevar a cabo los trámites de exportación requeridos y obtener, asimismo, todo documento necesario para su gestión.
  - Contratar el transporte y entregar la mercancía poniéndola en poder de la empresa transportista o porteadora *o procurando* la mercancía así entregada.
  - Contratar un seguro de cobertura mínima de los riesgos de la parte compradora, de acuerdo, al menos, con la modalidad «A» de las cláusulas del Institute Cargo Clauses, como al mínimo, al 110 % del valor del valor del contrato de compraventa y en la divisa del mismo. Las coberturas están basadas en el redactado del Instituto Lloyd's Market Association/International Underwriting Association LMA/IUA) u otras coberturas similares, permitiendo su variación por acuerdo de las partes.
  - Entregar la mercancía a la empresa transportista en la fecha estipulada o dentro del plazo convenido.
  - Asumir los eventuales riesgos de la mercancía hasta que haya sido entregada a la empresa transportista.

- **Deberes y obligaciones de la parte compradora**
  - Abonar el precio de la mercancía según lo dispuesto en el contrato de compraventa.
  - Obtener las autorizaciones necesarias para la importación.
  - Realizar los trámites de importación necesarios y soportar los gastos que de ellos se deriven.
  - No tiene obligación de contratar el transporte ni el seguro.

– Asumir todos los riesgos de pérdida o daño de la mercancía desde el momento de su entrega a la empresa transportista o porteadora.

– Soportar los gastos que se produzcan después de la entrega de la mercancía a la empresa transportista, entre ellos, los de descarga y manipulación.

• **Transmisión de riesgos**

Se produce en el momento en que la mercancía ha sido entregada por la parte vendedora a la empresa transportista en la fecha o plazo acordado, siendo a cargo de la compradora todos los riesgos de pérdida o daño de la mercancía.

5.9 *DAP: entregada en lugar (indicando el lugar de destino convenido o designado);* delivered at place (insert named place of destination)

Esta regla, válida para cualquier modalidad de transporte, sustituye al condicionado de la desaparecida DDU *(delivered duty unpaid)* y también a la cláusula DAT *(delivered at terminal)* suprimida en esta versión de las reglas Incoterms. Al elegir la parte compradora el lugar de entrega, podría ser en la modalidad de «puerta a puerta». La regla no impone la contratación de un seguro contra daños de transporte a ninguna de las partes, por lo que es conveniente que la compradora prevea dicha eventualidad, contratando un seguro contra daños y pérdidas de la mercancía.

Las responsabilidades estipuladas por la regla DAP son las siguientes:

• **Gastos y modos de transporte**

Recaen sobre la parte vendedora hasta la entrega de la mercancía sobre vehículo a la compradora en el lugar y punto acordado. El transporte se puede efectuar en cualquier modalidad.

• **Deberes y obligaciones de la parte vendedora**

– Suministrar la mercancía debidamente embalada en la forma usual y la factura comercial y demás documentación necesaria según el contrato de compraventa.

– Realizar los trámites de exportación necesarios.

– Contratar el transporte hasta el punto de entrega convenido sobre vehículo en el punto acordado, si lo hay, en el lugar de destino designado *o procurando* la mercancía así entregada..

– No tienen ninguna obligación de formalizar un contrato de seguro.

– Son a su cargo los costos de las operaciones de verificación de calidad, pesos y recuentos.

- **Deberes y obligaciones de la parte compradora**
  - Abonar el precio de la mercancía según lo dispuesto en el contrato de compraventa.
  - Realizar los trámites de importación necesarios y soportar los gastos que de ellos se deriven.
  - Recepcionar la mercancía en el lugar convenido.
  - No debe formalizar ningún contrato de transporte ni de seguro.

- **Transmisión de riesgos**

  Se produce en el momento en que la parte vendedora pone la mercancía sobre vehículo a disposición de la compradora en el lugar de destino preparada para su descarga en el punto acordado.

5.10 *DPU: entrega en lugar acordado descargada (indicando el lugar de destino designado);* delivered at place unloaded (insert named place of destination)

Esta es una regla Incoterms de nueva redacción que sustituye a la DAT (entregada en terminal), ampliada a cualquier lugar y punto de entrega en destino.

- **Deberes y obligaciones de la parte vendedora**
  - Suministrar la mercancía debidamente embalada y entregar a la parte compradora la factura comercial y cualquier otro documento solicitado en el contrato de compraventa. Los documentos que deba facilitar pueden ser en papel o en soporte electrónico.
  - Contratar el transporte desde origen hasta el lugar y punto de destino indicado por la parte compradora.
  - Realizar los trámites de exportación.
  - No tiene obligación de contratar ningún seguro sobre pérdidas o daños de la mercancía, si bien es recomendable pactar con la parte compradora si debe asumirse esa contratación.
  - Debe descargar la mercancía de los medios de transporte de llegada a destino, entregándola a la parte compradora en el punto acordado, si lo hay, en el lugar de destino designado *o procurando* la mercancía así entregada.

- **Deberes y obligaciones de la parte compradora**
  - Pagar el precio de la mercancía según el contrato de compraventa.
  - Hacerse cargo de la mercancía una vez entregada en el punto de descarga.

- Realizar los trámites necesarios de importación.
- No tiene obligación de contratar ningún seguro, pero conviene acordarlo con la parte vendedora.
- Proporcionar a la parte vendedora aquellos documentos que le sean precisos, bien en papel o en soporte electrónico.

- **Transmisión de riesgos**
  Desde el momento en que la mercancía ha sido descargada y puesta a disposición de la parte compradora en el punto de entrega, esta asume los riesgos de pérdidas o daños sobre la mercancía.

5.11 *DDP: entregada derechos pagados (indicando el lugar de destino designado);* delivered duty paid (insert named place of destination)

Al tratarse de una regla de entrega de gran responsabilidad operativa para la parte vendedora, esta debe procurar especialmente conocer la viabilidad de la operación en el país de destino. En particular, ha de tener muy en cuenta si se precisan trámites aduaneros y, en caso afirmativo, la eventual existencia de reglamentación restrictiva, los trámites a realizar, sus costos y las cuantías de las imposiciones tributarias aduaneras u otras que puedan existir de tipo directo o indirecto, de difícil recuperación por la parte vendedora o de nula repercusión a la compradora.

Las responsabilidades estipuladas por la regla DDP son las siguientes:

- **Gastos y modos de transporte**
  Recaen sobre la parte vendedora hasta el lugar de destino designado. El transporte se puede efectuar en cualquier modalidad.

- **Deberes y obligaciones de la parte vendedora**
  - Suministrar la mercancía, la factura comercial y cualquier otro documento solicitado contractualmente.
  - Poner la mercancía a disposición de la parte compradora en los medios de transporte de llegada preparada para la descarga en el punto acordado, si lo hay, en el lugar de destino designado *o procurando* la mercancía así entregada.
  - Realizar los trámites necesarios para la exportación.
  - Realizar los trámites de importación necesarios en el país de destino de la mercancía.
  - Asumir los gastos y riesgos, incluidos los derechos arancelarios y cuantos impuestos, tasas y otras cargas sean aplicables en el país de importación.

- **Deberes y obligaciones de la parte compradora**
  - Recepcionar la mercancía y pagar su precio según lo dispuesto en el contrato de compraventa.
  - Proporcionar a la parte vendedora la ayuda necesaria para llevar a cabo los trámites de importación requeridos.
  - Asumir los riesgos una vez que la parte vendedora ha cumplido con las condiciones de entrega.

- **Transmisión de riesgos**
  Se produce en el momento de la entrega de la mercancía, sin haber sido descargada, en el punto de destino convenido.

En esta regla Incoterms, al realizar los trámites de importación por la parte vendedora en el país de la compradora, en el supuesto de existir imposición indirecta a la importación, como podría ser el impuesto sobre el valor añadido (IVA), convendría acordar con la compradora una enmienda a la regla, por ejemplo DDP-VAT *unpaid* (IVA no pagado a cuenta de la compradora).

6　Prueba de entrega

En todas las reglas Incoterms en que el transporte exterior sea contratado por la parte compradora, especialmente en el transporte marítimo, puede suceder que, en la fecha contractual de entrega, no esté disponible el medio de transporte, bien sea por retraso, falta de espacio u otros motivos.

En ese supuesto, la parte vendedora no puede cargar ni transportar la mercancía, lo cual puede significar un problema de cumplimentación del contrato, como ocurriría en el caso de que existiera un crédito documentario. Por tanto, en prueba de entrega de la mercancía en el plazo acordado, la parte vendedora ha de exigir el documento probatorio de la entrega de la mercancía, dentro de la fecha contractual, certificado por la empresa consignataria, transportista o transitaria, contratada y asignada por la compradora.

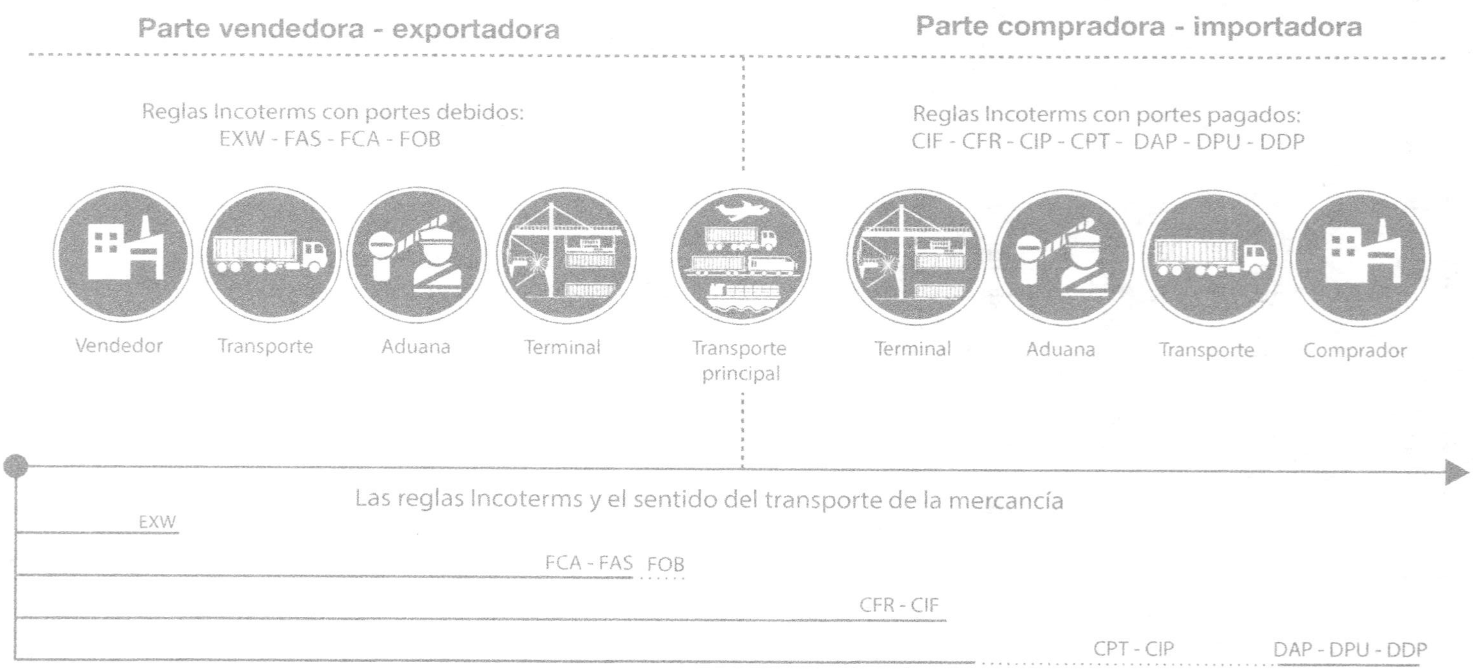

Figura 1. Aplicación de las reglas Incoterms en función de sus respectivos condicionados.

Costos y conceptos para el transporte terrestre, aéreo y multimodal
Costos de fabricación
Envase y embalaje
Marcas
Beneficio industrial
Comisión de venta
Situación a libre disposición
EXW. Carga en el vehículo de transporte a cargo de la empresa compradora, en el almacén de la parte vendedora
Transporte interior
Descarga y ubicación en la terminal terrestre, ferroviaria o aérea, o en el almacén de la empresa transitaria, agencia de aduanas o transportista*
Documentación para el transporte y para el despacho de aduanas en el caso de la exportación
Despacho de aduanas de exportación
Gastos del despacho aduanero de exportación
Depósito de la mercancía en el punto de carga*
FCA. Manipulación y carga al transporte principal internacional a cargo de la parte compradora
CPT. Transporte internacional (hasta el punto convenido) a cargo de la parte vendedora
CPI. Transporte internacional y seguro (hasta el punto convenido) a cargo de la parte vendedora
DAP. Entrega en lugar convenido sin descargar, costo transporte a cargo de la parte vendedora
Costos y trámites de importación a cargo de la parte compradora
DPU. Entrega en lugar convenido y descargado, costo del transporte y manipulación de descarga a cargo de la parte vendedora
DDP. Entrega en destino sobre medios de transporte. Gastos de importación a cargo de la parte vendedora-exportadora
Gastos de manipulación de descarga a cargo de la parte compradora
Ubicación, verificación y control en almacén de llegada con gastos a cargo de la parte compradora

*Nota: en el caso del camión completo o del contenedor completo (*full container load* o FCL), estas manipulaciones no suelen ser operativas, ya que el mismo vehículo continúa hasta el punto de entrega convenido o el destino de la mercancía.

Tabla 10. Costos y conceptos del comercio internacional relacionados con las reglas Incoterms para el transporte terrestre, aéreo y multimodal.

COSTOS Y CONCEPTOS PARA EL TRANSPORTE MARÍTIMO
Costos de fabricación
Envase y embalaje
Marcas
Beneficio industrial
Comisión de venta
Situación a libre disposición
EXW. Carga en el vehículo de transporte a cargo de la empresa compradora, en el almacén de la parte vendedora
Transporte interior
Descarga y ubicación en terminal marítima o recinto habilitado (este supuesto comporta gastos adicionales en la terminal marítima)
Documentación para el despacho de aduanas de exportación
Despacho de aduanas de exportación. Gastos del despacho aduanero de exportación a cargo de la parte compradora
FAS. Situación de las mercancías por la parte vendedora en el muelle junto al buque
FCA. Manipulación, muellaje y carga en buque (estiba y trincado) a cargo de la parte compradora, salvo pacto en contrario
FOB. Entrega de la mercancía a bordo del buque con gastos a cargo de la parte vendedora
Transporte internacional marítimo (hasta el puerto de destino) a cargo de la parte compradora
CFR. Entrega de la mercancía a bordo del buque y contratando el transporte internacional marítimo hasta el puerto de destino, a cargo de la parte vendedora
CIF. Entrega de la mercancía a bordo del buque y contratando el transporte internacional marítimo incluyendo un seguro sobre la mercancía hasta el puerto a cargo de la parte vendedora
CPT. Entrega de la mercancía y carga en el medio de transporte y contratar el flete hasta el punto acordado de entrega en lugar de destino con gastos a cargo de la parte vendedora
CIP. Entrega de la mercancía y carga en el medio de transporte, con gastos a cargo de la parte vendedora, contratando el transporte y otros adicionales hasta el punto acordado de entrega en lugar de destino, incluyendo un seguro de transporte
DAP. Todos los gastos de transporte y manipulación a cargo de la parte vendedora hasta entregar, sin despacho de adunas, la mercancía en el lugar acordado en el punto de entrega sobre vehículo
DPU. Todos los gastos de transporte y manipulación a cargo de la parte vendedora hasta entregar, sin despacho de aduanas, la mercancía en el lugar acordado en el punto de entrega con gastos de descarga incluidos
Trámite y gastos de importación a cargo de la parte compradora
DDP. Entrega en destino sobre medios de transporte. Gastos de importación a cargo de la parte vendedora-exportadora
Gastos de manipulación a la descarga a cargo de la parte compradora
Posterior verificación y control de recepción y almacenaje o puesta en producción, los gastos a cargo de la parte compradora

Tabla 11. Costos y conceptos del comercio internacional relacionados con las reglas Incoterms para el transporte marítimo.

RESPONSABILIDADES QUE SE ASUMEN A TRAVÉS DE LAS REGLAS INCOTERMS 2020											
○ Responsabilidad de la parte compradora ● Responsabilidad de la parte vendedora	EXW	FCA	FAS	FOB	CFR	CIF	CPT	CIP	DAP	DPU	DDP
T: cualquier modo de transporte **M:** transporte marítimo o fluvial	T	T	M	M	M	M	T	T	T	T	T
Embalaje	●	●	●	●	●	●	●	●	●	●	●
Documentación de venta	●	●	●	●	●	●	●	●	●	●	●
Manipulación de carga completa en origen	○	●	○	●	●	●	●	●	●	●	●
Carga de grupajes	○	●	○	●	●	●	●	●	●	●	●
Licencias y trámites de exportación	○	●	●	●	●	●	●	●	●	●	●
Ayuda a la obtención de licencias de exportación	●	●	●	●	●	●	●	●	●	●	●
Coste de exportación	○	●	●	●	●	●	●	●	●	●	●
Transporte interior hasta terminal de expedición	○	●	●	●	●	●	●	●	●	●	●
Despacho de aduanas de exportación	○	●	●	●	●	●	●	●	●	●	●
Transporte principal	○	○	○	○	●	●	●	●	●	●	●
Seguro de transporte						●		●			
Despacho de aduanas de importación	○	○	○	○	○	○	○	○	○	○	●
Documentos de importación	○	○	○	○	○	○	○	○	○	○	●
Ayuda a la obtención de licencias de importación	○	○	○	○	○	○	○	○	○	○	○
Trámites de importación	○	○	○	○	○	○	○	○	○	○	●
Coste de importación	○	○	○	○	○	○	○	○	○	○	●
Manipulaciones a la llegada en terminal	○	○	○	○	○	○	○	○	●	●	●
Transporte interior de terminal a punto de entrega	○	○	○	○	○	○	○	○	●	●	●
Descarga en destino	○	○	○	○	○	○	○	○	○	●	○

Tabla 12. Relación de las responsabilidades asumidas por cada una de las partes contratantes en función de las distintas reglas Incoterms.

Capítulo 5
Procedimientos aduaneros

Las mercancías objeto de comercio internacional han de cumplir una serie de requisitos de control en los recintos aduaneros, bien sea en su importación, en su exportación o para la autorización con un destino específico.

La dinámica del comercio ha modificado los procedimientos de actuación de las aduanas, que han adaptado sus sistemas a las necesidades de los tráficos de mercancías. La aplicación de los soportes informáticos ha aportado, además, técnicas que permiten controlar eficazmente la situación fiscal de las mismas.

1   La reglamentación aduanera

Todos los Estados mantienen en su ordenamiento jurídico las disposiciones necesarias para la aplicación de la legislación aduanera, en la que se engloban las funciones de las aduanas como parte integrante de la política económica, en la que es fundamental controlar:

- Los elementos de valor que se han de considerar sobre las mercancías que se presentan para su despacho aduanero.
- Los tipos de derechos arancelarios que se deben aplicar.
- La aplicación de los procedimientos aduaneros.
- El cumplimiento de los convenios internacionales relacionados con el tráfico de mercancías.

Prácticamente, todas las legislaciones coinciden en los objetivos cautelares de fiscalidad, represión del contrabando, control de las mercancías, verificación de los valores declarados, destinos y regímenes aduaneros.

En este capítulo, aunque cuanto comentamos relativo al ordenamiento aduanero está basado en el Código Aduanero de la Unión (CAU) aprobado por el Reglamento 952/2013, indicado en el capítulo 2, apartado 6, y los Reglamentos Delegado 2015/2446 y de Ejecución 2015/2447 junto con sus posteriores modificaciones, ha de entenderse como un ejemplo generalizable, pues el amplio desarrollo normativo alcanzado, con el incentivo de ser el resultado del consenso legislativo de una agrupación regional multicultural, compuesta por una pluralidad de Estados independientes y soberanos, permite utilizarlo como marco comparado para cualquier legislación.

1.1   El código aduanero o legislación aduanera

Como hemos visto, los países incluyen en su ordenamiento jurídico la reglamentación relativa al tráfico internacional de mercancías. La UE, como territorio único aduanero ha establecido una serie de normas de obligado cumplimiento en materia de comercio exterior, orientadas a evitar ventajas comparativas desleales y garantizar el mantenimiento de los principios fundamentales de los Tratados constitutivos CECA, CEE, CEEA y el Tratado de Funcionamiento de la Unión Europea. Esta concepción es perfectamente válida para cualquier agrupación regional de libre cambio, como el Mercosur, el NAFTA o la AELC, por ejemplo, con reglas que tratan de evitar distorsiones y falta de transparencia en los mercados, evitando ventajas comparativas negativas o barreras no arancelarias que distorsionen los precios del mercado y la buena praxis.

En este sentido, la legislación distingue:

- **Generalidades**
  Como criterio general para regular el tráfico internacional de mercancías, la reglamentación legislativa aduanera inicia su exposición con las disposiciones generales referentes al ámbito de aplicación, la misión de las aduanas y las definiciones básicas de su gestión (autoridades aduaneras, legislación complementaria, controles económicos y de seguridad, personas legalmente capaces para operar o representar, operadores económicos que intervienen, representante aduanero, etc.).

- **Información a verificar**
  La legislación afecta a las transacciones internacionales, concreta la información que debe suministrarse a las autoridades aduaneras, la documentación requerida, el alcance de la legislación, los plazos, las sanciones, los recursos, el control de las mercancías y qué datos y documentos deben conservar los operadores económicos ante posteriores posibles inspecciones.

- **Tipos de cambio de divisas**

  Previendo posibles fluctuaciones monetarias, la legislación detalla los criterios para la conversión de divisas en las operaciones aduaneras (es común que en las legislaciones los tipos de cambio sean fijos para un mes si la variación del tipo de cambio es inferior al 5 %, criterio que facilita la conversión cambiaria a los operadores). Para las operaciones aduaneras de la zona euro de la UE, véase el apartado 5 del capítulo 9, «Despacho aduanero de mercancías».

- **Tipos de derechos**

  También establece los tipos de derechos impositivos en sus diversas modalidades (porcentuales, derechos fijos, a tanto por unidad, etc.), tomando en consideración los convenios internacionales que se hayan suscrito, y otras medidas adicionales relativas a la clasificación arancelaria, al origen de las mercancías, el cálculo de las bases de valor en aduana para la obtención de la deuda aduanera, la garantía de la deuda aduanera potencial existente, su cobro, pago, devolución o condonación, así como la extinción de dicha deuda.

- **Declaraciones sumarias**

  Es común que los textos legales prevean la obligación de presentar la declaración sumaria bien sea a la «entrada» o a la «salida», según conceptos citados en los siguientes apartados 1.2, 1.3 y 3.1.

1.2   Declaración sumaria de entrada (entry summary declaration *o ENS)*

Consiste en que la empresa transportista o su representante presente ante las autoridades aduaneras, previo a la descarga del medio de transporte, una relación por título de transporte del total de la expedición, indicando origen y destino, relación de bultos y unidades de la carga. Posteriormente se designará el destino aduanero de la mercancía con la declaración correspondiente.

Seguidamente se procederá a la entrada de las mercancías a los recintos aduaneros, así como su presentación física, descarga y examen; continuando con las formalidades aduaneras e inclusión en régimen aduanero con la declaración tributaria correspondiente, y la comprobación y el levante de las mercancías con la aplicación o exención de derechos. También se consideran los casos especiales de mercancías de retorno, productos de la pesca, mercancías en tránsito, operaciones en depósito temporal aduanero (depósito franco) o en zona franca, así como los destinos de importación temporal o final de las mercancías.

1.3 *Declaración sumaria a la salida* (exit summary declaration *o EXS)*

Consiste en que la empresa transportista o su representante presente ante las autoridades aduaneras la relación de bultos, las unidades de carga y los destinos de la mercancía a transportar en el marco de los procedimientos de salida de las mercancías del territorio aduanero, en aquellos supuestos de inexistencia de declaración aduanera de exportación, reexportación o régimen de perfeccionamiento pasivo.

1.4 *Los regímenes aduaneros y el desarrollo*

Las legislaciones aduaneras ponen especial énfasis hacia los regímenes de ayuda al crecimiento del PIB, como las importaciones de materias para transformar o para su manipulación o maquila. Estas acciones reciben denominaciones como operaciones de perfeccionamiento activo o tráfico de manipulación intensiva. De forma equivalente, la legislación contempla las operaciones de exportación para transformar en el exterior, también llamadas de perfeccionamiento pasivo o exportación temporal para transformar

Todo ello con el objeto de garantizar la aplicación de las medidas arancelarias y las políticas económicas que se establezcan para regularlas.

1.5 *Operador económico autorizado y exportador conocido en la seguridad aérea*

En la década de 2000 se introdujo en las legislaciones la figura del «operador económico autorizado» (OEA) y exportador conocido, llamados a tener especial relevancia en el comercio y el tráfico internacional de mercancías, que desarrollaremos en los apartados 6 y 7 de este capítulo.

2 Función de las aduanas

Para alcanzar los objetivos de control y cumplimiento de las normas de las políticas comercial, económica, fiscal, sanitaria y de seguridad, los Estados han creado oficinas de aduanas, situadas inicialmente en la periferia de cada país (costas, puestos fronterizos, puertos y aeropuertos), con el fin de controlar el tráfico de mercancías y hacer cumplir las obligaciones legales a las que estas estén sometidas. Gracias a la aplicación de las tecnologías de la información y la comunicación, las aduanas también pueden ubicarse en cualquier lugar del interior de un país, incluso en recintos privados, cumpliendo los requisitos cautelares exigidos, prestando garantías económicas, así como de seguridad y control de acceso a las instalaciones.

2.1 Recintos aduaneros

Por necesidades de la política comercial, con el objeto de facilitar el comercio internacional, como hemos indicado el apartado anterior, también se han habilitado las llamadas «aduanas interiores», sitas en cualquier lugar de la geografía, que por su volumen de operaciones lo justifique.

Inicialmente fueron habilitados los aeropuertos internacionales, provistos de los servicios aduaneros para el control de las mercancías transportadas por el modo aéreo, tal es el caso de las aduanas interiores ubicadas en ciudades como Ciudad de México, Bogotá, São Paulo, Madrid, París o Berlín.

En otros, estos recintos aduaneros interiores, están habilitados para el transporte terrestre, bien sea por carretera o ferrocarril, llegando las mercancías en tránsito por esos modos desde el punto fronterizo.

Las citadas aduanas interiores son aptas para realizar cualquier servicio de control sobre las mercancías, determinándolo las autoridades aduaneras en función de su volumen de tráfico o interés económico.

En el ámbito de la UE, las antiguas aduanas fronterizas entre los actuales Estados miembros han sido reconvertidas en muchos casos en aduanas interiores.

De acuerdo con la planificación logística del territorio donde se ubiquen, pueden autorizarse tantas aduanas interiores o recintos aduaneros como la autoridad aduanera fiscal considere necesario. Su control queda resuelto mediante recursos informáticos y la prestación de avales o garantías bancarias ante dicha autoridad, en cuantía equivalente a la deuda tributaria que se halle depositada en esos espacios aduaneros, así como mediante el cumplimiento de unos requisitos de control y seguridad.

En cuanto a la gestión de los recintos aduaneros, pueden ser de gestión pública o privada, pues el control de las operaciones, por fechas de entrada o salida, sujetos pasivos o titulares, con sus respectivos inventarios, valoraciones y potenciales deudas tributarias, puede garantizarse plenamente ante la autoridad aduanera. Los sistemas informáticos permiten la presentación en línea de las declaraciones aduaneras, realizando el control en los canales de despacho: verde, naranja o rojo, es decir: libre importación, presentación documental ante las autoridades o inspección física de la mercancía, respectivamente (véase el apartado 8 del capítulo 9, «Despacho aduanero de mercancías»).

La gestión privada de dichos recintos o locales aduaneros, presenta la ventaja para la administración pública de no tener que realizar inversiones en infraestructuras, ni soportar costos de explotación de las instalaciones, pues son las empresas privadas quienes arriesgan su capital, mientras que la Administración ejerce el control de acuerdo con el interés público. Para estos locales, al estar bajo el control de la administración aduanera, suele condicionarse la autorización si la instalación está dentro de un radio de 25 km de una administración fiscal de la hacienda pública.

2.2 Tributos aduaneros

En cuanto al gravamen impositivo de derechos tributarios sobre las mercancías, debe distinguirse entre imposición arancelaria propiamente dicha y la imposición indirecta adicional. Los servicios de aduanas aplican directamente al tráfico de importación o exportación los tipos impositivos que correspondan en concepto de derechos arancelarios, exacciones reguladoras, derechos *antidumping,* derechos compensatorios y demás gravámenes relativos al tráfico exterior de las mercancías (véase el capítulo 6, apartado 6, «Derechos y gravámenes de aduanas»). Pero la imposición también puede extenderse a otras cargas preceptivas de naturaleza indirecta, como el IVA o el impuesto sobre el consumo de ventas y los impuestos especiales (IIEE), sobre el consumo de, entre otras:

- Cerveza.
- Vino y bebidas alcohólicas.
- Productos intermedios o bebidas fermentadas.
- Alcohol y bebidas derivadas.
- Hidrocarburos.
- Labores del tabaco.
- Carbón y electricidad.
- Sobre determinados medios de transporte.

Desde el 1 de enero de 2023, ha entrado en vigor en España el impuesto especial sobre los envases de plástico no reutilizables, mencionado en el capítulo 3, apartado 2.

3   Mercancías introducidas en territorio fiscal aduanero. Asignación de destino y régimen aduanero

3.1 Declaración previa

Como hemos indicado, es preceptivo que las mercancías antes de ser introducidas en un territorio aduanero sean objeto de una declaración sumaria de entrada.

Esta declaración sumaria puede ser presentada por la empresa transportista, la importadora, la consignataria o cualquier otra persona en cuyo nombre o por cuya cuenta actúe la transportista, o cualquier persona que esté en condiciones de presentar o de disponer que se presenten las mercancías ante la aduana de entrada.

La declaración sumaria ha de contener los datos necesarios para el análisis de riesgos, a efectos de seguridad y protección, admitiéndose su presentación por sistemas de información comercial, portuaria o relativa al transporte.

La declaración puede sustituirse por una notificación y el acceso a los datos de la declaración sumaria de entrada en el sistema informático del operador económico autorizado.

Las normas legales no admiten rectificaciones de la declaración sumaria si ha sido comunicada la intención de examinar las mercancías, o cuando se haya detectado por la autoridad aduanera la inexactitud de los datos o si las mercancías han sido presentadas en aduana.

3.2 Destinos y regímenes aduaneros

Cuando una mercancía llega al territorio fiscal aduanero de un país o área regional de integración es necesario asignarle un destino o régimen aduanero, esquematizados en la tabla 13.

DESTINOS ADUANEROS
– Inclusión en un régimen aduanero
– Introducción en zona franca o depósito franco
– Reexportación fuera del territorio aduanero
– Destrucción
– Abandono
REGÍMENES ADUANEROS

– Importación
  - Despacho definitivo a libre disposición, o a libre práctica[9]
  - Despacho a consumo

– Tránsito externo o interno
– Depósito aduanero
– Perfeccionamiento activo
– Transformación bajo control aduanero
– Importación temporal
– Perfeccionamiento pasivo

– Exportación:
  - Definitiva
  - Temporal

– Reexportación

Tabla 13. Clasificación de los destinos y regímenes aduaneros.

---

[9] El despacho a libre práctica utilizado en la UE permite el despacho aduanero de las mercancías importadas ingresando los aranceles y demás impuestos arancelarios, pero no se aplica a los impuestos indirectos sobre el valor añadido o impuestos especiales sobre el consumo, por lo que se permite seguir en tránsito a la mercancía hasta el destino final aduanero (importación, introducción en depósito aduanero) prestando las garantías bancarias suficientes que disponga la aduana de control.

4 Número de identificación de operadores de aduanas

Cada país o agrupación regional de países establecen la codificación de identificación de los operadores acreditados ante sus aduanas. El criterio de identificación responde a las necesidades económicas y operativas del país en cuestión, y recae en el organismo competente, generalmente la Administración de aduanas.

En la UE, la legislación al efecto fue aprobada por el Reglamento (CE) 312/2009, que exige a todos los operadores económicos comunitarios la obtención y el uso de un número de registro e identificación de operador económico *(economic operator registration and identification number* o EORI, por sus siglas en inglés) en sus operaciones aduaneras en el territorio de la Unión.

Asimismo, aquellos operadores no establecidos en el territorio comunitario han de registrarse en el Estado miembro en que efectúen su primera operación, en los siguientes supuestos:

- Presentar una declaración sumaria de depósito temporal o una declaración de aduana.
- Presentar una declaración sumaria de entrada o de salida.
- Administrar un almacén de depósito temporal.
- Solicitar una autorización aduanera para tránsitos.
- Solicitar un certificado de operador económico autorizado.

Los datos registrados por medio del EORI se hallan a disposición de los Estados miembros exclusivamente. Los operadores solo pueden consultar la existencia del número y comprobar su veracidad.

En el caso de los operadores españoles, el número EORI coincide con el de identificación fiscal (NIF), precedido de la abreviatura *ES* según la codificación de la *International Organization for Standardization* (ISO).

Son registrados de oficio todos los NIF excepto aquellos que empiezan por las letras *N, M, X, Y* o *W,* denominados «número de identidad extranjero» (NIE) los cuales, si poseen el EORI de otro Estado miembro, lo pueden comunicar a la oficina virtual de aduanas; de lo contrario, tienen asimismo la opción de solicitarlo a dicha oficina.

Los conceptos de la identificación en España de las iniciales alfabéticas son:

N Entidades extranjeras.

M Extranjeros sin NIE.

X Extranjeros residentes con NIE.

Y Extranjeros residentes provistos de NIE, asignado por Orden de Interior 2058/2008.

W Establecimientos permanentes de entidades no residentes.

5   Sistema de Intercambio de Información sobre el impuesto del valor añadido (IVA)

Las compraventas de mercancías de exportación están exentas de la imposición indirecta, mientras que, por el contrario, las importaciones o compras están gravadas. Para el control de los operadores, las autoridades fiscales ponen en práctica métodos de identificación de los mismos, siendo frecuente la concesión de un número fiscal o de IVA.

Las compraventas en el ámbito de Estados miembros de la UE se llevan a cabo mediante los números de identificación fiscal (NIF). A tal efecto, las oficinas de la administración fiscal disponen de un sistema de consultas sobre la veracidad de los números de IVA de los operadores intracomunitarios, llamado Sistema de Intercambio de Información sobre el IVA o VIES *(VAT information exchange system,* por sus siglas en inglés).

De este modo, los operadores pueden consultar por medio de la Agencia Tributaria la validez de un número de IVA de cualquier operador de un Estado miembro de la Unión.

6   Operador económico autorizado

A causa de los problemas de inseguridad derivados de acciones terroristas en el ámbito internacional, las autoridades gubernamentales de muchos países han puesto en práctica la figura del operador económico autorizado (OEA), con el objetivo garantizar la seguridad de la cadena logística de la producción o manipulación de las mercancías, así como la de las personas físicas y jurídicas directamente relacionadas con el comercio internacional. La certificación OEA comporta simplificaciones aduaneras, seguridad y protección.

No es obligatorio registrarse como OEA para ejercer esta actividad profesional; la solicitud de inclusión en esa certificación, a través de la Administración de aduanas, depende de la decisión del interesado.

Por lo general, se consideran merecedoras de tal autorización las actividades siguientes: fabricación, exportación, transporte, expedición, representación aduanera, almacenaje e importación.

La concesión del estatuto de OEA se basa en considerar los datos siguientes:

- Historial satisfactorio de cumplimiento de los requisitos aduaneros.
- Sistema adecuado de gestión: administrativa, de los registros comerciales y, si procede, de los registros de transportes tendentes a permitir un control aduanero apropiado.
- Solvencia financiera acreditada.
- Niveles de seguridad apropiados en las instalaciones.

De acuerdo con las normativas que se aplican en la mayoría de países, el certificado de OEA proporciona las siguientes ventajas:

- Menor número de controles físicos y documentales.
- Prioridad en los controles.
- Posibilidad de elegir el lugar de la inspección.

Además, los operadores autorizados gozan de reconocimiento internacional y son considerados seguros y fiables por el resto de los integrantes de la cadena logística.

La exigencia de la certificación de OEA se impone paulatinamente en el seno de las empresas, que la solicitan a sus proveedores y pueden llegar a excluir a aquellos que carezcan de ella. Minimizar los controles fronterizos comporta un ahorro de tiempo y de costos de manipulación, inspección y transporte que conviene no desdeñar.

Los Estados establecen convenios de reconocimiento mutuo de las certificaciones concedidas, de ese modo pueden aceptar la fiabilidad del operador tanto nacional como extranjero.

Es recomendable que, las empresas relacionadas con las operaciones de comercio internacional estén acreditadas por la certificación OEA, al igual como cuantas formen la cadena logística. Con el tiempo serán los clientes quienes exijan a sus proveedores esa certificación, al objeto de facilitar la importación, ya que se trata de una empresa acreditada como segura.

7   Expedidor conocido en la seguridad aérea

Con un criterio similar al OEA, con el fin de ampliar la seguridad del transporte aéreo, los gobiernos instan a los operadores económicos relacionados con dicho tráfico a extremar el control de las cargas y de las empresas cargadoras. Estas precauciones se traducen en la exigencia a estas de suscribir una declaración de seguridad, en la que certifiquen la carga como «mercancía segura de expedidor conocido» y eximan de cualquier responsabilidad a las empresas transportistas y los agentes de carga. En ausencia de dicha declaración, la mercancía se considera insegura y, por tanto, ha de someterse a los preceptivos controles previos al embarque.

Muchos países han legislado normas relativas a los expedidores conocidos por vía aérea. En la UE, como ejemplo de esta normativa, se aprobó el Reglamento (CE) 300/2008 del Parlamento Europeo y del Consejo, de 11 de marzo, sobre normas comunes para la seguridad de la aviación civil, que afecta al Espacio Económico Europeo (EEE). Como consecuencia, son obligatorios el registro de la empresa exportadora y la obtención de la certificación oficial, emitida por la autoridad competente de cada Estado miembro de la Unión.

Este reglamento cita, entre otras, las siguientes definiciones:

- **Aviación civil**

  Toda operación aérea llevada a cabo por aeronaves civiles, con exclusión de las operaciones efectuadas por las aeronaves del Estado a las que hace referencia el artículo 3.º del Convenio de Chicago sobre Aviación Civil Internacional, esto es, aquellas aeronaves reservadas a servicios militares, aduaneros o policiales.

- **Seguridad aérea**

  Conjunto de medidas y de recursos humanos y materiales destinados a salvaguardar la aviación civil contra actos de interferencia ilícita que comprometan su seguridad.

- **Operador**

  Persona, organización o empresa que efectúa una operación de transporte aéreo u ofrece sus servicios para efectuarla.

Este texto fue parcialmente modificado por el Reglamento (UE) 18/2010 de la Comisión en lo que se refiere a las especificaciones de los programas nacionales de control de calidad en el campo de la seguridad civil internacional.

Como complemento al Reglamento (CE) 300/2008, el Reglamento (UE) 185/2010 establece medidas detalladas para la aplicación de las normas básicas comunes de seguridad aérea, modificado en cuanto a la carga y al correo aéreo por el Reglamento de Ejecución (UE) 859/2011.

Asimismo, la UE, por el Reglamento (CE) 1008/2008 del Parlamento Europeo y del Consejo, dictó las normas comunes para la explotación de servicios aéreos en la Comunidad, con especial mención a la seguridad aérea, y concede certificados de operador a las compañías aéreas. Para ello se valoran la situación financiera, la vigencia de las licencias de explotación, la contratación de seguros que cubran la responsabilidad en caso de accidente a los pasajeros, carga y a terceros; el control de las subcontrataciones –en particular, los arrendamientos de aeronaves y sus tripulaciones–, el fomento del mercado interior mediante la eliminación de restricciones o la fijación de precios y el cumplimiento del servicio público.

Como puede observarse, existe una amplia legislación para el control de la seguridad aérea. En España, a tal efecto, la Agencia Estatal de Seguridad Aérea, dependiente de la Dirección General de Aviación Civil (Ministerio de Fomento), emite a favor de los expedidores el código de certificado oficial de expedidor conocido, integrado en el programa Known Consignor de la base de datos de la UE. La tenencia de esta certificación agiliza los trámites de exportación e incluso puede eximir de las inspecciones previas al embarque al considerar que el operador de la cadena logística de seguridad aérea, que ha cumplido las condiciones exigidas en todos los eslabones de la cadena, ofrece plenas garantías de seguridad. Todo ello con el consecuente ahorro económico y de tiempo que conviene, de nuevo, no obviar.

Capítulo 6
El arancel de aduanas. Codificación de las mercancías

Las autoridades aduaneras, los operadores económicos y la Cámara de Comercio Internacional (CCI) comparten un interés común: disponer de una relación de mercancías objeto del comercio internacional que responda a una clasificación de amplia aceptación por los distintos países. Con ello se facilitan unas descripciones comunes, dentro de un orden, permitiendo que cuantos agentes intervienen en el comercio internacional dispongan de un código de interpretación común.

A lo largo del siglo xx, las codificaciones de mercancías respondían a las necesidades de cada Estado, lo cual se traducía en una pluralidad de versiones numéricas, alfabéticas y alfanuméricas, cuyos redactados no respondían a una homogenización internacional.

Los primeros intentos de normalizar una clasificación de mercancías a escala internacional datan de la primera década del siglo xx. Se realizaron varios congresos con esta aspiración, que se vio truncada por el estallido de la Primera Guerra Mundial (1914-1917). Finalizada esta, las negociaciones emprendidas por la Sociedad de Naciones dieron como resultado el Convenio internacional para la simplificación de las formalidades aduaneras (Ginebra, 1923). Años más tarde, en 1937, apareció el proyecto de nomenclatura arancelaria, conocido como la Nomenclatura de Ginebra. El proyecto volvió a truncarse por el estallido de la Segunda Guerra Mundial (1939-1945).

1 Necesidad de una codificación arancelaria

Finalizada la Segunda Guerra Mundial, la evolución del comercio internacional experimentó un auge considerable. Ya en 1944, en la Conferencia Monetaria y Financiera de las Naciones Unidas, también conocida como Conferencia de Bretton Boods, quedaron definidas las directrices futuras del comercio internacional, con la creación del Banco Mundial y el Fondo Monetario Internacional, y la propuesta de una Organización Mundial de Comercio, que se formalizó en 1994. Todo ello fue la expresión de una clara voluntad por parte de los países vencedores en la contienda de romper con el proteccionismo y abrir paso al comercio a escala global.

Bajo los auspicios de las Naciones Unidas, nació en 1947 el Acuerdo General sobre Aranceles Aduaneros y Comercio o GATT. Desde la Ronda Uruguay (1993), los 75 países miembros del GATT y la Comunidad Europea actuaron como miembros fundadores de la Organización Mundial de Comercio (OMC), que se ocupó de la creación de la Nomenclatura para la Clasificación Uniforme en el Comercio Internacional, conocida como Código CUCI, cuya finalidad era la confección de estadísticas a escala mundial y que sirvió de base a muchos países para configurar sus aranceles de aduanas.

En Europa, en 1947, se creó el Grupo de Estudios para la Unión Aduanera Europea, desde la óptica de una integración europea. Este Grupo de Estudios creó en 1950 el Consejo de Cooperación Aduanera, el Convenio sobre el Valor de las Mercancías y el Convenio sobre la Nomenclatura Arancelaria Internacional, posteriormente denominado Nomenclatura del Consejo de Cooperación Aduanera (NCCA).

El Convenio sobre la Nomenclatura fue firmado por 14 países, aunque lamentablemente no fue de suscrito por países tan relevantes como Canadá, Estados Unidos, Unión de Repúblicas Socialistas Soviéticas, China o la República Democrática Alemana. Era obvio que los intereses políticos de la «guerra fría» y el «principio de soberanía nacional», dificultaron la plena aceptación.

En 1950 el Consejo Aduanero publicó el llamado «Arancel de Bruselas», que constituyó un gran paso adelante en la armonización de la codificación. Veinte años más tarde, los países que lo habían adoptado eran más de ciento cuarenta, aunque seguían manteniéndose otras codificaciones de mercancías, incluso dentro de los propios Estados.

Hubo que esperar al Convenio Internacional sobre el Sistema Armonizado de Designación y Codificación de Mercancías, hecho en Bruselas el 14 de junio de 1983 bajo los auspicios del Consejo de Cooperación Aduanera, para que los Estados adoptasen de forma generalizada una codificación de mercancías de carácter único, con el fin de facilitar el registro, la comparación y el análisis de las estadísticas, especialmente del comercio internacional, mediante los cuales se obtendrían datos exactos y comparables para las negociaciones internacionales. En el momento de la edición de este libro, prácticamente todos los Estados han adoptado este sistema en su legislación.

No cabe duda de las ventajas que comporta el uso de un mismo código para definir las mercancías por las partes contratantes en operaciones de compraventa internacional. En efecto, no solo se facilita la comprensión de su descripción, sino también el conocimiento de los requisitos que las autoridades hayan establecido para el comercio de dichas mercancías, así como de los costos arancelarios que han de soportar.

La codificación arancelaria permite conocer:

- La política comercial aplicable por las autoridades aduaneras tanto del país exportador como del importador.
- Requisitos documentales generales a presentar ante las autoridades aduaneras.
- Grado de libertad comercial de las mercancías.
- Requisitos documentales al comercio restrictivo: certificaciones, licencias o autorizaciones.
- Gestión de los contingentes cuantitativos y arancelarios.
- Los tipos arancelarios de aplicación general. En sus variantes porcentuales o *ad valorem* y los específicos a tanto por unidad.
- Las reducciones arancelarias a causa de convenios internacionales.
- Clases de certificados de origen admitidos.
- Requisitos de las certificaciones de control previas a la importación o exportación: seguridad de fabricación, baja tensión, sanidad, fitosanitaria, farmacia, homologación, propiedad intelectual, tecnología de doble uso, peligrosidad, veterinaria, etc.

2 Utilidad de la codificación

Téngase en consideración que la codificación numérica de las mercancías es común en sus primeras seis cifras, salvo excepciones, a todos los Estados miembros de la OMC.

Aceptar internacionalmente una misma nomenclatura permite conocer a los operadores del comercio internacional las descripciones de las mercancías de acuerdo con los criterios arancelarios, base de la aplicación de la tributación arancelaria. Con ello se pueden establecer los impuestos de la renta de aduanas a sufragar a la importación y, excepcionalmente, a la exportación, pues esta, salvo situaciones de escasez o de comercios negativos, no suele gravarse con impuestos.

Otras cuestiones importantes son las normas interpretativas, de sección, capítulo y el propio texto de las partidas, que al tener un carácter internacional favorecen la interpretación, así como el conocimiento de las normas de política comercial que serán aplicadas en el momento de la importación o exportación.

3   El Sistema Armonizado de Designación y Codificación de Mercancías

El Consejo de Cooperación Aduanera llevó a cabo un amplio estudio de las nomenclaturas existentes, con el propósito de redactar una nueva codificación que respondiera a las necesidades de los Estados, objetivo que logró gracias a los siguientes criterios:

- Conservar la orientación clasificadora y la estructura de la nomenclatura de Bruselas de 1950.
- Tener en cuenta las nomenclaturas y los sistemas clasificatorios utilizados por otros países en sus operaciones de comercio internacional.
- Prestar especial atención a las mercancías con un volumen importante de comercio internacional.
- Tomar en consideración las necesidades de los servicios involucrados en el comercio internacional.
- Crear, dentro del Consejo de Cooperación Aduanera, un comité para la elaboración de una nomenclatura basada en el denominado Sistema Armonizado para la Designación y Codificación de Mercancías, es decir, la nomenclatura del sistema armonizado.
- Asignar un código de cuatro cifras a cada una de las partidas, dentro de las cuales se abren, con otras dos cifras las subpartidas, necesarias de acuerdo con las necesidades sectoriales.
- Complementar las notas legales de capítulo para precisar el alcance de las subpartidas.
- Redactar un convenio internacional que comprometa a los países signatarios a no desvirtuar la nomenclatura.

Los diversos códigos de nomenclatura arancelaria elaborados por los distintos países, aunque no difieren sustancialmente, a partir de la séptima cifra presentan variaciones que dependen de los intereses económicos de cada país. Al objeto de ofrecer una información más exhaustiva, en los siguientes apartados se describen el «sistema armonizado», la «nomenclatura combinada» y el «arancel integrado», como modelo de la UE para todos los Estados miembros.

3.1   Estructura de la nomenclatura del sistema armonizado

El Sistema Armonizado de Designación y Codificación de Mercancías es el más utilizado internacionalmente, facilitando la descripción de las mercancías en el comercio internacional.

La nomenclatura está dividida en veintiuna secciones y noventa y siete capítulos, donde se recoge la descripción de las mercancías, con excepción del capítulo 77, que permanece en reserva para posteriores utilizaciones. En la clasificación prevalece, hasta el capítulo 24, el concepto de la naturaleza de la mercancía, que aparece ordenada según los reinos animal, vegetal y mineral; en los capítulos restantes el criterio adoptado es el de su *función*.

El capítulo 98 puede utilizarse, como ocurre en la UE, para conjuntos industriales, y el capítulo 99 para determinados movimientos de mercancías, como por ejemplo bienes personales por cambios de residencia, ajuar doméstico, urnas funerarias, operaciones filantrópicas o bienes de escaso valor.

Cada uno de los códigos de la nomenclatura consta de seis cifras: las dos primeras designan el capítulo, las dos siguientes indican la partida, y la quinta y sexta cifras representan la subpartida. Esta codificación es común para todos los Estados signatarios del convenio, lo que convierte el texto en la primera norma legal de interpretación de una mercancía determinada a escala mundial.

3.2   La nomenclatura combinada

A causa de las necesidades estadísticas y de política económica y comercial, al sistema armonizado, que consta de seis cifras, se le adicionan dos dígitos. Esos ocho dígitos se denominan en la UE *nomenclatura combinada,* y desde su entrada en vigor, en 1988, es la codificación que se emplea en las declaraciones del sistema Intrastat (descrito en el capítulo 11) para cuantificar la información de los intercambios de bienes entre los Estados miembros del área regional de integración económica.

La sección XXI de la nomenclatura combinada, titulada «Objetos de arte o colección y antigüedades», ha sido ampliada con dos capítulos, el 98 y el 99, basados en el Reglamento (CE) 1982/2004, y el Reglamento (UE) 113/2010. El capítulo 98, Conjuntos industriales, autoriza a aplicar procedimientos simplificados de declaración para el registro de las exportaciones y de las llegadas o expediciones de conjuntos industriales completos y componentes de estos. Por su parte, el capítulo 99, Códigos especiales de la nomenclatura combinada, se utiliza para determinados movimientos de mercancías, de importación y exportación, cuyos códigos son los que se describen en la tabla 14.

4   El arancel integrado de las Comunidades Europeas

El arancel integrado comunitario o Taric *(tarif intégré des Communautés Européennes),* aplicada en la UE al comercio internacional con terceros países, se basa en la nomen-

CÓDIGOS ESPECIALES DE LA NOMENCLATURA COMBINADA	
Código NC	*Designación*
	Determinados bienes previstos en el Reglamento (CE) 1186/2009 (importación y exportación)
9905 00 00	– Bienes personales pertenecientes a personas físicas que trasladen su residencia normal
9919 00 00	– Los siguientes bienes, distintos de los mencionados anteriormente: - Ajuar y efectos pertenecientes a una persona que traslade su residencia normal con ocasión de su matrimonio: bienes personales recibidos en herencia - Equipo, material de estudio y demás efectos de alumnos y estudiantes - Ataúdes que contengan cuerpos, urnas funerarias que contengan cenizas de difuntos y objetos de ornamentación funeraria - Bienes destinados a organismos de carácter benéfico o filantrópico y bienes en beneficio de víctimas de catástrofes
9930	*Mercancías suministradas a buques y aeronaves*
9930 24 00	– Mercancías de los capítulos 1 al 24 de la NC
9930 27 00	– Mercancías del capítulo 27 de la NC
9930 99 00	– Mercancías clasificadas en otra parte de la NC
9931	*Mercancías suministradas al personal de instalaciones en alta mar o para el funcionamiento de motores, máquinas y demás equipos de instalaciones en alta mar*
9931 24 00	– Mercancías de los capítulos 1 al 24 de la NC
9931 27 00	– Mercancías del capítulo 27 de la NC
9931 99 00	– Mercancías clasificadas en otra parte de la NC
9950 00 00	*Código utilizado exclusivamente en el comercio de mercancías entre Estados miembros para operaciones individuales cuyo valor sea inferior a 200 EUR y, en algunos casos, para la designación de productos residuales*

Tabla 14. Códigos especiales de la nomenclatura combinada.

clatura combinada añadiendo dos dígitos a los ocho primeros. En ocasiones, esta codificación se ve ampliada con otros cuatro dígitos correspondientes al código adicional Taric, que se aplica a ciertos derechos arancelarios complejos, a medidas particulares a la exportación y a los derechos *antidumping,* así como a los elementos agrícolas y a las restituciones a la exportación. Este código adicional también afecta a determinadas sustancias farmacéuticas, a ciertos contingentes arancelarios preferenciales y a los productos del comercio internacional de especies amenazadas de fauna y flora silvestres,

1. Suspensiones arancelarias
2. Contingentes arancelarios
3. Preferencias arancelarias, comprendidas las sometidas a un contingente o límite
4. Sistema de preferencias generalizadas, aplicable a los países en vías de desarrollo
5. Derechos antidumping y derechos compensatorios
6. Montantes compensatorios
7. Elementos agrícolas (productos agrícolas transformados)
8. Valores unitarios (valores periódicos para ciertas mercancías perecederas)
9. Precio de referencia y precio mínimo
10. Prohibición a la importación
11. Restricciones a la importación
12. Límites cuantitativos a la importación
13. Otras restricciones a la importación, incluso Cites
14. Vigilancia a la importación
15. Prohibiciones a la exportación
16. Restricciones a la exportación
17. Límites cuantitativos a la exportación
18. Otras restricciones a la exportación, incluso Cites
19. Vigilancia a la exportación
20. Restituciones a la exportación

Tabla 15. Relación de la codificación Taric.

Orden de los dígitos en la codificación					
Capítulo	Partida	Subpartida	Subdivisión nomenclatura combinada	Subdivisión Taric	Código adicional
1 2	3 4	5 6	7 8	9 10	11 12 13 14

Tabla 16. Correspondencias entre los dígitos de la codificación y las partes del sistema a las que remiten.

en el marco del Convenio Cites firmado en Washington en 1973; todo ello según la reglamentación comunitaria y las instrucciones operativas de la autoridad aduanera.

La codificación Taric, por tanto, contiene subdivisiones complementarias a la nomenclatura combinada, debidamente codificadas, cuyo objetivo consiste en indicar las disposiciones normativas aplicables en las importaciones y las exportaciones, según el contenido del sistema armonizado y la nomenclatura combinada, así como de acuerdo con la reglamentación comunitaria específica recogida en la tabla 15.

La tabla 16 relaciona cada uno de los dígitos de la nomenclatura con la parte del sistema a la que remite.

5   Reglas generales de clasificación

El Convenio Internacional del Sistema Armonizado de Designación y Codificación de Mercancías, hecho en Bruselas el 14 de junio de 1983, establece las siguientes reglas de clasificación de mercancías:

- **Regla n.º 1**
  Los títulos de las secciones, de los capítulos o de los subcapítulos solo tienen valor indicativo o referencial, la partida misma nos va a indicar las mercancías que contiene, no el título de las secciones u otros.

  Es decir, la clasificación se determina por los textos que aparecen en la partida, las notas de la sección o las notas del capítulo.

- **Regla n.º 2**
  La segunda regla señala la mercancía incompleta o por terminar.

  2a) Siempre y cuando se mantengan las características esenciales. En este caso, si los artículos desmontados o sin montar presentan las características del artículo completo o terminado, se clasificarán como completo. Por ejemplo, una bicicleta sin una llanta.

  2b) Si hay mezclas o asociadas en los productos predomina el material que más contenga, es decir, el producto que le da el carácter esencial.

- **Regla n.º 3**
  Es para la mercancía que pueda clasificarse en dos o más partidas.

  3a) La partida de descripción específica tendrá prioridad. Es decir, se utilizará la más específica sobre la más genérica.

  3b) Artículos que otorguen el carácter esencial. Por ejemplo, un camión con semirremolque para transporte de mercancías.

  3c) Con referencia a la regla 2b, si tienen el mismo carácter esencial y no entran ni en a ni en b, entonces se ve su numeración arancelaria y quedará lo que tiene mayor numeración clasificatoria.

- **Regla n.º 4**
  Cuando las mercancías no tienen dónde aplicarse, se clasificarán en una partida donde haya mayor analogía.

- **Regla n.º 5**
  Esta regla se aplica para la mercancía en estuches y envases.

  5a) Cuando la mercancía viene cubierta por un estuche con la misma forma que la mercancía. En este caso, el estuche se clasificará en el mismo producto, si no se debe hacer por separado. Por ejemplo, una trompeta y su estuche.

  5b) Si el envase es de uso repetitivo, es decir, si se vuelve a usar el envase, se debe clasificar otra vez cada producto. Por ejemplo, una botella de gas.

- **Regla n.º 6**
  Se determinará la clasificación por los textos de las subpartidas y las notas de las subpartidas.

6   Clasificación de las mercancías

Como se comentó anteriormente, la codificación aduanera de las mercancías se divide en las secciones y capítulos que se indican en la tabla 17. Al inicio de cada sección y capítulo se especifican las normas que deben tomarse en consideración como información previa a la clasificación.

7   Derechos y gravámenes de aduanas

Los Estados, en función de sus políticas fiscales y comerciales o por motivos proteccionistas, aplican determinados derechos y gravámenes a las mercancías afectas al comercio exterior. Esos derechos suelen variar según las características de la mercancía y la función a la que está destinada.

La codificación aduanera de mercancías permite la confección del denominado *arancel de aduanas,* en el que se indica la fiscalidad que corresponde a cada codificación. Nótese que dicha imposición fiscal puede aplicarse tanto a la importación como a la exportación. Como norma general, los gravámenes arancelarios se aplican a las mercancías de importación, en aplicación de criterios protectores de las economías locales, fines recaudatorios o regulación del mercado. Sin embargo, también pueden aplicarse aranceles a la exportación, aunque dichos gravámenes la encarezcan, con motivo de criterios específicos, como por ejemplo: evitar escasez de un producto necesario para el consumo interno o la industria local, gravar mercancías destinadas

Clasificación aduanera de las mercancías	
Sección I	
Animales vivos y productos del reino animal	
Capítulos	*Títulos*
1	Animales vivos
2	Carnes y despojos comestibles
3	Pescados y crustáceos, moluscos y otros invertebrados acuáticos
4	Leche y productos lácteos; huevos de ave; miel natural; productos comestibles de origen animal no expresados ni comprendidos en otros capítulos
5	Los demás productos del reino animal no expresados ni comprendidos en otros capítulos

Sección II	
Productos del reino vegetal	
Capítulos	*Títulos*
6	Plantas vivas y productos de la floricultura
7	Legumbres y hortalizas, plantas, raíces y tubérculos alimenticios
8	Frutos comestibles, cortezas de agrios o de melones
9	Café, té, yerba mate y especias
10	Cereales
11	Productos de la molinería; malta; almidón y fécula; inulina; gluten de trigo
12	Semillas y frutos oleaginosos; semillas y frutos diversos; plantas industriales o medicinales; paja y forrajes
13	Gomas, resinas y demás jugos y extractos vegetales
14	Materias trenzables y demás productos de origen vegetal no expresados ni comprendidos en otros capítulos

Sección III	
Grasas y aceites animales o vegetales; productos de su desdoblamiento; grasas alimenticias elaboradas; ceras de origen animal o vegetal	
Capítulos	*Títulos*
15	Grasas y aceites animales o vegetales; productos de su desdoblamiento; grasas alimenticias elaboradas; ceras de origen animal o vegetal

Continúa

Continuación

<table>
<tr><td colspan="2" align="center">CLASIFICACIÓN ADUANERA DE LAS MERCANCÍAS</td></tr>
<tr><td colspan="2" align="center">SECCIÓN IV</td></tr>
<tr><td colspan="2" align="center">**Productos de las industrias alimentarias; bebidas, líquidos alcohólicos y vinagres; tabaco y sucedáneos del tabaco elaborados**</td></tr>
<tr><td>*Capítulos*</td><td align="center">*Títulos*</td></tr>
<tr><td align="center">16</td><td>Preparaciones de carne, de pescado o de crustáceos</td></tr>
<tr><td align="center">17</td><td>Azúcares y artículos de confitería</td></tr>
<tr><td align="center">18</td><td>Cacao y sus preparaciones</td></tr>
<tr><td align="center">19</td><td>Preparaciones a base de cereales, harina, almidón fécula o leche; productos de pastelería</td></tr>
<tr><td align="center">20</td><td>Preparaciones de legumbres u hortalizas, de frutos o de otras partes de plantas</td></tr>
<tr><td align="center">21</td><td>Preparaciones diversas</td></tr>
<tr><td align="center">22</td><td>Bebidas, líquidos alcohólicos y vinagre</td></tr>
<tr><td align="center">23</td><td>Residuos y desperdicios de las industrias alimentarias; alimentos y preparaciones para animales</td></tr>
<tr><td align="center">24</td><td>Tabaco y sucedáneos del tabaco elaborados</td></tr>
</table>

<table>
<tr><td colspan="2" align="center">SECCIÓN V</td></tr>
<tr><td colspan="2" align="center">**Productos minerales**</td></tr>
<tr><td>*Capítulos*</td><td align="center">*Títulos*</td></tr>
<tr><td align="center">25</td><td>Sal; azufre; tierras y piedras; yesos, cales y cementos</td></tr>
<tr><td align="center">26</td><td>Minerales, escorias y cenizas</td></tr>
<tr><td align="center">27</td><td>Combustibles minerales, aceites minerales y productos de su destilación; materias bituminosas; ceras minerales</td></tr>
</table>

<table>
<tr><td colspan="2" align="center">SECCIÓN VI</td></tr>
<tr><td colspan="2" align="center">**Productos de las industrias químicas o de las industrias conexas**</td></tr>
<tr><td>*Capítulos*</td><td align="center">*Títulos*</td></tr>
<tr><td align="center">28</td><td>Productos químicos inorgánicos; compuestos inorgánicos u orgánicos de los metales preciosos, de los elementos radiactivos, de los metales de las tierras raras o de isótopos</td></tr>
<tr><td align="center">29</td><td>Productos químicos orgánicos</td></tr>
</table>

Continúa

Continuación

CLASIFICACIÓN ADUANERA DE LAS MERCANCÍAS	
SECCIÓN VI	
Productos de las industrias químicas o de las industrias conexas	
Capítulos	*Títulos*
30	Productos farmacéuticos
31	Abonos
32	Extractos curtientes o tintóreos; taninos y sus derivados; pigmentos y demás materias colorantes; pinturas y barnices; mástiques; tintas
33	Aceites esenciales y resinoides; preparaciones de perfumería, de tocador o de cosmética
34	Jabones, agentes de superficie orgánicos, preparaciones para lavar, preparaciones lubricantes, ceras artificiales, ceras preparadas, productos de limpieza, velas y artículos similares, pastas para modelar, ceras para odontología y preparaciones para odontología a base de yeso
35	Materias albuminoideas; productos a base de almidón o de fécula modificados; colas; enzimas
36	Pólvoras y explosivos; artículos de pirotecnia; fósforos (cerillas); aleaciones pirofóricas; materias inflamables
37	Productos fotográficos o cinematográficos
38	Productos diversos de las industrias químicas

SECCIÓN VII	
Materias plásticas y manufacturas de estas materias; caucho y manufacturas de caucho	
Capítulos	*Títulos*
39	Materias plásticas y manufacturas de estas materias
40	Caucho y manufacturas de caucho

SECCIÓN VIII	
Pieles, cueros, peletería y manufacturas de estas materias; artículos de guarnicionería o de talabartería; artículos de viaje; bolsos de mano y continentes similares; manufacturas de tripa	
Capítulos	*Títulos*
41	Pieles (excepto la peletería) y cueros
42	Manufacturas de cuero; artículos de guarnicionería o de talabartería; artículos de viaje, bolsos de mano y continentes similares; manufacturas de tripa
43	Peletería y confecciones de peletería; peletería artificial o ficticia

Continúa

Continuación

CLASIFICACIÓN ADUANERA DE LAS MERCANCÍAS	
SECCIÓN IX	
Madera, carbón vegetal y manufacturas de madera; corcho y manufacturas de corcho; manufacturas de espartería o cestería	
Capítulos	*Títulos*
44	Madera, carbón vegetal y manufacturas de madera
45	Corcho y sus manufacturas
46	Manufacturas de espartería o cestería

SECCIÓN X	
SECCIÓN X	
Pasta de madera o de otras materias fibrosas celulósicas; papel o cartón para reciclar (desperdicios y desechos); papel y sus aplicaciones	
Capítulos	*Títulos*
47	Pasta de madera o de otras materias fibrosas celulósicas; papel o cartón para reciclar (desperdicios y desechos)
48	Papel y cartón; manufacturas de pasta de celulosa, de papel o de cartón
49	Productos editoriales, de la prensa o de otras industrias gráficas; textos manuscritos o mecanografiados o planos

SECCIÓN XI	
SECCIÓN XI	
Materias textiles y sus manufacturas	
Capítulos	*Títulos*
50	Seda
51	Lana y pelo fino u ordinario; hilados y tejidos de crin
52	Algodón
53	Las demás fibras textiles y vegetales; hilados de papel y tejidos de hilados de papel
54	Filamentos sintéticos o artificiales
55	Fibras sintéticas o artificiales discontinuas
56	Guata, fieltro y telas sin tejer; hilados especiales; cordeles, cuerdas y cordajes; artículos de cordelería
57	Alfombras y demás revestimientos para suelo, de materias textiles

Continúa

Continuación

	CLASIFICACIÓN ADUANERA DE LAS MERCANCÍAS
	SECCIÓN XI
	Materias textiles y sus manufacturas
Capítulos	*Títulos*
58	Tejidos especiales; superficies textiles con pelo insertado; encajes; tapicería; pasamanería; bordados
59	Tejidos impregnados, recubiertos, revestidos o estratificados; artículos técnicos de materias textiles
60	Tejidos de punto
61	Prendas y complementos de vestir, de punto
62	Prendas y complementos de vestir, excepto los de punto
63	Los demás artículos textiles confeccionados; conjuntos o surtidos; prendería y trapos

	SECCIÓN XII
	Calzado, sombrerería, paraguas, quitasoles, bastones, látigos, fustas y sus partes; plumas preparadas y artículos de plumas; flores artificiales, manufacturas de cabello
Capítulos	*Títulos*
64	Calzado, polainas, botines y artículos análogos; partes de estos artículos
65	Artículos de sombrerería y sus partes
66	Paraguas, sombrillas, quitasoles, bastones asiento, látigos, fustas y sus partes
67	Plumas y plumón preparados y artículos de plumas o plumón; flores artificiales; manufacturas de cabello

	SECCIÓN XIII
	Manufacturas de piedra, yeso, cemento, amianto, mica o materias análogas
Capítulos	*Títulos*
68	Manufacturas de piedra, yeso, cemento, amianto, mica o materias análogas
69	Productos cerámicos
70	Vidrio y manufacturas de vidrio

Continúa

Continuación

CLASIFICACIÓN ADUANERA DE LAS MERCANCÍAS

SECCIÓN XIV

Perlas finas o cultivadas, piedras preciosas y semipreciosas o similares, metales preciosos, chapados de metales preciosos y manufacturas de estas materias; bisutería; monedas

Capítulos	*Títulos*
71	Perlas finas o cultivadas, piedras preciosos y semipreciosas o similares, metales preciosos, chapados de metales preciosos y manufacturas de estas materias; bisutería; monedas

SECCIÓN XV

Metales comunes y manufacturas de estos metales

Capítulos	*Títulos*
72	Fundición, hierro y acero
73	Manufacturas de fundición, de hierro o de acero
74	Cobre y manufacturas de cobre
75	Níquel y manufacturas de níquel
76	Aluminio y manufacturas de aluminio
77	(Reservado para una futura utilización en el sistema armonizado)
78	Plomo y manufacturas de plomo
79	Cinc y manufacturas de cinc
80	Estaño y manufacturas de estaño
81	Los demás metales comunes; cermets *(ceramic metal)*; manufacturas de estas materias
82	Herramientas y útiles, artículos de cuchillería y cubiertos de mesa, de metales comunes; partes de estos artículos, de metales comunes
83	Manufacturas diversas de metales comunes

SECCIÓN XVI

Máquinas y aparatos, material eléctrico y sus partes, aparatos de grabación o reproducción de sonido, aparatos de grabación o reproducción de imágenes y sonido en televisión, y las partes y accesorios de estos aparatos

Capítulos	*Títulos*
84	Reactores nucleares, calderas, máquinas, aparatos y artefactos mecánicos; partes de estas máquinas o aparatos

Continúa

Continuación

<table>
<tr><td colspan="2" align="center">CLASIFICACIÓN ADUANERA DE LAS MERCANCÍAS</td></tr>
<tr><td colspan="2" align="center">SECCIÓN XVI</td></tr>
<tr><td colspan="2" align="center">**Máquinas y aparatos, material eléctrico y sus partes, aparatos de grabación o reproducción de sonido, aparatos de grabación o reproducción de imágenes y sonido en televisión, y las partes y accesorios de estos aparatos**</td></tr>
<tr><td>*Capítulos*</td><td align="center">*Títulos*</td></tr>
<tr><td>85</td><td>Máquinas, aparatos y material eléctrico y sus partes; aparatos de grabación o reproducción de sonido, aparatos de grabación o reproducción de imágenes y sonido en televisión, y las partes y accesorios de estos aparatos</td></tr>
</table>

<table>
<tr><td colspan="2" align="center">SECCIÓN XVII</td></tr>
<tr><td colspan="2" align="center">**Material de transporte**</td></tr>
<tr><td>*Capítulos*</td><td align="center">*Títulos*</td></tr>
<tr><td>86</td><td>Vehículos y material para vías férreas o similares y sus partes; aparatos mecánicos (incluso electromecánicos) de señalización para vías de comunicación</td></tr>
<tr><td>87</td><td>Vehículos automóviles, tractores, ciclos y demás vehículos terrestres; sus partes y accesorios</td></tr>
<tr><td>88</td><td>Navegación aérea o espacial</td></tr>
<tr><td>89</td><td>Navegación marítima o fluvial</td></tr>
</table>

<table>
<tr><td colspan="2" align="center">SECCIÓN XVIII</td></tr>
<tr><td colspan="2" align="center">**Instrumentos y aparatos de óptica, fotografía o cinematografía, de medida, control o de precisión; instrumentos y aparatos médico-quirúrgicos; relojería; instrumentos de música; partes y accesorios de estos instrumentos o aparatos**</td></tr>
<tr><td>*Capítulos*</td><td align="center">*Títulos*</td></tr>
<tr><td>90</td><td>Instrumentos y aparatos de óptica, fotografía o cinematografía, de medida, control o de precisión; instrumentos y aparatos médico-quirúrgicos, partes y accesorios de estos instrumentos o aparatos</td></tr>
<tr><td>91</td><td>Relojería</td></tr>
<tr><td>92</td><td>Instrumentos de música; partes y accesorios de estos instrumentos</td></tr>
</table>

<table>
<tr><td colspan="2" align="center">SECCIÓN XIX</td></tr>
<tr><td colspan="2" align="center">**Armas y municiones, y sus partes y accesorios**</td></tr>
<tr><td>*Capítulos*</td><td align="center">*Títulos*</td></tr>
<tr><td>93</td><td>Armas y municiones, y sus partes y accesorios</td></tr>
</table>

Continúa

Continuación

CLASIFICACIÓN ADUANERA DE LAS MERCANCÍAS	
SECCIÓN XX	
Mercancías y productos diversos	
Capítulos	*Títulos*
94	Muebles; mobiliario médico-quirúrgico; artículos de cama y similares; aparatos de alumbrado no expresados ni comprendidos en otros capítulos; anuncios, letreros y placas indicadoras, luminosos y artículos similares; construcciones prefabricadas
95	Juguetes, juegos y artículos para recreo o para deporte; sus partes y accesorios
96	Manufacturas diversas

CLASIFICACIÓN ADUANERA DE LAS MERCANCÍAS	
SECCIÓN XXI	
Objetos de arte, de colección o de antigüedades	
Capítulos	*Títulos*
97	Objetos de arte, de colección o de antigüedades
98	Conjuntos industriales
99	Códigos especiales de la nomenclatura combinada

Tabla 17. Índice de la clasificación aduanera de las mercancías.

a conductas negativas como las armas o el tabaco, o la simple recaudación fiscal en economías frágiles.

La imposición fiscal sobre las mercancías afectas al comercio exterior engloba una serie de conceptos fiscales de derechos, unos del tipo *ad valorem,* específicos y mixtos, y otros, fruto de la política comercial de aplicación en el comercio exterior, como las tasas, las exacciones, los derechos *antidumping* y los compensatorios:

- **Ad valorem**
  Derecho arancelario cuya aplicación fija un tanto por ciento sobre el valor declarado de las mercancías en aduana.

- **Específico**
  Derecho expresado en valor monetario por unidad de peso, volumen, medida o cantidad.

- **Mixto**

  Consiste en la aplicación de un derecho *ad valorem* y otro específico para la mercancía considerada.

- **Tasa**

  Imposición fiscal destinada a cubrir el costo de un servicio.

- **Exacción**

  Imposición fiscal destinada a la protección de un sector de la economía.

- *Antidumping*

  Derecho impositivo destinado a defender a los productores del país importador de las mercancías importadas con precios por debajo del precio de venta en el país exportador.

- **Compensatorio**

  Derecho destinado a neutralizar los efectos de la subvención a un producto determinado otorgada al exportador.

8   Imposiciones fiscales indirectas a la importación

En el momento de presentar las declaraciones aduaneras ante la autoridad fiscal correspondiente suelen declararse también otros impuestos; se trata habitualmente de imposiciones sobre el consumo, como el impuesto sobre ventas o IVA y los impuestos especiales que gravan consumos específicos (por ejemplo, las labores del tabaco, los hidrocarburos, el alcohol y las bebidas alcohólicas). Mediante la aplicación de dichos impuestos en el momento de presentar las declaraciones de importación nace la deuda tributaria, así las mercancías quedan equiparadas con sus equivalentes nacionales que han sufrido esa imposición en las transacciones de compraventa.

9   Devolución fiscal en el comercio de exportación

En la exportación de productos gravados con impuestos sobre el consumo, estos impuestos indirectos, soportados durante el proceso productivo, son devueltos al objeto de conservar la neutralidad del precio del producto y lograr así que no le afecte tal imposición indirecta. Por ello, dado que un gravamen indirecto sobre el consumo no debe trasladarse a la empresa compradora-importadora situada en otro país, tanto el IVA como los impuestos especiales son retornados a la empresa exportadora, pues de lo contrario el producto se encarecería por una aplicación de imposición fiscal.

En otras ocasiones, para favorecer la exportación, la Administración compensa de manera directa a las empresas exportadoras. Como ya se dijo, este extremo, que suele ser sinónimo de *dumping* o de subvención, puede conllevar la aplicación de contramedidas equivalentes en el país importador para neutralizarlo.

Con todo, las cuestiones impositivas sobre las mercancías importadas o exportadas, la devolución de los impuestos indirectos y las ayudas directas a la exportación suscitan una notable controversia en el ámbito del comercio internacional, pues los intereses económicos de los distintos países son muy dispares. En consecuencia, tanto las posturas liberales como las proteccionistas, ambas muy presentes en el mercado globalizado, dificultan el equilibrio de intereses.

Capítulo 7
El origen de las mercancías

El marco de economía global en el que se desarrolla el comercio internacional favorece la suscripción de acuerdos y convenios multilaterales. En ellos se pactan ventajas comerciales entre los Estados que los suscriben, generalmente en forma de reducciones arancelarias o en el aumento de las cantidades de los contingentes que facilitan el intercambio de productos.

Sin embargo, para conseguir un funcionamiento eficaz de dichos acuerdos internacionales, es preciso certificar el origen de las mercancías, ya que solo pueden beneficiarse de las ventajas comerciales las que cumplan los criterios de origen aceptados entre las partes firmantes de los acuerdos. En consecuencia, las legislaciones prevén unas normas de origen que deben cumplirse para tener derecho a los beneficios fiscales o de cualquier otro tipo.

Aunque las normas de origen están generalizadas, es posible que un acuerdo determinado conceda mejores condiciones que las generales al país exportador. Por ejemplo, puede que la norma general contemple que una mercancía se considera originaría del país en el que se haya realizado un 60 % de su valor, pero el acuerdo admita que con el 50 % ya es suficiente. Eso sería una ventaja para los miembros del acuerdo.

1 El concepto de «origen»

Con el fin de analizar más detenidamente lo que se entiende por origen de las mercancías, nos referiremos a la legislación de la UE como modelo de interpretación perfectamente compatible con la legislación general existente.

Con la aprobación del Reglamento 952/2013, los artículos 59 y siguientes tratan del origen de la mercancía, distinguiendo dos modalidades de aplicación de tipos arancelarios y de medidas comerciales:

– Origen preferencial.
– Origen no preferencial.

Por *origen preferencial* se entiende que las mercancías de ese origen disfrutan de las ventajas de normal aplicación y, además, pueden beneficiarse de un trato más favorable a la importación, cumpliendo los requisitos establecidos en el convenio internacional preferente.

Por el contrario, el *origen no preferencial* implica la aceptación de las medidas generales de aplicación del arancel aduanero.

Para determinar el origen preferencial de la mercancía se toman en consideración los acuerdos suscritos con países o territorios situados fuera del territorio aduanero o con grupos de esos países o territorios, en cuyos textos se establecen las normas de origen aplicables en dichos casos.

1.1   Criterios de origen

Con arreglo a las disposiciones legales, se confiere origen según los criterios siguientes:

- **Mercancías o productos obtenidos o producidos enteramente en un país**

    a) Productos minerales extraídos del subsuelo.

    b) Productos vegetales recolectados en él.

    c) Animales vivos nacidos y criados en él.

    d) Productos procedentes de animales vivos criados en él.

    e) Productos de la caza y de la pesca practicados en él.

    f) Productos de la pesca marítima y otros productos extraídos del mar por barcos matriculados o registrados en este país y que enarbolen su pabellón.

    g) Mercancías obtenidas a bordo de buques factoría a partir de productos mencionados en la letra *f)* originarios de este país siempre que estos buques estén matriculados o registrados en este país y enarbolen su pabellón.

    h) Productos extraídos del suelo o subsuelo marino situado fuera de sus aguas territoriales, siempre que este país ejerza derechos exclusivos sobre dicho suelo o subsuelo con fines de explotación.

    i) Desperdicios y residuos procedentes de operaciones de manufactura y artículos en desuso, a condición de que hayan sido recogidos en este país y solo puedan servir para la recuperación de materias primas.

j) Desperdicios y residuos que se obtengan en este país exclusivamente a partir de mercancías mencionadas en las letras *a)* a *i)* o de sus derivados, cualquiera que sea el estado en que se encuentren.

- **Mercancías que hayan sido objeto de transformación o elaboración suficiente**
Partiendo de la codificación arancelaria de la mercancía, debe valorarse el grado de transformación sufrido, considerando las mercancías incorporadas y el origen de estas. Los acuerdos internacionales no siempre son idénticos en cuanto a las normas de origen, por ello es conveniente conocer el alcance del acuerdo para cada país en particular o grupo de países de un mismo acuerdo.

- **Mercancías de transformaciones sucesivas en distintos países**
En aquellos casos en que en la producción de la mercancía intervienen dos o más países, se considera que tiene su origen en aquel en que se produce su última transformación sustancial, económicamente justificada, efectuada en una empresa equipada a tal efecto, y que haya conducido a la fabricación de un producto nuevo o que represente un grado de fabricación significativa.

Como puede observarse, para la determinación del origen tiene especial relevancia el lugar donde ha sido obtenida, transformada o elaborada la mercancía. Esto no representa dificultad alguna cuando la mercancía ha sido totalmente transformada en un solo país. Sin embargo, si la transformación se ha efectuado en más de un Estado, se considera originaria de aquel en el que se ha producido una transformación sustancial, lo cual obliga a una acción probatoria.

El concepto de «transformación sustancial» requiere que esta sea la última del proceso productivo, que esté justificada económicamente y que esa transformación comporte un cambio de codificación arancelaria, al presentarse como un nuevo producto, o bien que adquiera un valor añadido suficiente.

La normativa arancelaria de cada país contempla la relación de transformaciones y elaboraciones que confieren cambio de origen. A modo de ejemplo, los anexos 9 a 22 del Reglamento (CEE) 2454/93 especifican tales procesos, actualizado en el anexo 22 del Reglamento Delegado (UE) 2015/2446, los cuales responden a los criterios siguientes:

- Productos obtenidos de la transformación de mercancías originarias de terceros países que haya representado el cambio de partida arancelaria.
- No se consideran transformación suficiente para conferir origen, en los casos siguientes:

a) Las manipulaciones destinadas a asegurar el estado de conservación de los productos durante su transporte y su almacenamiento (ventilación, tundido, secado, separación de partes averiadas y operaciones similares).

b) Las simples operaciones de limpieza, cribado, selección, clasificación, formación de surtidos (comprendida la composición de juegos de productos), lavado o corte.

c) Los cambios de envase y la división y agrupamiento de bultos. La colocación de mercancías en sacos, estuches, cajas, bandejas, etc., y cualesquiera otras operaciones simples de empaquetado.

d) La colocación sobre los productos o sus envases de marcas, etiquetas u otros signos distintivos similares.

e) La simple reunión de partes de un producto para construir un producto completo.

f) La acumulación de dos o más de las operaciones recogidas en las letras *a)* a *e)*.

- Los repuestos que acompañan a una máquina tienen el mismo origen que la misma, aunque sean originarios de otro país, si se trata de elementos sin los cuales no puede asegurarse el buen funcionamiento de la máquina.

Estas disposiciones ponen de manifiesto la gran preocupación por determinar el «origen real» de las mercancías, con el fin de evitar falsedades y desviaciones comerciales. Imaginemos, por ejemplo, el perjuicio que significaría que productos originarios de Extremo Oriente, al transitar a través de un país con preferencias arancelarias, como es el caso de Marruecos, cambiasen su origen mediante el simple hecho de modificar el etiquetaje. Resultaría que esas mercancías disfrutarían de unos beneficios preferenciales arancelarios, que llegan a ser «cero», al importarse en territorios con convenio, como los tiene Marruecos con la UE.

En el comercio internacional debe distinguirse entre el *país de procedencia* y el *país de origen.* La procedencia es el mero hecho circunstancial del almacenamiento, del cual parten las mercancías con destino a otro país. Así pues, la procedencia y el origen no necesariamente coinciden.

1.2 Reglas especiales de origen

Existen circunstancias especiales que pueden modificar la determinación del origen de la mercancía; en tales situaciones se aplican las denominadas *reglas especiales de origen.*

- **Acumulación**

  Se entiende que se cumple el requisito de origen de tal país y no es necesario cumplir el requisito de última transformación o elaboración sustancial cuando un tercer país elabora productos partiendo de mercancías propias y de otro Estado que forme parte de un convenio comercial entre ambos. Ocurre del mismo modo, cuando se elaboran productos con mercancías de distintos países que forman parte de un mismo convenio preferencial, en cuyo caso se acepta el origen del último país de la cadena productiva.

  Esta circunstancia tiene lugar, por ejemplo, en elaboraciones realizadas en varios Estados integrantes del Magreb (Argelia, Marruecos o Túnez).

- **Transporte directo**

  Consiste en demostrar que la mercancía viaja directamente de un país determinado al territorio aduanero de importación. Ello significa que la mercancía no puede atravesar ningún otro país, salvo que forme parte del mismo convenio preferencial (en tal supuesto se aplica el criterio de acumulación), o bien puede atravesarlo bajo el control aduanero que asegure que no se ha producido intervención alguna sobre las mercancías, o en transportes que atraviesen un país de continuo, es decir, sin posibilidad de manipulación.

  Los transportes directos quedan justificados por el título de transporte, la declaración de no manipulación de las autoridades aduaneras del país de tránsito u otro documento probatorio.

- **No comercialización**

  Mediante la aplicación de esta regla, las autoridades aduaneras comprueban que las mercancías originarias de un país determinado, que han sido vendidas durante su trayecto a un Estado o área de integración, siguen siendo las mismas que se exportan definitivamente a ese Estado o área de integración y conservan su verdadero origen.

  Esta regla tiene como objetivo evitar que la mercancía cambie de origen y se favorezca de beneficios a los que no tiene derecho. Por ejemplo, una mercancía canadiense que pasa por México no tiene derecho a ser originaria mexicana y favorecerse del acuerdo preferencial que existe para las exportaciones desde México a la UE.

1.3 Prueba del origen

Las autoridades aduaneras podrán exigir al declarante que acredite el origen de la mercancía, en caso de plantearse dudas razonables, presentado medios probatorios como, por ejemplo, certificados o formularios.

2   Formularios autorizados

En las transacciones internacionales, ya sea debido a las necesidades de la parte compradora o de la vendedora o por imperativo legal, han de cumplirse determinadas exigencias documentales a la exportación y a la importación, o simplemente derivadas de las condiciones contractuales de la compraventa. Estos trámites se formalizan en documentos comerciales, financieros y oficiales.

Dichos documentos, según su procedencia, confección y responsabilidad, de manera enunciativa, no limitativa, son emitidos por:

- **Empresas contratantes**
  - Contratos de compraventa o cesión en cualquier modalidad comercial.
  - Facturas proforma y comerciales.
  - Listas de carga *(packing list)*.
  - Listas de pesos.
  - Resultados de análisis y pruebas de verificación previas al embarque.
  - Catálogos, folletos y fotografías.
  - Manuales técnicos.
  - Dibujos, planos y croquis, etc.

- **Entidades financieras**
  - Instrumentos de pago y cartas de crédito.
  - Pólizas de seguros de transporte.
  - Pólizas de seguro de crédito.

- **Entidades de verificación y control**
  - Certificados de pesos, cantidad, calidad, análisis, productividad, etc.

- **Organismos oficiales**
  - Certificados de origen emitidos por las cámaras de comercio (véase el anexo 1).
  - Certificaciones y visados de documentos.
  - Legalizaciones de documentos.

- **Autoridades aduaneras**
  - Declaraciones aduaneras y certificados aduaneros.
  - Certificados de circulación de mercancías EUR-1, ATR, FORM A o equivalentes, (véanse los anexos 2, 3 y 4, respectivamente).

- **Certificados de acreditación de origen (véanse los anexos 1 a 4)**

Aunque los acuerdos relativos al origen entre un Estado y terceros países responden a un patrón general común, es necesario conocerlo con detalle en el momento de su aplicación en las transacciones internacionales de mercancías, al objeto de solicitar la empresa importadora el certificado de origen adecuado.

Cuando se trata de mercancías derivadas de productos transformados, para determinar si aquella nueva codificación de mercancía, por causa de la transformación, es merecedora del nuevo origen hay que verificarlo con las normas legales, previstas en el código aduanero o ley aduanera.

Conviene también conocer, previamente a la importación, el documento justificativo del origen que debe acompañar a la mercancía que se vaya a importar, que en su caso dará derecho a los beneficios de una eventual reducción arancelaria.

En todas las operaciones de importación, las autoridades aduaneras se reservan el derecho a revisar la autenticidad de los certificados de origen, durante un periodo de tiempo posterior a la importación. En la UE, por ejemplo, este período es de tres años y son responsabilidad de la empresa importadora las consecuencias legales y fiscales que dimanen en el supuesto de inexactitud.

Los modelos de certificados utilizados son los siguientes:

a) **Certificado de circulación EUR-1**

La Comunidad Europea, al igual que otros Estados, ha firmado acuerdos preferenciales con diversos países o grupos de países, cuyas mercancías tienen derecho a circular con el certificado EUR-1. Entre ellos citamos: los Estados integrantes de la Asociación Europea de Libre Comercio (AELC), países mediterráneos asociados a la UE (Argelia, Autoridad Nacional Palestina, Egipto, Israel, Jordania, Líbano, Marruecos, Siria y Túnez), México, Chile, Sudáfrica, Andorra, Bosnia-Herzegovina, Costa Rica, Ecuador, Georgia, Honduras y países de África, el Caribe y el Pacífico. En el caso de estos últimos, la Convención de Lomé, aprobada en el Reglamento (CE) 1528/2007, establece un arancel del 0% para todos los productos amparados en el certificado EUR-1, excepto para azúcar, arroz y armas.

El certificado de circulación EUR-1 es el documento que justifica el origen preferencial. En la UE, su presentación es obligatoria ante las aduanas de importación a partir de valores de 6.000€. Para valores inferiores ha dejado de utilizarse el documento EUR-2, y se admite certificación en la factura de tal origen preferencial.

Los exportadores comunitarios habituales pueden solicitar a la Administración de aduanas un número de exportador autorizado, el cual, una vez otorgado, debe indicarse en la factura comercial, hecho que sustituye a la tramitación y obtención del certificado EUR, siendo reconocido recíprocamente por los países destinatarios de las mercancías, lo cual se detalla los siguientes apartados 3 y 4.

Para los casos de acumulación producida en los países de la UE, AELC, Suiza y los países mediterráneos, se utiliza el certificado EUR-MED.

b) Certificado de circulación FORM A

En cuanto a las importaciones procedentes de terceros países con destino a la UE, conviene diferenciar aquellos pertenecientes al Sistema de Preferencias Generalizadas (SPG), unos ochenta países actualmente, a los cuales se aplican derechos reducidos a la importación, incluso del 0 %, siempre que las mercancías transportadas a la UE estén amparadas en el formulario FORM A, el cual implica que han sido transportadas directamente a la UE, o bien a otro Estado que acepte esta convención.

Los países desarrollados, cuyo PIB es elevado, son los receptores de las mercancías provenientes de los Estados pertenecientes al Sistema de Preferencias Generalizadas. Obviamente, los primeros no pueden emitir dicho certificado en sus exportaciones, salvo en las de mercancías de origen preferencial que se encuentren depositadas temporalmente en un país desarrollado y en el momento de cuya reexportación así deba acreditarse.

c) Certificado de circulación ATR

La UE también ha suscrito un acuerdo preferencial con Turquía, según el cual el origen de las mercancías queda autentificado por el certificado de circulación ATR, establecido en el Acuerdo de Asociación CEE-Turquía y publicado en el *Diario Oficial de la Unión Europea* (DO) de 29 de diciembre de 1964. Posteriormente, el Reglamento (CEE) 428/73 dictó la definición del concepto de «productos originarios», justificado en el documento ATR-1, para el transporte directo entre los Estados miembros de la CEE y Turquía, y viceversa.

d) Certificado de origen de la cámara de comercio

Las cámaras de comercio están autorizadas a emitir certificados de origen a petición de las empresas exportadoras, previa presentación de una factura comercial y declaración de la misma. Esta certificación suele solicitarse en las operaciones financieras en la modalidad de crédito documentario.

3   Exportador registrado. Sistema REX

Cualquier empresa exportadora, con la actividad económica de fabricante, comerciante o reexpedidora de productos originarios de otros países, puede solicitar su registro en el llamado Sistema de Registro de Exportadores (REX), lo cual le permite agilizar la certificación del origen de las mercancías exportadas. Para ello se le exigirá, en cualquier momento, la evidencia documental del origen de sus productos de exportación.

Esta certificación registral, para las relaciones con los Estados miembros de la UE, está basada en los artículos 68 y del 80 al 90 del Reglamento de Ejecución (UE) 2015/2447. Por tanto, este registro para las empresas exportadoras ha de tenerse en consideración, pues las autoridades aduaneras dejarán de emitir en las transacciones de mercancías al amparo del SPG el certificado FORM A.

En la UE es una realidad la certificación generalizada para los países integrantes del SPG (desde el 30 de junio de 2020), no estando previstas nuevas prórrogas. Por tanto, los Estados exportadores de mercancías que no actúen bajo el Sistema REX serán considerados «terceros», incluso si facilitan el certificado FORM A, pues no serán admitidos por las autoridades aduaneras y, en consecuencia, las mercancías deberán pagar la totalidad de los derechos arancelarios.

Al objeto de garantizar la correcta aplicación del Sistema de Preferencias Generalizadas, en el marco del Sistema REX, los países adquieren los compromisos siguientes:

1. Instaurar y mantener los sistemas y estructuras administrativos necesarios para la aplicación y gestión en su territorio de las normas y procedimientos previstos para determinar el origen de las mercancías (artículo 70 del Reglamento de Ejecución (UE) 2015/2447).
2. Asegurar la cooperación entre las autoridades competentes.

Un criterio similar de autentificación del origen se aplica para los acuerdos preferenciales al amparo de los certificados de circulación ATR y EUR-1, pues los Estados dejarán de emitirlos.

4 Certificación de exportador autorizado

Consiste en que las autoridades aduaneras certifiquen el origen de los productos de exportación de la empresa, otorgándole un número de exportador autorizado, el cual anotará en sus facturas comerciales, siendo prueba suficiente para demostrar que los productos reseñados en dicha factura son originarios del tal país.

En aquellas operaciones en que el valor total de las mercancías originarias no supere los 6.000 €, o bien 10.000 € para los Países y Territorios de Ultramar (PTU), la declaración de origen podrá ser expedida por cualquier empresa exportadora. Obviamente, debe asegurarse la aceptación de tal declaración de origen por el Estado receptor de las mercancías.

Se trata de certificar el origen de los productos producidos o expedidos por la empresa exportadora. Para ello, las empresas han de solicitar al departamento de aduanas o la unidad de certificación autorizada, de acuerdo con la normativa arancelaria, la verificación de su sistema productivo, el origen de las mercancías utilizadas en la transformación, y el porcentaje de las mercancías incluidas en el producto obtenido, en función de su origen.

En resumen, se trata de que el Estado exportador garantice el origen de las mercancías exportadas, lo cual comporta una responsabilidad de los organismos gubernamentales en las concesiones de certificación. De este modo, se pretende eliminar los certificados en formato papel, como ya se ha indicado en el apartado anterior para el modelo FORM A para los países del Sistema de Preferencias Generalizadas (SPG) y PTU, en ocasiones emitidos irregularmente.

A este respecto, cabe mencionar que varios Estados, como Corea, Canadá o Japón, solo admiten la prueba de origen cuando la empresa exportadora ha sido certificada por las autoridades aduaneras, en el marco de un convenio internacional suscrito entre ambas partes. En consecuencia, esta modalidad tiende a imponerse de forma generalizada al ser una necesidad de índole económica, que obliga a las empresas exportadoras a ser competitivos para que así la importadora obtenga los beneficios de los tratados preferenciales de reducción o eliminación del costo arancelario.

Como puede observarse, con este procedimiento, la responsabilidad de la autenticidad del origen de la mercancía recae sobre la empresa exportadora, pues tiene la obligación de justificarlo ante las autoridades aduaneras en la petición de la certificación de exportador. Paralelamente, las autoridades aduaneras dejarán de emitir en papel estos documentos, lo cual también significa un apoyo a las políticas de reducción de residuos y protección del medioambiente.

Capítulo 8
Valor en aduana de las mercancías

1 Métodos de valoración en aduana de las mercancías

La reglamentación relativa al valor en aduana de las mercancías se fundamenta en el Acuerdo relativo a la Aplicación del Artículo VII del Acuerdo General sobre Aranceles Aduaneros y Comercio, también llamado Código de Valoración del GATT, que entró en vigor el 1 de julio de 1980.

En consecuencia, los textos legislativos de los Estados sobre el valor en aduana de las mercancías han incluido el artículo VII del GATT, donde se recogen los siguientes criterios: el ámbito de aplicación, el método de valoración basado en el valor de transacción, elementos del valor de transacción, los elementos que deben incluirse y los métodos secundarios de valoración.

Sobre esta base, el valor en aduana de las mercancías es el *valor de transacción cuyo importe es el precio realmente pagado o que deba pagarse* por las mercancías cuando se venden para la exportación hacia el Estado importador. Ese valor coincide con el valor de la factura comercial de compraventa, siempre y cuando el precio realmente pagado o por pagar sea el pago total que la parte compradora haya efectuado o deba efectuar a la vendedora o a un tercero a favor de esta última, por las mercancías importadas, incluyendo todos los pagos efectuados o por efectuar como condición de la venta de esas mercancías.

El criterio de valor de transacción ha de incluir una serie de elementos, que incluyan todos los costos soportados por la mercancía hasta el primer punto de introducción en el país receptor de la mercancía y cumplir determinadas exigencias, por lo que no siempre coincide con el valor en aduana como base arancelaria. Estas condiciones se detallan más adelante como circunstancias comerciales requeridas.

Ocurre también que en ocasiones es difícil determinar el valor en aduana de la mercancía según el criterio de valor de la transacción, pues razonable y objetivamente el valor de la mercancía presenta desviaciones que hacen dudar de su veracidad, en cuyo caso han de aplicarse otros criterios.

En líneas generales, podemos dividir los métodos de valoración en principales y secundarios:

- **Método de valoración principal**
    - Valor de transacción de las mercancías.

- **Métodos de valoración secundarios**
    - Valor de transacción de mercancías idénticas.
    - Valor de transacción de mercancías similares.
    - Valor del precio de la mayor cantidad vendida.
    - Valor calculado o costo de producción.
    - Valor del último recurso o de información disponible.

1.1 Valor de transacción de las mercancías

El valor en aduana de las mercancías importadas en un territorio aduanero es, en principio, el valor de transacción, esto es, el precio efectivamente pagado o pendiente de pago por las mercancías vendidas para la exportación. Este precio se define como el pago total, que puede efectuarse en efectivo o mediante cartas de crédito o instrumentos negociables, al que no se suman más ajustes que los enunciados más adelante. En el valor en aduana no se incluyen los costos relativos a trabajos de construcción, instalación, montaje, mantenimiento o asistencia técnica realizados después de la importación, ni los derechos de aduanas y otros gravámenes que se deban abonar en el territorio aduanero del Estado de importación.

En consecuencia, el valor de transacción no ha de estar influenciado por ninguna condición que lo modifique, y para ello han de concurrir las siguientes circunstancias comerciales:

- Que no existan más restricciones para la utilización o disposición de las mercancías por la parte compradora que las siguientes:

    - Restricciones impuestas o exigidas por las normas o por las autoridades del Estado importador.
    - Limitaciones de la zona geográfica en la que las mercancías puedan ser objeto de reventa.

– Restricciones que no afecten sustancialmente al valor en aduana de las mercancías.

- Que ni la venta ni el precio estén sujetos a condiciones o consideraciones que impidan determinar el valor de las mercancías que deban valorarse.

- Que ninguno de los beneficios derivados de la reventa, cesión o utilización posterior de las mercancías por la parte compradora repercuta de manera directa o indirecta en la vendedora, salvo que el valor pueda ajustarse convenientemente por reglamentación con arreglo a las medidas pertinentes:

  – Los elementos que, a fin de determinar el valor en aduana, deban añadirse al precio realmente pagado o que debe pagarse, o puedan excluirse de este.
  – Los elementos que tienen que utilizarse para determinar el valor calculado.
  – El método de determinación del valor en aduana en casos específicos y respecto a las mercancías que den nacimiento a una deuda aduanera tras el uso de un régimen especial.
  – Cualesquiera otras condiciones, disposiciones y normas necesarias para la aplicación de los métodos de valoración.

- Que no exista vinculación entre comprador y vendedor, o que la vinculación no tenga influencia en el precio. Se entiende por «vinculación» entre estas personas el cumplimiento de cualquiera de los siguientes supuestos:

  – Si una forma parte de la dirección o del consejo de administración de la empresa de la otra.
  – Si ambas tienen jurídicamente la condición de asociadas.
  – Si una es patrona de la otra.
  – Si una persona cualquiera posee o controla, directa o indirectamente, el 5 % o más de las acciones o títulos con derecho a voto de una y de otra.
  – Si una de ellas controla, directa o indirectamente, a la otra.
  – Si ambas son controladas, directa o indirectamente, por una tercera persona.
  – Si juntas controlan, directa o indirectamente, a una tercera persona.
  – Si son miembros de la misma familia.

1.2   Elementos de valor

El precio efectivamente abonado o por abonar ha de ser ajustado por los siguientes elementos económicos, en la medida en que los soporte la parte compradora y no estén incluidos en el precio realmente pagado o por pagar:

– Las comisiones y los gastos de corretaje, salvo las comisiones de compra.
– El costo de los envases que, a efectos aduaneros, se considere que forman un todo con la mercancía.
– El costo del embalaje, tanto por la mano de obra como por los materiales.
– El valor de los materiales, componentes, partes y elementos similares incorporados a las mercancías importadas.
– El valor de las herramientas, matrices, moldes y objetos similares utilizados para la producción de las mercancías importadas.
– El valor de los materiales consumidos en la producción de las mercancías importadas.
– El valor de los trabajos de ingeniería de creación y perfeccionamiento, artísticos y de diseño, planos y croquis, realizados fuera del Estado importador y necesarios para la producción de las mercancías importadas.
– Los cánones y derechos de licencia relativos a las mercancías por valorar que la parte compradora esté obligada a pagar directa o indirectamente como condición de la venta de dichas mercancías.
– El valor de cualquier parte del producto de la reventa, cesión o utilización posterior de las mercancías importadas, que revierta directa o indirectamente a la parte vendedora.
– Los gastos de transporte y seguro han de valorarse e incorporarse al valor de la mercancía hasta el primer punto de introducción en el territorio del Estado importador; en consecuencia, la condición de entrega pactada en el contrato de compraventa debe ajustarse a ese primer punto de introducción.

A tal efecto, es necesario tomar en consideración los gastos de transporte aéreo que deben incluirse en el valor en aduana, hasta el primer punto de introducción, los cuales no son tan evidentes, habida cuenta de los espacios aéreos y la situación geográfica de los aeropuertos internacionales. En la UE, ese valor se ha resuelto con el anexo 23-01 del Reglamento de Ejecución (UE) 2015/2447, en el que se indican las zonas o países de salida y los porcentajes de los gastos de transporte que deben incluirse en el valor en aduana para la zona de llegada a la Comunidad. Como ejemplo a esta valoración del costo de transporte, supongamos que una aeronave parte de Nueva York con destino a Berlín, portando una mercancía cargada en Nueva York en condiciones CIP-Aeropuerto de Berlín-Brandenburgo. En este supuesto, el porcentaje de los gastos totales que debe incluirse en el valor en aduana es el 70 %. El costo de transporte incluye todo el recorrido del flete, pero la legislación dice «hasta el primer punto de introducción en el territorio aduanero del país importador», en consecuencia desde Irlanda hasta Berlín, es territorio de la UE, y por tanto no debe considerarse como integrante del valor en aduana. Esto puede resolverse haciendo una proporción entre el recorrido externo o interno, o bien codificando todos los aeropuertos y adoptando un porcentaje del flete como parte del valor en aduana, tal y como se ha hecho en la reglamentación de la UE.

- Los gastos de carga y de manipulación inherentes al transporte, hasta el lugar de introducción en el territorio aduanero.
- Cualquier elemento que se sume al precio efectivamente pagado o por pagar.

1.3　*Elementos que no deben incluirse en el valor en aduana*

Existen elementos que se han de considerar para no incluirlos en el valor en aduana y que de estarlo han de deducirse. Extraídos de la legislación de la UE y similares en otros Estados, esos elementos son:

- Los gastos de transporte de las mercancías importadas después de su entrada en el territorio aduanero del Estado de importación.
- Los gastos de construcción, instalación, montaje, mantenimiento o asistencia técnica, realizados después de la entrada en el territorio aduanero.
- Los importes de los intereses derivados de un acuerdo de financiación contraído por la parte compradora, relativo a la compra de las mercancías importadas, independientemente de que la financiación corra a cargo de la vendedora o de otra persona, siempre que el acuerdo de financiación conste por escrito y, si así se requiere, que la compradora pueda demostrar que se cumplen las siguientes condiciones:

  - Que tales mercancías se venden efectivamente al precio declarado como pagado o por pagar.
  - Que el tipo de interés exigido no excede del aplicado habitualmente a tales transacciones en el país y en el momento en que se haya proporcionado la financiación.

- Derechos de reproducción.
- Comisiones de compra.
- Derechos de importación y otros gravámenes pagaderos en el país de importación como consecuencia de la importación o la venta de las mercancías.
- Los pagos que efectúe la parte compradora por el derecho de distribución o reventa de las mercancías importadas, cuando no constituyan una condición de la venta de dichas mercancías para su exportación al Estado importador.

La justificación de ese criterio radica principalmente en que:

- Se trata de costos no producidos en el país exportador.
- Los servicios o las mercancías necesarios serán contratados en el país importador a los costos y precio de venta que rigen en ese país y, por tanto, sometidos a las reglas fiscales interiores.

– Los intereses por pagos aplazados son parte adicional a la compraventa, a causa de su financiación, pero no son un costo productivo inicial del país exportador.

1.4   Métodos de valoración secundarios

Cuando no es posible aplicar el método del valor de transacción, el valor en aduana de las mercancías se debe calcular mediante métodos alternativos. A tal efecto, la legislación ha previsto, unos métodos secundarios de valoración en aduana, cuyo orden de aplicación y contenido de los métodos de cálculo son los siguientes:

- **Valor de transacción de mercancías idénticas**
  Método de cálculo basado en el valor de transacción de mercancías idénticas que se vendan para su exportación al territorio aduanero del Estado de importación y se exporten a él al mismo tiempo que las mercancías que deban valorarse o en una fecha próxima.

- **Valor de transacción de mercancías similares**
  Método de cálculo basado en el valor de transacción de mercancías similares que se vendan para su exportación al territorio aduanero del Estado de importación y se exporten a él al mismo tiempo que las mercancías que deban valorarse o en una fecha próxima.

- **Valor del precio de la mayor cantidad vendida**
  Método de cálculo basado en el precio unitario al que se venda en el territorio aduanero del Estado de importación, a personas no vinculadas con los vendedores, la mayor cantidad total de las mercancías importadas, o de otras mercancías idénticas o similares también importadas.

- **Valor calculado o costo de producción**
  Corresponde a la suma del costo de los materiales y las operaciones de fabricación o de otro tipo efectuadas para producir las mercancías importadas. A dicho costo se debe añadir una cantidad en concepto de beneficios y gastos generales igual a la que suele cargarse en las ventas de mercancías de la misma naturaleza que las que se valoren, efectuadas por productores del país de exportación con destino al Estado importador.

- **Valor del último recurso o de información disponible**
  En caso de que no sea posible determinar el valor en aduana con arreglo a los métodos anteriores, este se fija sobre la base de la información disponible en el

territorio aduanero importador, utilizando medios que se ajusten a los principios y disposiciones generales contenidos en el Acuerdo relativo a la Aplicación del Artículo VII del Acuerdo General sobre Aranceles Aduaneros y Comercio, y de la propia legislación aduanera, que se resumen en las siguientes nociones:

- El aforo de las mercancías importadas debe basarse en un valor real de la mercancía entrante a la que se aplique el derecho o de una mercancía similar, y no en valores de mercancías nacionales, ni en valores arbitrarios o ficticios.
- El valor real debe ser el precio al que, en el tiempo y el lugar determinados por la legislación del país importador, las mercancías importadas son vendidas en condiciones de libre competencia. En la medida en que el precio de dichas mercancías dependa de la cantidad comprendida en una transacción dada, el importe que habrá de tenerse en cuenta deberá referirse uniformemente a cantidades comparables, o a cantidades fijadas de una manera por lo menos tan favorable para la empresa importadora como si se tomara el volumen más considerable de estas mercancías que haya dado lugar efectivamente a transacciones comerciales entre el país de exportación y el de importación.
- Cuando sea imposible determinar el valor real de conformidad con lo dispuesto anteriormente, el valor de aforo deberá basarse en el equivalente comparable que se aproxime a dicho valor.
- En el aforo de todo producto importado no deberá computarse ningún impuesto interno aplicable en el país de origen.
- Los cambios de moneda que se utilicen para la conversión deberán basarse en la paridad establecida en los estatutos del Fondo Monetario Internacional.

Nótese que la aplicación del método de último recurso o de información disponible responde a una situación extrema en la que los demás métodos de valoración no han permitido obtener el resultado deseado; en consecuencia, en el supuesto de recurrir a este último método, habrán de considerarse criterios objetivos no siempre fáciles de concretar.

2   Valor en aduana de las mercancías y valor estadístico

La aplicación de los métodos de valoración de las mercancías permite determinar el valor a efectos aduaneros a la importación en un territorio aduanero, el cual es consecuencia de considerar la composición del valor y ajustarlo cuando proceda según las circunstancias comerciales, la vinculación no neutral y los elementos económicos.

Por tanto, si estos tres aspectos actúan neutralmente sin influir en el valor, podemos proponer, de forma general, la siguiente definición:

El valor en aduana de una mercancía es aquel que incluye el costo de todos los elementos necesarios para su fabricación, transporte y seguro hasta el primer punto de introducción en el país importador, exento de circunstancias externas que alteren los precios y de otros elementos que con posterioridad a la importación estén incluidos en el precio efectivamente pagado o por pagar.

Obsérvese que esta definición coincide con la regla Incoterms de valor CIF o su equivalente, situada en el primer punto fronterizo de introducción del territorio aduanero.

En relación con el concepto de «valor estadístico», este hace referencia al utilizado para las estadísticas de comercio exterior, el cual coincide con el valor CIF frontera de introducción para las importaciones y con el valor FOB frontera de exportación para las exportaciones, norma que obliga a efectuar los correspondientes ajustes cuando el valor de la contratación o de la transacción difiere de los citados.

En las integraciones económicas de libre comercio, cuando no exista documentación aduanera en la circulación de mercancías entre los Estados miembros, es necesario, desde una visión económica, conocer las mercancías objeto de comercio entre los Estados integrantes de la agrupación regional. Por ello, es conveniente adoptar una legislación común que permita obtener datos estadísticos de las operaciones entre los países que permitan tomar decisiones a las autoridades económicas y políticas. En la UE, para resolver esta situación se ha legislado la Declaración Intrastat, desarrollada en el capítulo 11.

2.1   Valor estadístico

Es el valor que tendría la mercancía en el momento de entrar en territorio estadístico del país (si se trata de introducciones) o de salir de él (si se trata de expediciones), deduciendo los impuestos que graven el consumo pero no otros, e imputando la parte proporcional de los gastos de transporte y seguro del trayecto realizado hasta el punto en que las mercancías entran o salen del territorio aduanero en cuestión.

3   Documentación del valor en aduana de las mercancías

Partiendo de la documentación comercial, consistente en facturas, listas de contenido, contratos y cualquier otro documento que aporte clarificación a la veracidad de la mercancía (catálogos, fotografías, planos, instrucciones técnicas, etc.), se presenta la declaración aduanera de importación, basada en el documento denominado habitualmente *declaración aduanera* o *pedimento* en México o *documento único administrativo* (DUA) en la UE (véanse los anexos 6 y 7).

Es frecuente que la declaración aduanera se precise complementar con documentos de valoración de las mercancías, a modo de escandallo, de los elementos de valor. En la UE, es preceptiva su presentación a partir de importes superiores a los 20.000 €, denominándose declaración de valor DV-1 (véanse los anexos 5A y 5B), que presenta singularidades básicas para determinar el valor en aduana de acuerdo con los criterios de valor del GATT. Esos documentos DUA y DV-1 son utilizados en los Estados miembros de la UE.

En este sentido, las autoridades aduaneras, a efectos de la valoración de las mercancías, enumeran las siguientes instrucciones:

- Métodos de valoración.
- Método de valoración principal.
- Métodos de valoración secundarios.
- Casos especiales de valoración.
- Cotizaciones monetarias.
- Declaración de valor en aduana.
- Aplicabilidad.

La declaración de valor DV-1 en la UE, o documento descriptivo análogo, consiste en una relación de elementos referentes al valor en aduana, desglosados en los conceptos de vinculación, restricciones a la cesión, cánones y derechos de licencia, y valores económicos. Todos esos datos, debidamente ordenados, constituyen un escandallo de los conceptos integrantes de la base de valor y de la deducción de aquellos que no forman parte de ella.

Los conceptos que se excluyen del valor en aduana son:

«1. El valor en aduana no comprenderá los siguientes elementos y se deducirán del precio pagado o por pagar, siempre que se distingan de este, es decir, que aparezcan diferenciados en la documentación comercial, o puedan diferenciarse:

a) Los gastos de transporte de las mercancías, tras su llegada al territorio aduanero del Estado importador.

b) Los gastos relativos a trabajos de construcción, instalación, montaje, mantenimiento o asistencia técnica, realizados después de la importación y relacionados con las mercancías importadas, tales como instalaciones, máquinas o material industrial.

c) Los importes de los intereses derivados de un acuerdo de financiación concertado por la parte compradora, relativo a la compra de las mercancías importadas, independientemente de que la financiación corra a cargo de la vendedora o de otra persona.

d) Los gastos relativos a los derechos de reproducción de las mercancías importadas en el Estado de importación.

e) La comisión de compras.

f) Los derechos de importación y otros gravámenes pagaderos en el Estado de importación como consecuencia de la misma o de la venta de las mercancías.

»2. No se sumarán al precio pagado o por pagar:

a) Los pagos que efectúe la parte compradora, como contrapartida del derecho de distribución o de reventa de las mercancías importadas, cuando tales pagos no constituyan una condición de la venta para su exportación con destino al Estado de importación.

b) Las transferencias de dividendos y los demás pagos de la parte compradora a la vendedora que no guarden relación con las mercancías importadas no formarán parte del valor en aduana.

c) Las actividades, incluidas las relativas a la comercialización (publicidad, garantía, asistencia a ferias, etc.), que emprenda la parte compradora por su propia cuenta, distintas de aquellas para las que la legislación aduanera prevea un ajuste, aunque pueda estimar que beneficia a la vendedora.

d) Los gastos de almacenamiento y de conservación de las mercancías durante su estancia en depósito aduanero o franco o zona franca (depósitos, almacenes y áreas territoriales exentas fiscalmente)».

Por otra parte, también se determinan los supuestos en los que no es necesaria la presentación del documento declarativo de valor o DV-1 en la UE, que se resumen como sigue:

a) Cuando las mercancías de que se trate no se puedan valorar de acuerdo con las disposiciones relativas al valor de transacción. En estos casos, el declarante tiene la obligación de suministrar a la Administración de aduanas cualquier otra información que se le pueda exigir con el fin de determinar el valor en aduana mediante la aplicación de los métodos secundarios de valoración. Esta información se facilitará en la forma y condiciones que requiera la Administración.

b) Cuando el valor en aduana de las mercancías importadas no supere un valor determinado por las autoridades aduaneras (10.000 € por envío en la UE), siempre que no se trate de expediciones fraccionadas o múltiples dirigidas por un mismo expedidor al mismo destinatario.

c) Cuando se trate de importaciones desprovistas de todo carácter comercial.

d) Cuando la declaración de los elementos de que se trate no sea necesaria para la aplicación del arancel de aduanas, o cuando los derechos de aduanas previstos en el arancel no sean exigibles en virtud de una regulación aduanera específica.

4 Casos especiales de valoración

Puede suceder que los criterios de valoración general no sean aplicables con equidad tributaria, como ocurre en los siguientes casos: máquinas y efectos comerciales usados; vehículos, aviones y buques usados; vehículos diplomáticos; modelos de época o de colección; mercancías facturadas con un valor provisional; alquileres en virtud de un contrato o por la aplicación de la modalidad de arrendamiento, bien sea en simple alquiler o arrendamiento financiero con y sin opción de compra; importaciones de mercancías sin carácter comercial; mermas o excesos; reparaciones y reconstrucciones; sustituciones en periodo de garantía; películas cinematográficas, etc. En dichos supuestos, la valoración en aduana se ajusta a la normativa específica denominada «Casos especiales de valoración», prevista en las distintas legislaciones. Así, por ejemplo, la Comunidad Andina de Naciones (CAN) contempla esos casos en la Resolución 1456 de 28 de febrero de 2012, en Chile se hace en la Ley 30 de las Ordenanzas de Aduanas, y en la UE el criterio de aplicación se basa en los artículos 71 a 76 del Reglamento 952/2013.

A modo de resumen, el contenido legislativo basado en el artículo VII del GATT considera aquellas circunstancias que desvirtúan el valor de la mercancía, bien sean objetos de colección o de arte o antiguos, deterioro por uso u obsolescencia, destino especial sin fin de lucro, ayuda humanitaria, temporalidad de utilización, cambios de residencia, u otra causa que imposibilite la aplicación equitativa de los tipos arancelarios de normal aplicación.

Capítulo 9
Despacho aduanero de mercancías

En la práctica, la presentación a despacho aduanero de una mercancía no difiere técnica ni legislativamente de un país a otro. Las diferencias son simplemente de orden organizativo y de capacidad técnica administrativa.

La progresiva utilización de medios informáticos agiliza los procedimientos, elimina en gran medida la presentación de documentos físicos, ahorra espacio de archivo y permite una acumulación informativa muy superior y eficaz al sistema documental en papel.

En este capítulo utilizamos como referente los procedimientos que permiten la simplificación documental y la eliminación de burocracia. Aunque el proceso de los despachos de aduanas no sea exactamente igual en todos los países, las diferencias entre unos Estados y otros son menores, pues el objetivo de la gestión aduanera sigue siendo el mismo en cualquiera de ellos, es decir, el control de las mercancías en dos vertientes: el control fiscal y la seguridad.

1 Declaración sumaria

La presentación de la declaración sumaria por la empresa transportista o su representante debe realizarse de inmediato tras la llegada de la mercancía al territorio fiscal. Este trámite ha de efectuarse ante el recinto aduanero correspondiente −sea este la propia aduana o un recinto aduanero autorizado− dentro de los plazos legales, y en él deben facilitarse los datos requeridos de identificación, control y seguridad de las mercancías, así como la toma de muestras o la intervención de otros organismos afectos al comercio exterior en los ámbitos de la sanidad, la homologación o el control. La declaración sumaria, si bien puede presentarse en papel, se suele tramitar electrónicamente.

La aceptación de la declaración sumaria por la aduana es condición necesaria para que los destinatarios puedan asignar un destino aduanero a las mercancías.

2   Declaración aduanera

Todas las mercancías introducidas en un territorio fiscal, bien sea un Estado o una agrupación regional de integración económica, han de presentarse ante las autoridades aduaneras y declararse.

En el caso de una agrupación de integración económica, donde el territorio aduanero es el de la totalidad de sus Estados integrantes, una introducción a través de cualquiera de ellos es considerada como perteneciente a su conjunto. El resultado es que una vez concluidos los trámites, la mercancía puede circular libremente por toda la región sin más control aduanero.

Todos los Estados, en el marco de su soberanía fiscal, obligan a que las mercancías de entrada o de salida cumplan la obligatoriedad de ser declaradas ante el organismo aduanero, presentando una «declaración tributaria» o «pedimento fiscal». En la UE, las mercancías deben declararse mediante el documento único administrativo (DUA) (véanse los anexos 6 y 7), cuyo contenido obedece a las normas de procedimiento e instrucciones de cumplimentación, basadas en la reglamentación del código aduanero.

El DUA tiene carácter de declaración tributaria, pues en él se declaran los impuestos afectos al comercio exterior de mercancías. La tabla 18 describe la composición de este documento. La tendencia actual es la formalización de la documentación electrónicamente. En la UE, la aduana solicita que la presentación sea en formato electrónico. El formato papel ha pasado a ser utilizado en excepciones: cuando un particular hace un

DECLARACIÓN ADUANERA - DOCUMENTO ÚNICO ADMINISTRATIVO	
Ejemplar	*Funciones de cada ejemplar*
1	País de expedición o exportación
2	Uso estadístico del país de expedición o exportación
3	Expedidor o exportador
4	Aduana de destino
5	Devolución en el tránsito comunitario
6	País de destino
7	Uso estadístico del país de destino
8	Destinatario
9	Resguardo/Levante

Tabla 18. Funciones de cada ejemplar del documento de declaración aduanera o DUA.

envío sin carácter comercial o cuando el sistema informático aduanero presenta problema. El documento en formato papel consta de nueve ejemplares numerados del 1 al 9, puede ampliarse con segundas hojas en la declaración de más de una partida en el mismo DUA.

Documento único administrativo		
Serie	*Operación*	*Ejemplares*
I	Importación	6, 7, 8 y 9
ITP	Importación por EDI	8 y 9
E	Expedición o exportación	1, 2, 3, 4 y 9
ETP	Exportación por EDI	3 y 9
T	Tránsito	1, 4, 5, 7 y 9
O	Carácter comunitario	4

EDI: siglas de *electronic data interchange* o intercambio electrónico de datos.

Tabla 19. Series de ejemplares del documento único administrativo según la operación declarada.

Operaciones sujetas a la presentación del documento único administrativo

− Mercancías no comunitarias
− Importación temporal
− Importación a libre circulación, libre disposición, o a libre práctica
− Importación a consumo
− Inclusión en algún régimen aduanero
− Reexportación a terceros países
− Mercancías comunitarias
− Exportación a terceros países
− Exportación por devolución o retorno a origen
− Intercambios intracomunitarios sin aplicación del IVA
− Intercambios intracomunitarios en los que solo uno de los territorios aplique el IVA
− Despachos de exportación en un Estado miembro y salida de la mercancía por otro
− Inclusiones en depósito distinto del aduanero (DDA)
− Inclusiones en depósito fiscal exento
− Tránsito de mercancías
− Productos de la pesca
 	
   - Capturas obtenidas por buques comunitarios en aguas no comunitarias
   - Capturas en aguas no comunitarias por buques no comunitarios
   - Entradas sujetas al IVA en las que no se justifique el carácter comunitario de la pesca
   - Exportaciones realizadas desde el propio buque sin introducción en el territorio comunitario
 	
− Operaciones sobre mercancías procedentes de Ceuta o Melilla y las importaciones realizadas en ellas
− Operaciones de exportación y de importación con origen o destino en las islas Canarias

Tabla 20. Operaciones sujetas a la presentación en aduanas del documento único administrativo.

Asimismo, el DUA se presenta en series de ejemplares de acuerdo con la operación declarada (véase la tabla 19). Las operaciones sujetas a la presentación de este documento ante las autoridades aduaneras se detallan en la tabla 20.

Con criterio similar a lo citado, todos los países han desarrollado una legislación de procedimiento aduanero similar a la existente en la UE.

3   Declaración de importación

Cuando una mercancía llega a un territorio fiscal se le aplica el régimen de importación. En la UE, la declaración que se efectúa mediante el DUA puede inscribirse en los siguientes procedimientos:

- **Importación temporal**

  Este concepto difiere según las legislaciones. En unas, se entiende que la mercancía es importada temporalmente y será devuelta en el mismo Estado, sin haber sufrido ninguna modificación. Estas operaciones serían, por ejemplo, las realizadas para la asistencia a ferias y exposiciones, pruebas y prospecciones comerciales, o el alquiler por un tiempo determinado.

  En otras legislaciones se permite la importación para sufrir transformación, adquiriendo un valor añadido que estará gravado con los aranceles correspondientes al reimportarse en el país exportador. Esté régimen también se conoce como régimen de perfeccionamiento activo o admisión temporal.

- **Importación definitiva, a libre disposición o libre práctica**

  Permite la libre circulación de mercancías por el territorio fiscal aduanero del país receptor o agrupación de Estados de la misma área fiscal, cumpliendo exclusivamente las normas de comercio exterior (aranceles y seguridad), es decir, declarando e ingresando los aranceles de las mercancías y cumpliendo las normas de seguridad de ellas, pero sin valorar la imposición indirecta sobre el consumo. Esta circunstancia viene motivada porque la mercancía queda depositada sin consumir o porque la importación se realiza a través de un Estado distinto al de su consumo, como puede suceder en el caso de una agrupación de Estados con integración económica. Esta situación fiscal está prevista en el artículo 201 del Reglamento (UE) 952/2013.

  Por tanto, la importación definitiva o a libre disposición implica el pago de los derechos de importación y de cualquier otro gravamen aduanero, la aplicación de las medidas de política comercial y el cumplimiento de las demás formalidades de la importación, lo cual confiere a las mercancías no comunitarias el estatuto aduanero de mercancías comunitarias. Sin embargo, no se percibe la imposición indirecta, como el IVA o los impuestos especiales.

Haciendo un paralelismo con otras legislaciones aduaneras, este caso podría asimilarse a una importación «imperfecta», es decir, que la mercancía importada no puede consumirse hasta que se devengue la imposición indirecta.

- **Importación a consumo**

  Este procedimiento de importación general, además de aplicar las disposiciones legales de la importación (o de libre práctica en la UE), referidas al control arancelario, fiscalidad sobre las mercancías, cumplimiento de las normas administrativas, comerciales, de seguridad y de los convenios internacionales, genera el cálculo de la deuda aduanera y del devengo de la imposición indirecta afecta a la mercancía, lo cual equivale a permitir el «consumo» de esta.

- **Mercancías de retorno**

  De acuerdo con este procedimiento, una mercancía exportada en régimen de exportación definitiva puede retornar al país exportador, dentro del plazo reglamentario con exención arancelaria a la importación. Generalmente, el plazo legal para esta operación es de tres años, prorrogable en casos especiales (en la UE está previsto en el artículo 203 de Código Aduanero).

  A petición del interesado, estas mercancías quedan exentas de los derechos de importación, justificando los motivos del retorno, excepto si fueron exportadas en régimen de perfeccionamiento activo o pasivo (véase el capítulo 10, apartados 4 y 5) y regresan con la transformación prevista, o si percibieron restituciones o ayudas a la exportación, pues se beneficiarían de unas ventajas fiscales impropias y contrarias a derecho.

- **Destrucción**

  Las legislaciones en materia aduanera prevén casos excepcionales de extinción de la deuda aduanera por condonación, compensación o devolución, en aquellas situaciones, debidamente justificadas, que imposibiliten su utilización.

  En la práctica comercial, la comprobación de defecto o incumplimiento contractual pueden hacer inservible la mercancía para el fin propuesto, permitiendo su destrucción bajo control aduanero y con gastos a cargo de la empresa importadora. Igualmente, puede solicitarse la exención aduanera en aquellos casos de desaparición, pérdida, caso fortuito o fuerza mayor o de destrucción por mandato de la autoridad. En esos supuestos, los gastos que se generasen serían a cargo de la empresa importadora.

- **Abandono**

  Las mercancías pueden ser abandonadas por el titular del régimen de importación en beneficio del Estado, que dispondrá de ellas y las enajenará en pública subasta.

En otras ocasiones, el abandono a favor de la hacienda pública se produce por la actuación de las autoridades aduaneras, al adoptar las medidas necesarias, inclusive el decomiso y la venta o la destrucción de las mercancías, con gastos a cargo de la empresa importadora, por incumplimiento de la normativa legal, como sería:

– Imposibilidad de realizar el examen de las mercancías en los plazos establecidos.
– Falta de los documentos exigidos para el despacho aduanero.
– No haber sido pagados o garantizados los derechos de importación o de exportación.
– Por tratarse de mercancías prohibidas.
– No retirar las mercancías de los recintos aduaneros en los plazos requeridos. Cuando las mercancías no cumplen con la declaración.
– Por el simple abandono a favor del Estado.

1.1 Despacho aduanero a libre práctica

Se trata de una modalidad de despacho de importación, habitual en la UE, para las mercancías que hayan liquidado los derechos de importación, así como cualquier otro gravamen preceptivo de la legislación aduanera, que cumplan las medidas de política comercial, de prohibiciones y restricciones, y las formalidades aduaneras. Esas mercancías no pertenecientes a la UE adquieren el estatuto de mercancías de la Unión, conocidas como «mercancías despachadas a libre práctica». Pueden circular por el espacio comunitario e incluso a través de terceros países, por ejemplo de Alemania a Grecia, al amparo de una declaración aduanera T2.

Esa declaración T2, o emitida por el equivalente procedimiento informático, indica que la mercancía ha pagado los derechos arancelarios pero no los impuestos al consumo, como el IVA. Por tanto, no se puede consumir a falta de liquidar ese impuesto y, en consecuencia, el perceptor final ha de hacerse cargo de la imposición indirecta al consumo, si desea consumirla. En caso contrario deberá asignarse un régimen fiscal suspensivo.

1.2 Despacho aduanero a consumo

Referido a las importaciones que han liquidado los derechos de aduanas más la imposición indirecta, bien sea ingresando el importe de los derechos y el IVA a la aduana de importación, o bien liquidando el IVA por el sistema de pago diferido (véase el apartado 7.1 de este capítulo).

El despacho a consumo, declaración aduanera T2 en la UE, implica que la mercancía importada puede consumirse.

4   Declaración de exportación

Aunque las legislaciones de exportación sean similares en todos los Estados, existen procedimientos administrativos distintos en función de las necesidades económicas y de los medios técnicos disponibles.

En las salidas de mercancías de un territorio aduanero, según su legislación y las necesidades de la empresa exportadora, las declaraciones pueden otorgarse en varias modalidades de declaración aduanera:

- **Declaración previa a la salida**

  Las mercancías que vayan a salir del territorio aduanero irán amparadas por una declaración previa, que se presentará con anterioridad en la aduana competente dentro de un plazo determinado.

  Esta declaración previa, puede ser:

  - Una declaración de aduana, siempre que las mercancías vayan a salir del territorio aduanero y así lo requiera la legislación.
  - Declaración de reexportación de mercancías previamente importadas.
  - La propia declaración sumaria en defecto de los dos supuestos anteriores.

  Las declaraciones sumarias las presenta el propia empresa transportista, la exportadora o su representante, aceptándose para su presentación la utilización de sistemas de información comercial, portuaria o relativa al transporte, siempre que contengan los datos necesarios para dicha declaración y que tales datos estén disponibles dentro de un plazo determinado anterior a la salida de las mercancías del territorio aduanero. Los operadores económicos pueden utilizar sistemas informáticos en sustitución de las plicas documentales, siempre y cuando esté garantizada la información requerida.

- **Dispensa de presentación de declaración de exportación**

  Como consecuencia de los convenios internacionales suscritos por los Estados, las legislaciones prevén unos casos de dispensa, como son:

  - Los medios de transporte y las mercancías que se hallen en ellos que se limiten a atravesar las aguas territoriales o el espacio aéreo.
  - Los vehículos de transporte por carretera que atraviesen Estados circulando al amparo de acuerdos internacionales, como el Convenio TIR, si lo hacen por carretera en países de Europa, Asia y el norte de África, o del Convenio TIF, si lo hacen por ferrocarril, pues ambos convenios autori-

zan el tránsito de mercancías sin necesidad de inspección aduanera, salvo causa justificada.

- **Exportación definitiva. Formalidades de salida**
  La mercancía que vaya a salir del territorio aduanero debe ser presentada en aduana para su despacho, declarándola en el documento acreditativo correspondiente o por medios informáticos a la Administración de aduanas, quién autoriza la salida del territorio aduanero.

  Las mercancías serán presentadas en aduana en el momento de la salida por una de las siguientes personas:

  - La que saque las mercancías del territorio aduanero.
  - La persona en cuyo nombre o por cuya cuenta actúe la que saque las mercancías del territorio aduanero.
  - La que asume la responsabilidad de transportar las mercancías antes de la salida del territorio aduanero.

  Las autoridades aduaneras concederán el levante (documento de autorización) para la salida a condición de que las mercancías correspondientes salgan del territorio aduanero en el mismo estado en que se encontraban en el momento de la admisión de la declaración en aduana, de la declaración de reexportación o de la presentación de la declaración sumaria.

  En el caso de la UE, la empresa exportadora justifica la operación con el ejemplar 3 del DUA o documento de acompañamiento de exportación (DAE) (véase el anexo 8) si ha salido del territorio aduanero por una aduana distinta a aquella en la que fue presentada la declaración.

- **Exportación temporal**
  Este concepto difiere según las legislaciones. En unas significa una exportación para sufrir transformación sustancial en el exterior, como incorporar la mercancía en un montaje, confeccionar con ella una vestimenta o incluirla en un bien de equipo. En otras legislaciones, la mercancía exportada, sin sufrir ninguna transformación o modificación regresa en el mismo estado que se exportó, como sería el caso del envío de muestras, artículos destinados a una exposición artística, o el alquiler de un bien de equipo. En todos los supuestos citados, la mercancía sale temporalmente y regresa con posterioridad.

  Sin embargo hay que considerar si la mercancía sufre o no transformación. Cuando la mercancía ha sido transformada, se ha incorporado un valor añadido en el exterior y, en consecuencia, deberá gravarse en el acto de la reimportación, con el impuesto arancelario sobre el valor de esa transformación. Por el contrario, la mercancía que regresa en el mismo estado de salida, no ha incorporado ningún valor añadido y, por tanto, estará exenta de impuesto arancelario en la reimportación.

Por ello, hay que cerciorarse del contenido de la norma legal aplicable y conocer cuáles son las obligaciones fiscales en función del tratamiento dado a la mercancía.

En consecuencia, proponemos dos definiciones de exportación temporal:

- Mercancía exportada temporalmente, declarada ante la aduana de salida del territorio aduanero, por un plazo determinado y para regresar sin haber sufrido ninguna transformación. A su regreso, la reimportación estará exenta de los derechos arancelarios.
- Mercancía exportada temporalmente para ser transformada, en cuyo caso se deberán ingresar los derechos arancelarios correspondientes a la transformación realizada en el exterior. Ese supuesto, suele denominarse exportación con transformación o tráfico de perfeccionamiento, regímenes que trataremos en el capítulo 10, Regímenes y destinos aduaneros.

- **Exportación temporal con cuaderno ATA**

Sobre la base del Convenio Aduanero de Admisión Temporal de Mercancías (ATA), conocido como Convenio de Bruselas, de 6 de diciembre de 1961, del Consejo de Cooperación Aduanera y de las partes contratantes del GATT, con el concurso de la Organización de las Naciones Unidas para la Educación, la Ciencia y la Cultura (Unesco), y, posteriormente, por el Convenio de Estambul de 26 de junio de 1990, este supuesto de exportación permite que la admisión temporal de mercancías en el país de destino disfrute de franquicia arancelaria.

Para aplicar este procedimiento, la empresa exportadora debe solicitar a su cámara de comercio el cuaderno ATA (véanse los anexos 10A y 10B), previo depósito de una cantidad monetaria como garantía de retorno equivalente a una cuantía entre el 50 y el 100 % del valor declarado de la mercancía. Las mercancías regresarán en el mismo estado en que fueron exportadas.

Estos cuadernos tienen validez para un año, indican los países en que pueden ser utilizados y el detalle de las mercancías. Su uso está condicionado a material profesional y a la presentación o utilización de mercancías en ferias, exposiciones, congresos y manifestaciones similares.

Las mercancías que deban ser objeto de elaboración o transformación, o incluso de reparación, no podrán importarse al amparo de un cuaderno ATA, pues el objetivo de este cuaderno no es la puesta en producción, salvo la ejecución de pruebas en prospecciones comerciales.

- **Exportación temporal con cuaderno CPD**
  Similar al ATA, el Convenio Aduanero sobre cuadernos CPD (siglas de *carnet de passage en douane),* también incluido en el Convenio de Estambul de 26 de junio de 1990, permite exportar temporalmente material profesional, mercancías para ferias y exposiciones y mercancías como muestras comerciales. Su obtención y sus características y obligaciones son similares a las de los cuadernos ATA (véanse los anexos 11A y 11B).

5   Tipo de cambio de aplicación en las declaraciones aduaneras

Ante al problema de las fluctuaciones monetarias, los Estados establecen un tipo de cambió único para utilizar en las declaraciones aduaneras durante un periodo de tiempo determinado, Ese tipo de cambio suele ser por un mes, siempre y cuando no existan fluctuaciones cambiarias superiores a un porcentaje determinado.

Ejemplo de numeración del DUA

Observemos, a modo de ejemplo, la numeración del siguiente código DUA:

- 23ES00080130031058

Con arreglo a la codificación de sus caracteres, podemos extraer los datos que se enumeran a continuación:

- Año: 2023 (23)
- País: España (ES)
- Código de aduana: aeropuerto de Barcelona (000801)
- Tipo de operación: importación (3)
- Número de declaración: 003105
- Dígito de control: 8

Al objeto de visualizar la numeración completa, se autoriza la inclusión de espacios de acuerdo con estas posibilidades:

- 23ES0019413 003105 8
- 23 ES001941 3 003105 8

A título de ejemplo, el tipo de cambio monetario de aplicación respecto al euro para todas las operaciones aduaneras está detallado en el artículo 169 del Reglamento (CEE) 2454/93, y ratificado en el artículo 146 del Reglamento de Ejecución (UE) 2015/2447. En este se indica que el tipo de cambio aplicable será el correspondiente al penúltimo miércoles de cada mes, fijado por el Banco Central Europeo y publicado ese mismo día por dicho banco o al día siguiente en el *Diario Oficial de la Unión Europea (DO)*, que será de aplicación para todo el mes siguiente, salvo variaciones superiores al 5 %.

Con este procedimiento cambiario se consigue una cierta estabilidad en el tipo de cambio que utilizan los operadores económicos y las administraciones aduaneras, lo cual facilita la labor de confección de las bases de valor de las declaraciones tributarias.

6   Declaraciones y liquidaciones tributarias

Como ya se dijo, la declaración aduanera, pedimento o DUA es el documento tributario que debe presentarse ante las autoridades para formalizar una operación aduanera de importación, exportación o tránsito. En dicha declaración se identifican todos los elementos que intervienen en la operación, a saber: sujeto pasivo, su representante, destinatario o expedidor, mercancía y codificación, régimen de comercio, valores, divisa, tipo de cambio, condiciones de entrega, liquidación de derechos y demás condiciones contractuales.

La numeración de las declaraciones está regulada por la administración pública. Como ejemplo de su aplicación en la UE, en el caso de España consta de dieciocho caracteres, cuyo significado se desglosa en la tabla 21.

DOCUMENTO ÚNICO ADMINISTRATIVO	
Carácter	*Contenido*
1.º y 2.º	Dos primeros dígitos del año en curso
3.º y 4.º	Código ISO del país emisor
Del 5.º al 17.º	Código alfanumérico. En España se descompone como sigue: – Del 5.º al 10.º: código de recinto, al que se anteponen dos ceros – 11.º: tipo de documento (1 para indicar que es una exportación y 3 para indicar que se trata de una importación) – Del 12.º al 17.º: número de registro correlativo por cada código de recinto
18.º	Dígito de control

Tabla 21. Codificación de los caracteres en la numeración del documento único administrativo.

7   Plazos para el ingreso de las liquidaciones aduaneras

En función de la normativa fiscal de cada Estado, las liquidaciones aduaneras pueden ingresarse en el momento de presentar la declaración ante la aduana, abonando el importe total de los derechos, o bien en un plazo máximo, que suele ser de treinta días después de su presentación. En la práctica, esta última opción es la más empleada.

Para que la Administración de aduanas conceda un plazo de treinta días, es necesario que la deuda tributaria esté garantizada por un aval bancario o una compañía de seguros, por lo que se establece una cuenta corriente entre el sujeto pasivo importador-declarante y la aduana. De este modo, pueden presentarse declaraciones mientras exista saldo positivo de aval disponible. En caso de agotar el saldo del aval, es posible adelantar los pagos a la hacienda pública, liberalizando el aval, o incrementar el importe del monto garantizado aportando nuevos avales.

El uso de sistemas informáticos ha acuñado el concepto de «aduana sin papeles», que permite presentar las declaraciones y demás documentos a través del intercambio electrónico de datos o EDI *(electronic data interchange)*.

En España, las liquidaciones tributarias son ingresadas en la cuenta de la Agencia Estatal de Administración Tributaria (AEAT) con el documento de pago en periodo voluntario, cuyo modelo (031) figura en el anexo 9, utilizándose habitualmente el sistema electrónico.

7.1   Liquidación de impuesto indirecto IVA a la importación

La imposición indirecta del IVA a la importación se liquida a la hacienda pública conjuntamente con los derechos arancelarios y demás tasas a la importación. Sin embargo, algunos países, en su legislación, permiten que el IVA se liquide conjuntamente con el resto del impuesto por compraventas interiores, en los plazos reglamentarios. Para ello, los sujetos pasivos del impuesto han de solicitarlo a la Administración, en el sistema, denominado «IVA diferido».

7.2   Liquidación de impuestos especiales a la importación

Los impuestos especiales a la importación, en España, se liquidan a la Hacienda pública conjuntamente con los derechos arancelarios y demás tasas a la importación.

8   Canales de información del despacho aduanero

Una declaración aduanera se puede presentar ante las dependencias de aduanas por el propio sujeto pasivo o por su representante aduanero autorizado, cumpliendo los requisitos requeridos por la autoridad aduanera, que puede ser un agente de aduanas o una empresa autorizada de comercio exterior, generalmente una empresa transitaria o agente de carga.

El sistema de transmisión de datos a la aduana se realiza habitualmente vía EDI –aunque también puede efectuarse presentando una plica documental–, que proporciona una de las cuatro respuestas o canales, siguientes:

- **Error**

  Cuando la información presentada no puede validarse, por ser incompleta o deficiente, se reenvía automáticamente al emisor con la clave del error detectado.

- **Amarillo**

  Referido a las legislaciones que autoricen, antes de la llegada de la mercancía, la presentación de una «pre-declaración de importación», o «pre-DUA de importación» en la legislación de la UE. Para ello se precisa la obtención del número de referencia del manifiesto o MNR *(manifest reference number)*, solicitándolo a los servicios aduaneros, el cual debe incluirse en las solicitudes de certificado de los Servicios de Inspección Fronteriza al objeto de vincularlos a la posterior declaración o DUA de importación. Este procedimiento agiliza la obtención de las certificaciones, así como la preparación de la inspección física y documental de las mercancías.

- **Verde**

  La declaración es validada y numerada, hecho que justifica la fecha del levante de la mercancía. Por tanto, esta queda despachada sin más trámites.

- **Naranja**

  El despacho aduanero ha de someterse a control documental, por lo que debe facilitarse la documentación requerida por vía física o telemática.

- **Rojo**

  Expresa la necesidad de reconocer físicamente la mercancía; en consecuencia, debe fijarse una cita para su comprobación.

9   Representante aduanero

Las legislaciones aduaneras prevén la figura del representante aduanero como la persona autorizada para realizar despachos aduaneros por cuenta de sus comitentes.

En algunas legislaciones la representación está restringida a las agencias de aduanas, mientras que en otras también se admite la actuación de empresas transportistas internacionales, empresas transitarias o de cualquier persona capacitada o que reúna las condiciones exigidas por la reglamentación aduanera.

En la UE, el artículo 18 del CAU, Reglamento 952/2013, admite que toda persona podrá nombrar a un representante aduanero. Esta representación puede ser directa, en cuyo caso el representante aduanero actúa en nombre y por cuenta de otra persona, o indirecta, actuando en su propio nombre, pero por cuenta de otra persona. Para la actuación del representante aduanero se requiere poder de representación, indicando si actúa directa o indirectamente; a falta de ese poder se entenderá que actúa en su propio nombre y por cuenta propia.

Los Estados miembros de la UE pueden determinar las condiciones en las que un representante aduanero puede prestar servicios en el Estado en que esté establecido. No obstante, dicho representante, de forma general, podrá prestar servicios en cualquier otro Estado miembro si cumple las siguientes condiciones:

- Inexistencia de infracciones graves o reiteradas de la legislación aduanera y de la normativa fiscal, en particular que no haya habido condena alguna por delito grave en relación con la actividad económica del solicitante.
- Demostración por el solicitante de un alto nivel de control de sus operaciones y del flujo de mercancías, mediante un sistema de gestión de los registros comerciales y, en su caso, de los registros de transporte, que permitan la correcta realización de los controles aduaneros.
- Solvencia financiera, la cual se considerará acreditada cuando el solicitante tenga un buen nivel financiero que le permita cumplir con sus compromisos, teniendo debidamente en cuenta las características del tipo de actividad de que se trate.
- Disponer de un nivel adecuado de competencia de cualificaciones profesionales directamente relacionadas con la actividad que ejerza.

También está prevista la actuación de representantes aduaneros no establecidos en la UE, si cumplen las condiciones determinadas, en conformidad con el derecho de la Unión.

10   Documentación del despacho aduanero

Cuando se presenta una documentación ante la aduana para su despacho en cualquier régimen aduanero (importación general o a consumo, exportación definitiva o temporal, perfeccionamiento activo o pasivo, circulación de mercancías en tránsito o cambio de ubicación, o cualquier otra operación bajo vigilancia aduanera), debe adjuntarse una serie de documentos que justifiquen de manera fehaciente la operación.

Aunque cada país establece el procedimiento documental adecuado a sus propias necesidades operativas, enunciamos a modo de ejemplo una relación de los documentos más habituales que se deben adjuntar a la presentación de la declaración aduanera.

10.1   Factura comercial

Debe estar confeccionada de acuerdo con las normas fiscales de cada Estado.

10.2   Certificado de origen

Los certificados de origen más comunes son emitidos por las cámaras de comercio o por la autoridad aduanera, como el certificado de circulación de mercancías EUR-1, el certificado FORM A o el certificado de circulación ATR. También se admiten las certificaciones en factura con el número de exportador autorizado (véase el capítulo 7, «El origen de las mercancías», apartado 4), las cuales serán obligatorios en la medida que substituyan a los certificados emitidos en papel.

10.3   Valor en aduana

En ocasiones debe acompañarse un desglose de los costos de la operación hasta determinar la base del valor. En la UE, el documento DV1 se adjunta a las operaciones superiores a 20.000 €, comunicando la existencia de vinculación entre la empresa compradora y la vendedora, elementos contractuales que influyan en el precio y el desglose de los conceptos económicos declarados para hallar el valor en aduana a efectos impositivos.

10.4   Documentación de transporte

- Conocimiento de embarque marítimo o BL *(bill of lading)*.
- Conocimiento FIATA para el transporte combinado o FBL *(forwarders bill of lading) (negotiable FIATA combined transport bill of lading)*.
- Conocimiento de embarque aéreo o AWB *(air way bill)*.
- Carta de porte ferroviario (CIM).
- Carta de porte por carretera (CMR).
- Cuaderno TIR (siglas del convenio internacional de ámbito aduanero *Transport International Routier)*.

– Certificado de recepción del transitario o FCR *(forwarders certificate receipt)*.
– Lista de carga *(packing-list)*, en el transporte de varios bultos.

10.5 *Documentación según la clase o función de la mercancía*

Según la clase de mercancía, su función, la seguridad, los tratados internacionales y la política aduanera aplicable, puede exigirse:

- Licencia o autorización de importación, en el régimen aduanero que corresponda.
- Autorización de contingente, en los casos que proceda.
- Licencia de exportación AGREX para productos agrícolas.
- Certificados de los servicios de inspección en frontera (farmacia, sanitario, fitosanitario, etc.).
- Certificado de homologación.
- Certificado de baja tensión.
- Certificado de seguridad.
- Certificado de pesos.
- Certificado de análisis.
- Justificaciones técnicas y de diseño.
- Catálogos y fotografías.
- Cualquier otro documento que se estime conveniente por la Autoridad aduanera.

En el supuesto de la existencia de una deuda tributaria, deberá emitirse una «carta de pago» para el posterior ingreso en el departamento de aduanas o tesorería de la hacienda pública en los plazos reglamentarios de la deuda tributaria, la cual puede tener varios impuestos diferenciados:

- Arancel de la renta de aduanas.
- Derechos *antidumping* o antisubvención.
- Impuesto sobre el valor añadido.
- Impuestos especiales.

10.6 *Importaciones temporales*

En los casos de estas importaciones (no bajo Convenio ATA o CPD), puede exigirse a las declaraciones aduaneras la presentación de garantía bancaria o depósito en metálico por un importe equivalente a la deuda tributaria arancelaria suspendida.

10.7   Declaraciones de tránsito

En estas operaciones de traslado o cambio de ubicación de las mercancías, suele exigirse una garantía económica como medida cautelar. Sin embargo, existen excepciones a las empresas que gozan de la certificación de operador económico autorizado, cuando el traslado es en una misma demarcación aduanera (ver apartado 1, del capítulo 10, «Regímenes y destinos aduaneros»).

11   Ejemplos de cálculo de deuda tributaria a la importación

Cabe subrayar que los datos de los ejemplos de deuda tributaria que se presentan a continuación son a título indicativo.

11.1   Caso 1. CIF puerto Lázaro Cárdenas – Estado de Michoacán (México)

Supongamos que hay que importar un robot para la industria del automóvil, con destino final al puerto de Lázaro Cárdenas, Estado de Michoacán, conociendo los siguientes datos:

- Peso bruto: 1.215 kg.
- Peso neto: 1.050 kg.
- Volumen: 18 m^3.
- Transporte marítimo desde el puerto de Tokio (Japón) al de Veracruz (México) en un contenedor de 20'.
- Origen de la mercancía: Japón.
- Importe total CIF: 50.000 $
- Condición de entrega (reglas Incoterms): CIF puerto Lázaro Cárdenas.

Para calcular el arancel y el IVA a la importación, lo primero que debe hacerse es conocer la codificación arancelaria, que para esta mercancía sería: 84 79 50 00 00.

Por la codificación conocemos la política comercial de aplicación, los aranceles a pagar, los impuestos indirectos que gravan la importación, si hay algún convenio preferencial arancelario por el origen, o cualquier otra norma legal de aplicación. Siendo la mercancía originaria de Japón, consideramos que no hay ningún beneficio sobre los aranceles y la mercancía es liberada. El tipo de arancel para este código arancelario, supongamos, es el 1,7 % y el IVA, del 16 %.

Como el destino de la mercancía es el puerto de Lázaro Cárdenas en la costa mexicana del Pacífico, el valor en aduana coincide con el importe de la factura de venta, ya que la regla Incoterms CIF incluye el valor de la mercancía con transporte y seguro hasta el puerto de destino, primer punto de introducción en México. Por lo tanto, el cálculo del arancel será:

$$50.000\ \$ \times 1,7\% = 850\ \$ \text{ de arancel de aduanas.}$$

Para el cálculo de la imposición indirecta, del impuesto sobre el valor añadido o IVA a la importación hemos de tener en cuenta los demás gastos que se produzcan antes de pasar la aduana en el puerto de Lázaro Cárdenas, pues según las legislaciones son viables dos posibilidades. Una es que cada empresa que presta servicios en las terminales facture al importador su servicio con el IVA correspondiente, y otra posibilidad es que se incluya en la base de la liquidación de importación, resultando dos cuotas, una por los derechos arancel y la otra por el IVA.

En función de la normativa fiscal, la compañía consignataria del buque o del transporte en general, tendrá que liquidar a la autoridad portuaria o a la terminal que proceda la tarifa de muellaje, y también puede ser obligación legal repercutir algún otro gasto adicional, como la manipulación, conocida como *terminal handling charge* (THC), si la autoridad de la terminal no le factura *a posteriori* ese concepto con IVA, a ella o a la empresa importadora, comportaría liquidar el impuesto indirecto IVA junto con los conceptos arancelarios de la declaración aduanera.

Considerando que la tarifa de muellaje marítimo es una tarifa oficial, que para ese código arancelario supongamos es de 3,96 $ por tonelada (t) y 9 $ por contendor de 20', tendremos el importe siguiente:

$$1{,}215\ t \text{ peso total} \times 3{,}96\ \$ = 4{,}81\ \$ + 9\ \$ \text{ contenedor} = 13{,}81\ \$ \text{ tarifa de muellaje.}$$

Sin embargo, es posible que la compañía consignataria del buque, que liquida las cuantías citadas de la tarifa de muellaje a la autoridad portuaria, facture a la empresa importadora directamente a través de las consignatarias y transitarias algo más como beneficio comercial, por ejemplo lo siguiente:

$$1{,}215\ t \text{ peso bruto, redondeo a 2 t y } 3{,}96\ \$/t, \text{ redondeo } 4\ \$/t.$$
$$\text{En consecuencia: } 2\ t \times 4 = 8\ \$.$$

Con idéntico criterio, respecto al muellaje del contenedor, la consignataria en lugar de 9 $ aplica 11 $.

Por tanto, por el concepto de muellaje portuario se facturarán por la consignataria del buque: 8 $ por la mercancía y 11 $ por el contenedor, en total 19 $.

El total será de 19 $ en lugar de 13,81 $, lo que representa un mayor costo de 5,19 $.

Como sea que la factura que dispondremos, como importadores, será con una tarifa de muellaje total de 19 $, esa será la cuantía a tener en cuenta en el cálculo del IVA.

Otro costo que se produce antes del despacho aduanero es la manipulación portuaria o THC. Esta manipulación consiste en la descarga del contendor del buque o de otro medio de transporte, la colocación sobre la plataforma transportadora o el movimiento con grúas portacontenedores, o bien con carretillas o montacargas portapalés y su ubicación en la explanada. Supongamos que esas operaciones son facturadas por un total de 180 $. Ese importe es de libre comercio, pues cada consignataria aplica sus tarifas. Si el THC debe incluirse en la declaración de aduana de importación, también llamado pedimento, su importe forma parte de la base imponible del impuesto indirecto IVA. Si fuese facturado por la consignataria del buque directamente a la empresa importadora o su representante, no debe incluirse en la base aduanera del IVA, pues el impuesto estará en la correspondiente factura del servicio.

A efectos de este ejemplo, supongamos que el impuesto sobre el IVA del THC se incluye en la declaración de importación. En este supuesto los conceptos del cálculo de la base son:

Valor de la mercancía en condiciones CIF	50.000,00
Arancel	850,00
Tarifa de muellaje	19,00
THC	180,00
TOTAL	51.049,00
Tipo IVA 16 %	8.167,84 $

Importe total de la deuda aduanera a ingresar a la hacienda pública:

Por arancel	850,00
Por IVA	8.167,84
Total a ingresar a la hacienda pública	9.017,84 $

Actualmente, en la UE solamente se garantiza el arancel y no el IVA.

Este ingreso acostumbra a realizarse en un plazo máximo de treinta días, a contar desde la fecha de la presentación de la declaración de importación, en el supuesto de estar avalada la deuda tributaria. En caso contrario, debe realizarse al contado.

Según la normativa, en algunos países se permite que el sujeto pasivo importador pueda liquidar el arancel directamente a la hacienda pública. También puede la empresa importadora estar autorizada a ingresar el IVA directamente a la hacienda pública, previa solicitud del procedimiento denominado «IVA diferido», realizando el pago de la cuota en el periodo de devengo habitual que le corresponda, tal y como se ha comentado anteriormente en el apartado 7.1.

11.2   Caso 2. DPU Guadalajara, Estado de Jalisco, calle Lafayette

Supongamos el mismo caso anterior, pero con asistencia técnica al montaje por un importe de 10.000 $ y que la condición de entrega sea DPU, en lugar de CIF puerto de Lázaro Cárdenas. En este caso el importe total será de 60.600 $, según el desglose indicado más abajo, por causa de la regla Incoterms DPU lugar Guadalajara y descargado en calle Lafayette, n.º 60.

En este supuesto hay una serie de gastos incluidos en el importe total DPU, que están exentos de aranceles. Para calcular las bases de los impuestos correctamente es conveniente que en el contrato de compraventa y en la factura estén debidamente desglosados los conceptos, pues en caso contrario se liquidarían aranceles por el importe total de la compra.

Veamos los conceptos incluidos en el total de 60.600 $ DPU Guadalajara:

Importe del robot	50.000
Asistencia técnica	10.000
Tarifa de muellaje	19
THC	180
Transporte desde el puerto Lázaro Cárdenas a la ciudad de Guadalajara	401
Total en condiciones DPU Guadalajara	60.600 $

- Para calcular el arancel a ingresar a la hacienda pública, es preciso determinar la base arancelaria:

Valor de la factura	60.600
Deducción por asistencia técnica	−10.000
Tarifa de muellaje exenta de arancel	−19
THC exento de arancel	−180
Deducción transporte interior en México	−401
Total base arancelaria (equivalente a CIF puerto)	50.000
Arancel al 1,7 % sobre 50.000	850 $

Los valores negativos del ejemplo tendrán su propia factura, con su correspondiente IVA.

- Para el cálculo del impuesto indirecto IVA se debe tener en cuenta los conceptos siguientes:

Valor mercancía DPU	60.600
Arancel	850
Total base IVA	61.450
IVA al 16 % sobre 61.450	9.832 $

El importe total a ingresar a la hacienda pública será:

Por arancel	850
Por IVA	9.832
Total a ingresar a la hacienda pública	10.682 $

Actualmente, en la UE solamente se garantiza el arancel y no el IVA.

El detalle de los conceptos anteriores suele realizarse en documentos específicos: escandallo de costos, declaración de los conceptos de valor, bases y deducciones, etc. El valor de las mercancías, a efectos aduaneros, es el importe en condición equivalente al valor CIF punto de introducción. Por lo tanto, aquellos conceptos del costo incluidos en el precio, posteriores al despacho aduanero, no son base arancelaria, y por consiguiente, la normativa permite su deducción si están incluidos en el precio total. Por el contrario, esos conceptos habrán de incluirse en la base del impuesto indirecto sobre el consumo, como el IVA, pues han sido realizados con posterioridad al despacho aduanero.

11.3 Caso 3. FOB Hong-Kong (origen China), destino al puerto de Paita (Perú)

Supongamos que hay que importar 10.000 pantalones cortos de algodón originarios de China, comprados en condiciones FOB Hong-Kong, y disponemos de los siguientes datos:

- Precio unitario: 5 $.
- Peso total neto: 3.000 kg.
- Peso total bruto: 3.800 kg.
- Debidamente embalados ocupan 11 palés de 1 × 1,2 × 1,5 m de altura, acondicionados en un contenedor marítimo de 20'.
- Destino: puerto de Paita, en Perú.

En este supuesto, al ser una compraventa en condiciones FOB, debemos contratar el transporte y, opcionalmente, el seguro sobre la mercancía desde Hong-Kong hasta el puerto de Paita, aunque es aconsejable asegurar hasta el punto de destino final en la ciudad de Piura, avenida Sánchez Cerro, n.º 200, a 55 km del puerto. Para ello, solicitamos ofertas a varias empresas transitarias marítimas, y aceptamos una con las siguientes condiciones:

- Contenedor de 20'.
- Costo del flete: 600 $.
- Seguro del 0,3 % del valor declarado de la mercancía.
- Gastos de despacho aduanero: 150 $.
- Gastos de la consignataria y manipulación: 180 $.
- Transporte a la población de Piura: 400 $.
- Tarifa de muellaje y contenedor: 16 + 11 = 27 $.

Para calcular el costo de esta importación es necesario tener en cuenta una serie de conceptos.

Hay que comprobar que la codificación arancelaria sea la 61 04 62 00 00, con un arancel del 12 % para el origen China y un IVA del 16 %. No existiendo ningún beneficio arancelario por ser originario de China, y como política comercial, goza de libertad comercial y pasa el control de calidad a la importación.

A efectos de calcular la base de la póliza de seguro, las reglas Incoterms especifican que, como mínimo, esta ha de ser al 110 % del valor de la mercancía. Es conveniente realizar un cálculo aproximado del costo total hasta el destino, ya que al vaciar el contenedor en el punto de llegada será cuando se observe la existencia de daños sobre la mercancía, pero en ese lugar, la mercancía ya ha soportado todos los costos hasta el destino como los aranceles, gastos de despacho, manipulación y transporte interior. Por ello es conveniente realizar un escandallo aproximado de costos a efectos de calcular la base del seguro, el cual sería:

Valor FOB 10.000 × 5 $/u	50.000
Transporte marítimo	600
Arancel: 12 % de 50.600	6.072
Despacho de aduana	150
Gastos THC	180
Tarifa de muellaje	27
Transporte a Piura	400
Suma	57.429 $

Por lo tanto, hay unos costos adicionales de 7.429 $ sobre el valor FOB de 50.000 $, dando un costo total de 57.429 $.

El importe de 57.429 $ equivale al 14,858 % de incremento sobre al valor del contrato de 50.000 $.

Ya que, 7.429 $ × 100 / 50.000 = 14,858 %.

Redondeando al 15 % de incremento, la base del seguro debería ser del orden del 115 % del valor de compra, en lugar del 110 % (recordar que 110 % es un mínimo admitido por las reglas Incoterms). Considerar que, en caso de accidente, el daño será comprobado al descargar la mercancía en el destino final.

Cálculo del importe del seguro:

0,3 % (50.000 + 15 % de 50.000) = 0,3 % de 57.500 = 172,50 $

(equivalen al 0,3 % de 57.429 $ = 172,29 $).

- Para calcular el arancel es necesario realizar la siguiente operación:

Valor mercancía FOB Hong-Kong	50.000
Transporte Hong-Kong a Lázaro Cárdenas	600
Seguro	172,50
Valor en posición CIF Lázaro Cárdenas	50.772,50 $
Arancel al 12 % de 50.772,50	6.092,70 $

- Para calcular el IVA es necesario realizar la siguiente operación:

Valor mercancía en condiciones de entrega CIF	50.772,50
Arancel	6.092,70
Tarifa de muellaje mercancía 4 t × 4 $/t	16
Tarifa de muellaje del contenedor	11
Gastos THC	180
Transporte de Paita a Piura	400
Total base IVA	57.472,20 $
Tipo IVA al 16 % sobre sobre 57.472,20	9.195,55 $

El importe total a ingresar a la hacienda pública será:

Por arancel	6.092,70
Por IVA	9.195,55
Total a ingresar a la hacienda pública	15.288,25 $

Actualmente, en la UE solamente se garantiza el arancel y no el IVA.

El ingreso del IVA a la hacienda pública será:

- La parte derivada del valor de compra más el transporte principal formarán parte de la declaración de importación, salvo que exista la posibilidad de «IVA diferido» comentada anteriormente.
- Los otros conceptos, salvo que estén incluidos en la declaración de importación, han de liquidarse en las facturas de los proveedores de servicios.

Capítulo 10
Regímenes y destinos aduaneros

La actividad económica internacional ha impulsado la evolución de la rigidez de la normativa aduanera hacia posiciones más liberales y procedimientos operativos acordes con las tecnologías de la información y la comunicación. Como hemos comentado en capítulos anteriores, las mercancías pueden ser exportadas o importadas en diversas modalidades aduaneras, liquidando los derechos arancelarios o dejándolos suspendidos, todo ello en función del destino y del régimen aduanero de aplicación.

En este capítulo analizaremos los regímenes y los destinos aduaneros a los que las mercancías pueden adscribirse, permitiendo al operador económico elegir la modalidad más acorde con sus necesidades y los costos fiscales.

Aunque el texto haga referencia a los procedimientos y regímenes de la UE, entiéndase que todas las legislaciones tienden al mismo objetivo, por ello cualquier referencia a una norma legal ha de entenderse a modo de ejemplo, ya que dicha norma se habrá adaptado en cada país.

De forma general se pueden distinguir los siguientes regímenes:

- Tránsito.
- Depósito: depósito aduanero o depósito exento fiscalmente, depósito distinto del aduanero, almacén de depósito temporal, locales autorizados para mercancías declaradas de exportación.
- Zona franca.
- Importación temporal (véase el capítulo 9, apartado 3).
- Admisión temporal (véase el capítulo 9, apartado 3).
- Exportación temporal (véase el capítulo 9, apartado 4).
- Perfeccionamiento activo.

– Perfeccionamiento pasivo.
– Transformación bajo control aduanero.

1   Tránsito

Por tránsito entendemos la circulación de mercancías por un territorio fiscal aduanero, en régimen suspendido de la deuda tributaria. Este sería el caso, por ejemplo, de mercancías que circulasen bajo régimen del Convenio TIR o TIF de transporte terrestre, o bien al amparo del cuaderno ATA o CPD (véanse los apartados 4, 10.6 y 10.7 del capítulo 9), pues se importaron con exención arancelaria para un fin específico de ensayos, muestras o manifestaciones culturales o comerciales. Igualmente, podría tratarse de una importación entrada en el territorio aduanero por una aduana periférica con destino a otra interior, o de mercancías despachadas de exportación en una aduana interior con destino a otra aduana distinta en que se materializará la exportación.

Otros casos corresponderían al cambio de ubicación de la mercancía, desde un depósito franco a otro, o desde una zona franca a otra, o el simple cambio de recinto aduanero.

1.1   Concepto de «tránsito comunitario» en un área regional de integración económica

En la UE, el Código Aduanero, en sus artículos 226 a 236, establece los conceptos del régimen de tránsito de las mercancías en el territorio comunitario, pues éstas pueden circular entre distintos lugares de la UE en dos modalidades de tránsito: externo o interno.

Las referencias al territorio comunitario se entienden también referidas al territorio aduanero de un Estado determinado, pues los procedimientos no difieren conceptualmente. En la UE, los tránsitos son interpaíses y, en ocasiones, a través de terceros países, por ello las documentaciones poseen una denominación equivalente en cualquier otro territorio aduanero o área de integración económica regional.

1.2   Tránsito externo en la UE

Se refiere a las mercancías no comunitarias que circulan de un punto a otro del territorio comunitario sin estar sujetas a:

– Derechos de aduana de importación.

El Convenio TIR

Con arreglo a la definición del Convenio TIR *(transports internationaux routiers)* –el convenio aduanero para el transporte internacional de mercancías por carretera con vehículos apropiados para la carga y el tránsito de estas de un país a otro–, entendemos por *operación TIR* el transporte de mercancías desde una aduana de partida hasta otra aduana de destino a través, si procede, de diversos países por sus respectivas aduanas.

Los transportes amparados en este convenio no precisan, salvo presunción justificada, la verificación o inspección en frontera de la mercancía en las aduanas de paso, y las mercancías transportadas tampoco están sujetas al pago de aranceles o tasas por esas aduanas.

En estas circunstancias, las operaciones de transporte deben realizarse con la garantía de asociaciones autorizadas por el convenio. La asociación garante se compromete a abonar los derechos y tributos de importación y exportación, más los eventuales intereses moratorios, y asume asimismo responsabilidades, mancomunada y solidariamente, con las personas deudoras.

Cada cuaderno TIR tiene una fecha de validez y un importe máximo de cantidades por reclamar. Si en el transporte hay mercancías no declaradas en el cuaderno TIR, la responsabilidad también alcanza a estas mercancías.

El convenio prevé el modo de aprobación de los vehículos, así como las características, los precintos y demás condiciones para ser admitidos al tráfico TIR. Los países de la Unión, junto con los de la Asociación Europea de Libre Comercio (AELC), no precisan aplicar este convenio en sus intercambios; los primeros, por hallarse en un espacio único de comercio, y los segundos, en virtud del acuerdo especial existente entre ambos para la circulación de mercancías.

— Otros gravámenes prescritos por otras disposiciones.
— Medidas de política comercial, en la medida en que no se prohíba la entrada de las mercancías en el territorio aduanero comunitario o su salida de él.

La circulación de las mercancías al amparo del régimen de tránsito externo puede efectuarse de las siguientes maneras:

— Al amparo del propio régimen de tránsito comunitario externo.
— Al amparo del Convenio TIR, relativo al transporte internacional por carretera, siempre que haya comenzado o vaya a terminar en el exterior del territorio aduanero comunitario, o bien tenga lugar entre dos puntos de este a través de un país o territorio situado fuera de él.
— De conformidad con el Convenio ATA, cuando se trate de circulación de tránsito al amparo de dicha modalidad.
— Al amparo del impreso 302, tal como establece el Convenio entre los Estados Partes de la Organización del Tratado del Atlántico Norte (OTAN).

– Al amparo del Manifiesto Renano para la navegación por el Rin, aplicable al transporte fluvial en el Rin y sus afluentes, utilizable en el cruce fronterizo de forma similar al cuaderno TIR.
– Al amparo del sistema postal de conformidad con la Unión Postal Universal.

1.3   Tránsito interno en la UE

Se refiere a la circulación de mercancías comunitarias, o en libre práctica, entre dos puntos del territorio aduanero comunitario a través de otro punto no comunitario sin que su estatuto aduanero se modifique.

Dicha circulación podrá efectuarse:

– Al amparo del régimen de tránsito comunitario interno, siempre que tal posibilidad esté prevista en un acuerdo internacional.
– De conformidad con el Convenio TIR.
– De conformidad con el Convenio ATA.
– Al amparo del impreso 302, tal como establece el Convenio entre los Estados de la OTAN.
– Al amparo del Manifiesto Renano para la navegación por el Rin, aplicable al transporte fluvial en el Rin y sus afluentes, utilizable en el cruce fronterizo de forma similar al cuaderno TIR.
– Al amparo del sistema postal de conformidad con la Unión Postal Universal.

1.4   Responsabilidades del tránsito comunitario

El titular del régimen, la empresa transportista y la destinataria de las mercancías que circulen al amparo de este régimen han de cumplir bajo su responsabilidad las condiciones descritas en el Código Aduanero. Estas son:

- **Responsabilidades del titular**
  - Presentar las mercancías intactas y la información requerida en la aduana de destino en el plazo señalado.
  - Respetar las disposiciones aduaneras.
  - Prestar garantía cautelar de sus obligaciones fiscales.

- **Responsabilidades de la empresa transportista o la destinataria**
  - Presentar las mercancías intactas en la aduana de destino en el plazo señalado.
  - Respetar las medidas aduaneras que garanticen la identificación de las mercancías.

La libertad comercial es, pues, respetada siempre que se cumplan ciertos requisitos formales, destinados a garantizar la veracidad de la exención fiscal o bien su cumplimiento.

1.5   *Declaraciones aduaneras y tránsitos*

Un despacho aduanero a libre práctica se traduce en el pago de los derechos arancelarios y demás tasas –excluidos los impuestos indirectos–, cuyo documento probatorio es el documento único administrativo (DUA) (código T2), que junto con el documento de acompañamiento de exportación (DAE) es utilizado en el tránsito comunitario interno.

En caso de exportación, si la mercancía ha sido despachada en aduana distinta a la de salida del territorio comunitario, el documento aduanero corresponde también al código T2, pues se trata de mercancía comunitaria, en la circulación interna, desde la aduana de despacho hasta la de salida, al que se adjunta el documento de acompañamiento de exportación (DAE) (véase el anexo 8) que debe ser cancelado por esta última aduana. Su falta invalida el derecho a la devolución de la imposición indirecta a la exportación. Actualmente, en la UE, gracias a la progresiva implantación en las aduanas de sistemas electrónicos de control, no es necesario aportar el DUA-T2. Además, el sistema permite a la empresa exportadora conocer en todo momento si la transportista ha cumplimentado los trámites de cancelación en la aduana de salida del territorio arancelario de la UE.

Se considera asimismo tránsito interno (DUA T2F) la circulación de mercancías entre territorios o zonas comunitarias en los que el impuesto indirecto se aplique únicamente en uno de ellos, como ocurre con los envíos a las islas Canarias, las islas Anglonormandas, al monte Athos, las islas Åland y los departamentos franceses de ultramar constituidos por Guadalupe, Martinica, Guayana Francesa y Reunión. Por ello, deben tomarse en consideración las disposiciones de la Sexta Directiva (CEE), concerniente al IVA, respecto a las excepciones de aplicación.

Cuando los envíos se realizan por vías marítimas no regulares, en el documento T –probatorio del origen comunitario de la mercancía– se utiliza el código T2LF. Por su parte, el manifiesto de carga de la compañía marítima no regular lleva incorporada la letra *F* para las mercancías comunitarias. De este modo, gracias a las declaraciones T2 de las expediciones de las mercancías, las aduanas de destino comunitarias conocen con facilidad qué mercancías son comunitarias y, en consecuencia, están exentas de gravamen arancelario.

El tránsito externo queda justificado por la declaración T1, que prueba que la mercancía amparada en ella no ha abonado ningún derecho ni impuesto en el interior de la Comunidad y, por tanto, no se considera mercancía comunitaria. Así pues, dicha mercancía no puede ser consumida ni puesta en producción o venta, salvo en caso de que se ampare en un régimen económico suspensivo admitido por la UE y cumpla los requisitos establecidos, siendo responsable de ultimar fiscalmente el DUA-T1, en el plazo determinado, el firmante del tránsito.

El certificado T1 también corresponde a las operaciones de exportación a terceros países o a Estados miembros de la Asociación Europea de Libre Comercio en las que se atraviesen uno o más países pertenecientes a esta asociación. Esto es así cuando las mercancías tienen derecho a la restitución equivalente a la prestación económica a la exportación en el marco de la política agrícola común (u otra equivalente en área de integración económica regional), o bien cuando se trata de ventas de excedentes comunitarios debidamente intervenidos. De igual modo, el certificado T1 es requerido cuando las mercancías exportadas son derivadas del régimen económico de perfeccionamiento activo (véase el apartado 4) y, en general, cuando gozan de la condonación de los derechos arancelarios de la importación previamente realizada.

1.6   Documentos de acompañamiento

Las mercancías en tránsito y las declaradas en exportación precisan un documento de acompañamiento a la exportación (DAE),

En el régimen de tránsito, los documentos constan de dos ejemplares: el A, de acompañamiento, y el B, de reenvío. En la exportación se emplea un único ejemplar A.

En las exportaciones se utiliza el DAE según el modelo que se muestra en el anexo 8, sustituyendo al ejemplar 3 del DUA T2, formalizado por la aduana de exportación comunitaria, y sirve de certificado de la salida física de la mercancía del territorio de la UE, al certificarse de este modo en la última aduana de la UE.

1.7   Declaraciones de tránsito. Documento electrónico de tránsito (ETD)

El 4 de febrero de 2019 entró en vigor el documento de transporte electrónico como declaración de tránsito para los envíos por transporte aéreo y marítimo, como medio de prueba del estatuto aduanero de mercancías de la UE.[10]

En el documento electrónico de tránsito (ETD) figuran las mercancías que se cargan en un buque o aeronave, y sirve como declaración de tránsito común de la UE. Para ello

---

[10] Previsto en el artículo 233.4 del CAU, Reglamento 952/2013, desarrollado en el reglamento delegado en los artículos 199 y 200 del Reglamento 2015/2446, y en los artículos 319 y 320 del Reglamento de Ejecución (UE) 2015/2447.

se precisa que las compañías aéreas y marítimas dispongan de una autorización concedida por las autoridades aduaneras competentes, quienes exigirán al solicitante lo siguiente:

- Estar establecido en el territorio de una parte contratante/territorio aduanero de la UE.
- Declarar que utilizará regularmente el régimen de tránsito común de la UE.
- Operar en un número significativo de vuelos o travesías entre aeropuertos y puertos de la UE.
- Cumplir los criterios de valoración empresarial establecidos en el artículo 39 del CAU, cuyo resumen es el siguiente:

  - Inexistencia de infracciones graves o leves reiteradas.
  - Evidenciar un sistema de control efectivo en el flujo y registros de mercancías.
  - Solvencia financiera.
  - Nivel adecuado de capacidad profesional.

2 Depósito

Este concepto se refiere a que las mercancías importadas pueden ser almacenadas en un territorio aduanero, por tiempo indefinido o por el que legalmente se establezca, sin estar sujetas a derechos de importación u otros gravámenes y sin aplicación de las medidas de política comercial restrictiva. Quedan exceptuadas aquellas mercancías que estén prohibidas por razones de moralidad, orden y seguridad públicas, de protección de la salud y de la vida de las personas y de los animales o de conservación de la naturaleza, de protección de los tesoros nacionales o de la propiedad industrial y comercial.

Asimismo, las mercancías producidas en un Estado pueden introducirse en un depósito aduanero o en una zona franca de su territorio y beneficiarse de la condonación de los derechos de importación, o de a devolución de la imposición indirecta soportada en la compra.

2.1 Depósito aduanero

Es una instalación u otro lugar autorizado por la autoridad aduanera que se destina, bajo su supervisión, al depósito de mercancías con exención fiscal y del cumplimiento de las normativas de política comercial.

Distinguimos dos modalidades de depósito aduanero:

— *Depósito aduanero público,* a disposición de cualquier persona.
— *Depósito aduanero privado,* a disposición del titular de una autorización.

La gestión de estos depósitos puede estar a cargo de un organismo público o privado. Cuando se concesiona a una entidad privada se exigen una serie de garantías económicas, de seguridad y de gestión, que eviten conductas negativas.

2.2 Depósito distinto del aduanero (DDA)

Este tipo de depósito es un caso especial que se produce en el territorio de la UE, y que se produciría en cualquier otra área de integración económica regional, principalmente cuando no existe armonización fiscal en la imposición indirecta y cada Estado se rige por su propia ley con tipos impositivos diversos, aunque exista un convenio que establezca las bases generales.

En consecuencia, cuando se trata de bienes sometidos al IVA, al referirse a las importaciones que se vinculen a un régimen de depósito distinto del aduanero, hace la siguiente mención:

«Estarán exentas del impuesto, en las condiciones y con los requisitos que se determinen reglamentariamente, las importaciones de bienes que se vinculen al régimen de depósito distinto del aduanero, mientras permanezcan en dicha situación, así como las prestaciones de servicios relacionadas directamente con las mencionadas importaciones».

Esta disposición, configura el marco legal de este régimen, que permite depositar mercancías comunitarias o en libre práctica con exención de la imposición indirecta. Dichas mercancías quedan así vinculadas a este régimen por la declaración de vinculación a depósito DVD.

En el tránsito de las mercancías desde un DDA a otro país en la misma UE es preciso conocer el número de registro e identificación de operador económico (EORI) del destinatario, así como desvincular la responsabilidad fiscal del depositante mediante el documento de transporte cuando la mercancía llegue al país de destino.

2.3 Almacén de depósito temporal (ADT)

La configuración de algunos recintos aduaneros públicos, principalmente los aeroportuarios, ha hecho evolucionar el tradicional concepto de recinto aduanero cerrado, en la medida en que no disponen de un punto de entrada y salida únicos controlados por la policía aduanera. Esta nueva visión exige instrumentos de control sobre las mercancías como el almacén de depósito temporal, regulando la autorización de los lugares en que se presenten las mercancías para su despacho de exportación y de importación, también denominados recintos aduaneros.

Con la aplicación de tecnologías informáticas, las autoridades aduaneras permiten que entidades privadas realicen en sus instalaciones, bajo control aduanero y cumpliendo una serie de condiciones, operaciones que tradicionalmente han sido exclusivas de los recintos aduaneros públicos regidos por la autoridad aduanera.

Este régimen de depósito temporal permite la inclusión de mercancías únicamente para su presentación en aduana, es decir, emitir declaraciones aduaneras vía telemática, sujetas a los canales de control las respuestas de la autoridad aduanera:

- Verde significa autorización de entrega.
- Naranja comporta la presentación documental ante la autoridad aduanera por vía telemática y con documentos físicos si así lo exige la aduana de control.
- Roja significa que habrá inspección física de la mercancía por los inspectores aduaneros, quienes fijan día y hora de control, en la UE suele ser al día siguiente.

En estos almacenes no se admite manipulación alguna de las mercancías, excepto aquellas destinadas a garantizar su conservación en el estado en que se encuentren, sin modificar sus características ni su presentación.

La concesión de la autoridad aduanera para operar como almacén de depósito temporal puede otorgarse a personas físicas o jurídicas, las cuales han de cumplir las condiciones siguientes: ubicación cercana a una aduana de control (máximo 25 km en la UE), garantizar la seguridad de las instalaciones, contabilidad informatizada de control de existencias, transmisión electrónica a la aduana de todas las operaciones que se realicen, compromiso de realizar un mínimo de operaciones anuales, ofrecer las garantías fiscales suficientes y no haber sido sancionado, en los últimos tres años, por delitos o infracciones de contrabando o de infracción tributaria.

La legislación considera declaradas en este régimen las siguientes operaciones:

- Mercancías que se introduzcan en el territorio aduanero, excepto las que entren directamente en una zona franca.
- Mercancías procedentes de una zona franca que se introduzcan en otra parte del territorio aduanero.
- Mercancías para las que haya finalizado el régimen de tránsito de mercancías no importadas o que estén bajo el régimen del llamado tránsito externo.

La declaración se considera efectuada y admitida por las autoridades aduaneras en el momento de la presentación de las mercancías en la aduana.

2.3.1 *Local autorizado para mercancías declaradas de exportación (LAME)*

En el marco del depósito temporal, las mercancías declaradas para el régimen de exportación están bajo vigilancia aduanera desde la admisión de la declaración en aduana hasta el momento en que salgan del territorio aduanero o se destruyan.

Las autoridades aduaneras pueden autorizar la existencia de estos depósitos o locales para que sean gestionados por personas físicas o jurídicas, con los criterios y las condiciones expuestas para los almacenes de depósito temporal.

3 Zona franca

Enclave territorial debidamente delimitado, vallados y vigilado, establecido en el territorio de un Estado, cuyos accesos están controlados por la autoridad aduanera, que se caracteriza por la exención arancelaria y de cualquier otro impuesto aplicado a las mercancías en ellos almacenadas, así como la no aplicación de las medidas de política comercial

En las zonas francas se admiten toda clase de mercancías por un plazo ilimitado, o por el periodo legal establecido, cualesquiera que sean su cantidad y su país de origen, procedencia o destino, con excepción de aquellas que estén prohibidas.

Las operaciones autorizadas en las zonas francas varían según la legislación de cada país y región económica. En América Latina o Asia, las zonas francas son enclaves territoriales, algunos de miles de kilómetros cuadrados, en los que se permite cualquier tipo de transformación industrial. También se permite la cesión o la inclusión en otro régimen como si de una mercancía de importación se tratase.

Sin embargo, en otras latitudes como la UE, por ejemplo, no se permite realizar transformaciones sobre las mercancías, por lo que las situadas en zonas francas o depósitos francos solo pueden ser objeto de operaciones de carga, descarga, transbordo o almacenaje, de manipulaciones usuales y de operaciones de destrucción, así como de otros procedimientos distintos de los usuales previa autorización y control. En el caso de que dichas mercancías se destinen a ser transformadas, adquieren un nuevo régimen denominado de *perfeccionamiento activo* o de *transformación,* que trataremos en los apartados 4 y 5 siguientes.

La tendencia a utilizar depósitos aduaneros o zonas francas depende de la legislación y de los intereses económicos, de prevención y de seguridad del Estado. Por ejemplo, en algunos países existe una manifiesta preferencia por los depósitos aduaneros en lugar de las zonas francas, pues los primeros derivan de una gestión privada y los segundos de la pública. Pese a ello, gracias al uso de sistemas informáticos y de garantías fiscales, la Administración de aduanas puede cumplir su misión inspectora mediante el control efectivo de las operaciones realizadas en los concesionarios de los depósitos aduaneros.

3.1   Manipulaciones usuales

Este concepto se puede definir como una operación manual o mecánica en mercancías amparadas por este régimen para garantizar su conservación, mejorar su presentación o su calidad comercial o preparar su distribución o reventa. Solamente se admitirán el ensamblado y montaje de mercancías cuando se trate de una operación de montaje, en una mercancía completa, de piezas accesorias que no desempeñen un papel esencial en la fabricación de la mercancía (por ejemplo: montaje de radio o limpiaparabrisas en un vehículo)».

De manera general, el Reglamento Delegado (UE) 2015/2446 enuncia las operaciones que se resumen en la tabla 22.

POSIBLES MANIPULACIONES SOBRE MERCANCÍAS EN PERFECCIONAMIENTO ACTIVO
Ventilación, extensión, secado, limpieza de polvo, limpieza simple, reparación del embalaje, reparaciones básicas de deterioros producidos al transportar o almacenar las mercancías en la medida en que se trate de operaciones simples, colocación o retirada del revestimiento de protección para el transporte
Reconstitución de las mercancías posterior al transporte
Recuento, muestreo, selección, cribado, filtrado mecánico y pesaje de mercancías
Eliminación de elementos dañados o contaminados
Conservación mediante pasteurización, esterilización, irradiación o adición de agentes conservantes
Tratamiento antiparásito
Tratamiento antioxidante
Tratamiento térmico: – Mediante simple aumento de la temperatura sin ningún otro tratamiento adicional ni proceso de destilación – Mediante simple descenso de la temperatura
Tratamiento electrostático de eliminación de arrugas o planchado de productos textiles

Continúa

Continuación

Tratamiento consistente en: – Retirada de tallos o huesos de las frutas, troceado y recortado de frutos secos o legumbres, rehidratación de las frutas – Deshidratación de las frutas, aunque pueda representar un cambio en el código de ocho cifras (nomenclatura combinada, NC)
Desalación, limpieza y cruponado de pieles
La adición de mercancías o la adición o sustitución de componentes accesorios, siempre que dicha adición o sustitución sea relativamente pequeña o tenga por objeto garantizar su conformidad con la normativa técnica y no cambie la naturaleza ni mejore las prestaciones de las mercancías originales, aunque pueda representar un cambio en el código NC de ocho cifras de las mercancías añadidas o de sustitución
Dilución o concentración de fluidos sin ningún otro tratamiento adicional ni proceso de destilación, aunque pueda representar un cambio en el código NC de ocho cifras
Mezcla entre sí de mercancías del mismo tipo con una calidad diferente, a fin de obtener una calidad constante o la calidad exigida por el cliente, sin que cambie la naturaleza de las mercancías
Mezcla de gasóleo o fueloil que no contenga biodiésel con gasóleo o fuelóleo que sí lo contengan, clasificados en el capítulo 27 de la NC, a fin de obtener una calidad constante o la calidad exigida por el cliente, sin que cambie la naturaleza de las mercancías, aunque pueda representar un cambio en el código NC de ocho cifras
Mezcla de gasóleo o fueloil con biodiésel, de modo que la mezcla obtenida contenga menos de un 0,5 %, en volumen, de biodiésel, y la mezcla de biodiésel con gasóleo o fueloil, de modo que la mezcla obtenida contenga menos de un 0,5 %, en volumen, de gasóleo o fueloil
División o separación en componentes de menor tamaño de las mercancías, únicamente si se trata de operaciones sencillas
Empaquetado, desempaquetado, reempaquetado, decantado o simple traslado a contenedores, aunque pueda representar un cambio en el código NC de ocho cifras; la colocación, retirada o modificación de marcas, precintos, etiquetas, espacios para precios u otros símbolos distintivos similares
Prueba, ajuste, regulación o preparación para el funcionamiento de máquinas, aparatos y vehículos con el fin, en particular, de verificar su conformidad con la normativa técnica aplicable, siempre que se trate de operaciones sencillas
Deslustrado de accesorios de tubería para adaptarlos a las exigencias de determinados mercados
Desnaturalización, aunque puedas representar un cambio en el código NC de ocho cifras
Cualquier manipulación usual, además de las mencionadas, que tenga por objeto mejorar la apariencia o la calidad comercial de las mercancías importadas o preparadas para la distribución o reventa, siempre que estas operaciones no modifiquen la naturaleza o mejoren las prestaciones de las mercancías originales

Tabla 22. Manipulaciones usuales a las que pueden verse sometidas las mercancías
en un régimen de perfeccionamiento activo.

4 Régimen de perfeccionamiento activo

Este régimen se denomina también en algunas legislaciones: *importación temporal, admisión temporal, tráfico de perfeccionamiento* o *régimen de transformación*.

El régimen de perfeccionamiento activo permite importar mercancías con exención de los derechos de importación o de cualquier otro gravamen y sin afectación de las medidas de política comercial, salvo prohibición expresa, para destinarlas a la transformación, así como para cumplir los requisitos técnicos de esta operación o efectuar manipulaciones usuales previstas legalmente.

A continuación, se exponen las principales definiciones relativas a la aplicación de este régimen:

- **Productos compensadores principales**
  Productos resultantes de las operaciones de perfeccionamiento.

- **Productos compensadores secundarios**
  Subproductos o pérdidas del proceso productivo.

- **Coeficiente de rendimiento**
  Cantidad necesaria de mercancía importada por unidad de producto compensador o transformado exportado.

- **Mercancías equivalentes**
  Mercancías que pueden utilizarse en sustitución de las importadas siempre y cuando exista autorización para ello y, además, pertenezcan a la misma subpartida arancelaria, compartan características técnicas y tengan la misma calidad comercial.

- **Sistemas**
  - *Suspensión.* Las mercancías de importación gozan de suspensión arancelaria. Para que puedan beneficiarse de ella es necesario presentar ante la aduana de despacho, junto con la declaración de importación temporal, una garantía o un aval equivalente.
  - *Reintegro* (también denominado *draw back,* reembolso o restitución de derechos arancelarios). La empresa importadora ingresa todos los derechos en el momento de la importación, los cuales le son devueltos una vez haya realizado la exportación de los productos compensadores.

    El Código Aduanero de la Unión (CAU), aprobado por Reglamento 952/2013, elimina el sistema de reintegro, lo cual no significa que otras legislaciones no lo mantengan en vigor.

- **Modalidades**
  - *Compensación por equivalencia.* Los productos compensadores se obtienen a partir de mercancías equivalentes.
  - *Exportación anticipada.* Las mercancías obtenidas a partir de mercancías equivalentes son exportadas fuera del territorio aduanero del Estado considerado previa inclusión en el sistema de suspensión.
  - *Tráfico triangular.* La inclusión de las mercancías de importación en el régimen, en un área de integración económica formada por varios Estados, se realiza ante una aduana distinta de aquella en la que ha tenido lugar la exportación anticipada de los productos compensadores.

- **Plazos**
  Suelen concederse por anualidades, prorrogables por causa justificada.

- **Operaciones de transferencia**
  Las legislaciones pueden aceptar la transferencia de derechos y obligaciones de un régimen a otro de distintos titulares del régimen. Esto significa que una mercancía puede transferirse a otro régimen de perfeccionamiento activo para ultimar la transformación, cumpliendo los requisitos establecidos

  Estos requisitos consisten en que la empresa proveedora y la compradora, ambas titulares de sus respectivos regímenes de perfeccionamiento, estén domiciliadas en el mismo territorio aduanero y que el producto compensador del régimen de la compradora fuese el del producto de exportación del régimen de la vendedora. Con ello se formaría una cadena de compraventas interiores exentas de aranceles, y la última de la cadena exportaría la mercancía finalmente obtenida, es decir, el producto compensador último de la cadena productiva.

- **Ultimación del régimen**
  Tiene lugar cuando las mercancías obtenidas de la transformación se incluyen en otro régimen aduanero, han salido del territorio aduanero del Estado considerado o excepcionalmente han sido destruidas o abandonadas a favor del Estado.

5   Régimen de perfeccionamiento pasivo

Este régimen, también se denomina *exportación temporal con transformación.* Permite exportar temporalmente mercancías para someterlas a operaciones de perfeccionamiento y, posteriormente, reintroducirlas en el Estado exportador despachándolas de aduana en forma de productos compensadores, con exención total o parcial de los derechos de importación, o bien soportando los derechos arancelarios sobre el valor añadido en la transformación efectuada en el exterior para la obtención de los productos compensadores.

Las operaciones admitidas en este régimen son la elaboración de mercancías, incluidos el montaje, el ensamblaje y la adaptación a otras mercancías; su transformación y su reparación, incluidas la restauración y la puesta a punto.

- **Vigilancia de las operaciones**

  Obsérvese que este régimen resulta interesante desde un punto de vista económico en aquellas producciones de mano de obra intensiva, pues la ventaja comparativa lleva a las empresas a trasladar las operaciones productivas al exterior en busca de mejores costos.

  Sin embargo, las autoridades competentes restringen la concesión de las operaciones que solo buscan el menor costo de mano de obra, reduciendo las autorizaciones a un determinado número de unidades o valores que se pueden transformar en el exterior, con el fin de proteger el mercado laboral interior, con lo que se crea un contingente cuantitativo.

- **Tráfico triangular**

  Esa modalidad se produce en un área de integración económica regional. Consiste en la realización del despacho de importación con exención total o parcial de los derechos de importación, o bien soportando los derechos arancelarios sobre el valor añadido en la transformación efectuada en el exterior para la obtención de los productos compensadores, en un Estado miembro distinto de aquel en que se realizó la exportación temporal de las mercancías objeto de transformación.

- **Intercambios modelo o estándar**

  Se trata de un caso particular, es el conocido como *sistema de intercambios modelo o estándar,* normalmente previsto en las legislaciones, por el cual un producto de sustitución previamente importado podrá remplazar al producto defectuoso pendiente de transformar en el exterior, siempre y cuando sus codificaciones coincidan en la nomenclatura combinada y sus características técnicas y calidad comercial sean idénticas. Este sistema es una ayuda a la productividad, por ejemplo en el equilibrado de motores de aviación, que han de enviarse forzosamente al fabricante cada determinado número de horas de vuelo. Este sistema de intercambio permite la utilización de motores equivalentes almacenados, cuya operación de montaje se realiza en pocas horas. Paralelamente, el motor es enviado al fabricante para su reparación, proceso que requiere varios días.

Ejemplo de aplicación del sistema de intercambios estándar

Tomemos como ejemplo un caso de revisión y equilibrado de los motores de un avión. El procedimiento normal consistiría en las etapas siguientes:

- Depósito del avión en el hangar.
- Desmontaje de los motores, empaquetado y envío al proveedor estadounidense para su reparación.
- Devolución de los motores reparados y montaje, lo que comportaría un periodo de inactividad de la aeronave de uno o dos meses.

En cambio, la aplicación del sistema de intercambios estándar permite sustituir inmediatamente los motores por otros ya almacenados en el hangar, con lo cual la aeronave está lista para entrar en servicio pocas horas después. Los motores desmontados se envían posteriormente a Estados Unidos para su reparación, son devueltos en el plazo que proceda y se almacenan con vistas a una nueva operación.

- **Deuda tributaria**

  Al efectuar la importación del producto compensador obtenido de la transformación del producto previamente exportado, hay que efectuar el despacho aduanero de importación y, por tanto, proceder al ingreso de la deuda aduanera resultante.

  Cuando deba procederse a aplicar derechos *ad valorem,* se tomará como base de los derechos de importación el costo de la operación de transformación reali-

Ejemplo de cálculo de deuda tributaria

Consideremos la exportación de granza de polipropileno (codificación 39021000) para su transformación en persianas para ventanas (codificación 39253000, con el 6,5 % de tipo arancelario), por un importe de los trabajos de transformación de 50.000 € en condiciones CIF en puerto español.

La codificación permite conocer el tipo arancelario; en consecuencia, es posible determinar la base arancelaria y el importe del arancel:

- Fabricación del producto compensador (persianas) por un importe de 50.000 €.
- Aplicación del arancel de las persianas: 50.000 € al 6,5 %.
- Resultado del valor en aduana: 3.250 € de arancel a la importación.

zada fuera del territorio aduanero del Estado exportador. Si los derechos fuesen específicos se tendrá en consideración el valor aplicable por unidad de producto compensador según las disposiciones legales.

6   Régimen de transformación bajo control aduanero

Este régimen aduanero permite introducir en el territorio aduanero de un Estado mercancías extranjeras, para someterlas a operaciones que modifiquen su especie o características, sin estar sujetas a los derechos de importación, y despachar posteriormente con los derechos de importación que correspondan a los productos transformados que resulten de estas operaciones.

De acuerdo con el Código Aduanero de la Unión (CAU), desde mayo de 2019, el régimen de transformación bajo control aduanero fue eliminado e incorporado al régimen de perfeccionamiento activo, lo cual no significa que otras legislaciones no lo mantengan en vigor.

En las tablas 22 y 23 se enumeran las mercancías y las transformaciones que pueden beneficiarse de este régimen de perfeccionamiento, también conocido como transformación bajo control aduanero.

7   Cambio de ubicación

Cuando una mercancía al amparo de un destino aduanero precisa ser cambiada del lugar en el que está depositada por algún motivo económico o comercial, puede solicitarse a la correspondiente Administración de aduanas un *cambio de ubicación*. Este procedimiento consiste en el traslado de la mercancía a otra aduana o bien en un cambio de depósito, bajo control cautelar de la Administración aduanera.

A modo de ejemplo, si una mercancía sanitaria para consumo humano, que llega a un territorio aduanero en un contenedor de grupaje, requiere control previo de importación por el organismo responsable del puesto de inspección fronteriza. Este control imposibilita el despacho del resto de las partidas del contenedor hasta su resolución, hecho que implica varios días de demora. Esta situación se puede resolver con un cambio de ubicación del contenedor, que debería trasladarse a un recinto aduanero gestionado por la empresa transitaria (si tiene concedido el estatuto de recinto aduanero y el reconocimiento de operador económico autorizado), donde podrá vaciarse y será posible llevar a cabo el control de la mercancía que así lo requiera, y presentar paralelamente las declaraciones del régimen o destino aduanero correspondiente al resto de las mercancías, permitiendo el despacho y entrega a los demás destinatarios.

Mercancías	Transformaciones
Mercancías de todo tipo	– Transformaciones en muestras presentadas sin transformar o en forma de colecciones – Reducción a desperdicios o desechos; destrucción – Desnaturalización – Recuperación de partes o elementos – Separación y/o destrucción de partes averiadas – Transformaciones para remediar los efectos de las averías sufridas – Manipulaciones habituales que puedan realizarse en los depósitos aduaneros o en las zonas francas
Tabacos (capítulo 24 de la nomenclatura combinada)	Transformación en tabaco homogeneizado o reconstituido (NC 24039100) y/o en polvo de tabaco (NC ex 24039990)
Tabaco en rama o sin elaborar (NC 240110)	Transformación en tabaco total o parcialmente desvenado (NC 240120) y en desperdicios de tabaco (NC 24013000)
– Aceite de palma (NC 15111010) – Fracciones sólidas de aceite de palma (NC 15119019) – Fracciones fluidas de aceite de palma (NC 15119091) – Aceite de copra (NC 15131110) – Fracciones fluidas de aceite de copra (NC ex 15131930) – Aceite de palmiste (NC 15132111) – Fracciones fluidas de aceite de palmiste (NC ex 15132930) – Aceite de babasú (NC 15132119)	Transformación en: – Mezclas de ácidos grasos (NC 15191100, 15191200 y 15191900) – Ácidos grasos (NC ex 29157010, ex 29157090, 29159010, ex 29159090, ex 29161500 y ex 29161990) – Mezcla de ésteres metílicos de ácidos grasos (NC ex 38239098) – Ésteres metílicos de ácidos grasos (NC ex 29157010, ex 29157090, ex 29159010, ex 29159090, ex 29161500 y ex 29161990) – Mezclas de alcoholes grasos (NC 15193000) – Alcoholes grasos (NC 29051690, 29051700 y 29051990) – Glicerina (NC 15201000)
Productos de los códigos NC 270710, 270120, 270730, 270750, 27079100, 27079930, 27079991, 27079999 y 271000	Transformación en productos de los códigos NC 27100071 y 27100075
Aceites brutos de los códigos NC 27079911 y 27079919	Transformación en productos de los códigos NC 27071090, 27072090, 27073090, 27075091, 27075099, 27079930, 29022090, 29023090, 29024100, 29024200, 29024300 y 29024490
Trióxido de cromo (NC 28191000)	Transformación en cromo (NC 81122031)

NC: nomenclatura combinada.

Tabla 23. Mercancías cuya transformación se autoriza bajo control aduanero.

El cambio de ubicación requiere una autorización aduanera, pues debe asegurarse la deuda tributaria presentando la correspondiente garantía, o disponer del certificado de operador económico autorizado que facilita dicho trámite. En algunas legislaciones, como es el caso de la UE, si el sujeto pasivo responsable tributario está certificado como OEA (véase el apartado 6 del capítulo 5), no requiere la presentación de garantía para realizar esos cambios de ubicación de recinto aduanero.

Capítulo 11
Estadísticas y comercio internacionales

Para la actividad de cualquier organización, es imprescindible disponer de bases de datos estadísticas que faciliten el análisis de sus actuaciones y la planificación de sus políticas económicas, comerciales, organizativas, de investigación de mercados, de inversión tecnológica o de desarrollo científico, entre otras.

En el ámbito del comercio exterior, los datos estadísticos resultan esenciales en la planificación de las inversiones necesarias para la logística integral de los flujos de tráfico, lo que incluye la proyección de las infraestructuras de transportes (vías de comunicación terrestres, puertos, aeropuertos, terminales, etc.) y los servicios aduaneros y conexos a los tráficos de importación y exportación.

Al desglosar las mercancías según sus codificaciones arancelarias, sus países de origen y destino, cantidades e importes, las estadísticas del comercio exterior constituyen una herramienta fundamental en el conocimiento del alcance del mercado internacional.

En la UE, la agencia Eurostat elabora estadísticas de los intercambios intracomunitarios y con el resto del mundo, sobre la base de las cuales facilita informes sectoriales y por productos, así como su evolución histórica. Estos datos macroeconómicos son utilizados por el Banco Central Europeo para la toma de decisiones en su política monetaria, y con los datos regionales, basados en la Nomenclatura de las Unidades Territoriales Estadísticas (NUTS), da orientaciones para la aplicación de las políticas estructurales de la UE.

Eurostat cuenta con los siguientes ámbitos de actividad:

- Recursos.
- Métodos estadísticos.
- Cuentas nacionales y europeas.

– Estadísticas económicas y regionales.
– Estadísticas agrícolas y ambientales y cooperación estadística.
– Estadísticas sociales y sociedad de la información.
– Estadísticas de las empresas.

En cuanto a la confección de datos de Eurostat, se divide en las siguientes áreas:

– Estadísticas generales y regionales.
– Economía y finanzas.
– Población y condiciones sociales.
– Industria, comercio y servicios.
– Agricultura y pesca.
– Comercio exterior.
– Transportes.
– Ambiente y energía.

1 Base de datos de las declaraciones aduaneras

Los datos del comercio exterior se obtienen de las operaciones declaradas en los trámites aduaneros, por medio de las declaraciones de importación y exportación, pues en ellas se reflejan todos los datos necesarios para confeccionar estadísticas que puedan ser analizadas con el fin de aportar conclusiones de interés general.

Las declaraciones de aduanas son una fuente fiable de obtención de datos sobre el comercio de importación y exportación, su incidencia en el PIB, la utilización de regímenes aduaneros de perfeccionamiento activo y pasivo, las producciones llevadas a cabo en régimen de transformación bajo control aduanero y las vinculaciones a depósitos francos y distintos del aduanero, así como otras operaciones de tráfico temporal de mercancías.

En aquellas legislaciones en que las zonas francas son empleadas en la producción de bienes, el control de entrada de mercancías en esos enclaves territoriales y las salidas de los productos compensadores, bien sea con destino al mercado interior o a la exportación, proporcionan los datos necesarios para la confección de estadísticas de la función del comercio exterior y de su repercusión en el desarrollo del PIB.

2 Sistema Intrastat

Ante la desaparición de las declaraciones aduaneras en los intercambios entre los Estados miembros de la UE en 1992, con el fin de que las autoridades económicas siguieran disponiendo de información sobre las transacciones realizadas por los operadores económicos de cada Estado, se reglamentó un sistema de recogida de datos estadísticos denominado Intrastat.

Este método de recogida de datos estadísticos del comercio de los intercambios de bienes entre los Estados miembros de la UE fue aprobado por el Reglamento (CEE) 3330/91 del Consejo, derogado por el Reglamento (CE) 638/2004, el cual fue modificado por el Reglamento (CE) 659/2014 y el reglamento de aplicación (CE) 1982/2004, cuyas disposiciones constituyen las normas relativas a las estadísticas comunitarias.

En el caso de España, la Agencia Estatal de Administración Tributaria (AEAT) es la responsable de la recopilación de los datos estadísticos por medio del Departamento Intrastat, integrado en el Organismo de Aduanas e Impuestos Especiales.

El sistema de codificación empleado en Intrastat, basado en la normativa de aduanas, recopila los datos relativos a los flujos de introducción y expedición, y obliga a declarar los siguientes conceptos:

- Identificación del obligado y su representante.
- Periodo de las operaciones (declaración mensual).
- Tipo de declaración: introducción o expedición.
- Estado de procedencia o de destino.
- Provincia o departamento de origen o destino.
- Condiciones de entrega, basadas en las reglas Incoterms aprobadas por la Cámara de Comercio Internacional.
- Naturaleza de la transacción, según el contenido de las columnas A y B, de la tabla 24.
- Medio de transporte (marítimo, ferrocarril, carretera, aéreo, postal, instalaciones fijas de transporte, navegación interior, autopropulsión).
- Puerto o aeropuerto.
- Código aduanero de la mercancía. Código de la nomenclatura combinada.
- País de origen (solo en introducción).
- Régimen estadístico, según los códigos de introducción y expedición que se detallan en la tabla 25.
- Masa neta.
- Unidades complementarias. Regladas en la nomenclatura arancelaria.
- Importe facturado.
- Valor estadístico (ajuste del valor en frontera).

Mediante la declaración Intrastat se obtienen los datos de las operaciones del comercio intracomunitario de mercancías realizadas por cada Estado miembro. Se trata

A	B
1 Transacciones que implican un cambio real de propiedad y una compensación financiera	1 Compra o venta sin restricciones, excepto el comercio directo con o por consumidores particulares 2 Comercio directo con o por consumidores particulares (incluida la venta a distancia)
2 Devolución y sustitución gratuitas de bienes después del registro de la transacción original	1 Devolución de bienes 2 Sustitución de bienes devueltos 3 Sustitución de bienes no devueltos (por ejemplo, en garantía)
3 Transacciones que implican un cambio intencionado de propiedad o un cambio de propiedad sin compensación financiera	1 Movimientos hacia o desde un almacén (excluidas las existencias de reserva y en consigna) 2 Suministro para la venta previa aprobación o prueba (incluidas las existencias de reserva y en consigna) 3 Arrendamiento financiero 4 Transacciones que implican transferencia de propiedad sin compensación financiera
4 Transacciones con vistas a un perfeccionamiento bajo contrato (sin cambio de propiedad)	1 Bienes destinados a regresar al Estado miembro o país de exportación inicial 2 Bienes no destinados a regresar al Estado miembro o país de exportación inicial
5 Transacciones después de un perfeccionamiento bajo contrato (sin cambio de propiedad)	1 Bienes de regreso al Estado miembro o país de exportación inicial 2 Bienes no de regreso al Estado miembro o país de exportación inicial
7 Transacciones con vistas al despacho de aduana o después del despacho de aduana (sin cambio de propiedad, en relación con bienes en cuasiimportación o exportación)	1 Despacho a libre práctica de bienes en un Estado miembro con posterior exportación a otro Estado miembro 2 Transporte de bienes de un Estado miembro a otro para ponerlos en régimen de exportación
8 Transacciones que implican el suministro de materiales de construcción y de equipo técnico en el marco de un contrato general de construcción o ingeniería civil para el que no es necesaria una facturación aparte de los bienes, sino que se emite una factura para la totalidad del contrato	0
9 Otras transacciones que no pueden clasificarse con otros códigos	1 Alquiler, préstamo y arrendamiento operativo superior a veinticuatro meses 9 Otras

Tabla 24. Codificación de la naturaleza de la transacción.

RÉGIMEN ESTADÍSTICO. CÓDIGOS DE INTRODUCCIÓN Y EXPEDICIÓN	
Códigos a la introducción	*Códigos a la expedición*
1 Llegadas de mercancías comunitarias con destino final en el Estado miembro de introducción 2 Llegadas temporales de mercancías comunitarias para ser reexpedidas al Estado miembro de procedencia o a otro Estado miembro, en el mismo estado en que llegaron 3 Llegadas temporales de mercancías comunitarias para ser reexpedidas al Estado miembro de procedencia o a otro Estado miembro, después de sufrir una operación de transformación 4 Llegada de mercancías comunitarias, devueltas en el mismo estado en el que fueron previamente expedidas al Estado miembro de procedencia o a otros Estados miembros 5 Llegada de mercancías comunitarias, devueltas después de haber sufrido una operación de reparación o transformación, previamente expedidas al Estado miembro de procedencia o a otro Estado miembro	1 Salida de mercancías comunitarias con destino final en el Estado miembro de destino 2 Salida temporal de mercancías comunitarias para ser reintroducidas con posterioridad desde el Estado miembro de destino o desde otro Estado miembro, en el mismo estado en que son expedidas 3 Salida temporal de mercancías comunitarias para ser reintroducidas con posterioridad, desde el Estado miembro de destino o desde otro Estado miembro, después de haber sufrido una operación de reparación o transformación 4 Salida de mercancías comunitarias, que se devuelven en el mismo estado en el que previamente llegaron procedentes del Estado miembro de destino o procedentes de otro Estado miembro 5 Salida de mercancías comunitarias, que se devuelven después de haber sufrido una operación de transformación, previamente recibidas del Estado miembro de destino o de otro Estado miembro

Tabla 25. Códigos de introducción y expedición del régimen estadístico del sistema Intrastat.

de una recopilación de datos que permiten determinar las balanzas comerciales entre los Estados miembros de la UE, planificar políticas económicas globales y específicas y de infraestructuras nacionales y regionales; delimitar el importe de las transacciones y sus valores estadísticos, y cuantificar los volúmenes de transporte en sus distintas modalidades, así como el seguimiento del comportamiento del nivel de los precios. Así, el sistema Intrastat constituye una herramienta fundamental de planificación y control por las autoridades económicas, cuyos datos son recogidos por el Banco Central Europeo para la planificación económica de la UE y la oficina estadística Eurostat.

La declaración Intrastat está basada en conceptos aduaneros del Código Aduanero y no en conceptos contables o administrativos, pues los datos que han de declararse

Declaración Intrastat	Umbrales
Obligación de declarar el Intrastat en el flujo expedición	A partir de 400.000 € anuales de ventas o expediciones
Obligación de declarar el Intrastat en el flujo introducción	A partir de 400.000 € anuales de compras o introducciones

Tabla 26. Umbrales estadísticos y de valor estadístico para España en 2018.

responden a criterios de regímenes de comercio aduaneros, códigos de aduanas y valores aduaneros y estadísticos de la legislación de comercio exterior. Obsérvese que a los datos de la declaración Intrastat, si le adicionamos la identificación fiscal de la empresa compradora o vendedora, datos que las empresas declaran en otros documentos fiscales, la suma de ambos equivalen, prácticamente, al contenido de una declaración aduanera.

La legislación permite a los Estados miembros establecer umbrales de exención y de presentación. Los umbrales para España en el momento de esta edición se muestran en la tabla 26.

También los Estados están autorizados a permitir a los declarantes omitir alguno de los conceptos a declarar en el Intrastat, siempre y cuando los datos a suministrar a la oficina estadística Eurostat sean completos al ser obtenidos por otro medio.

Los obligados a presentar las estadísticas Intrastat son aquellos que en sus operaciones de compraventa con los demás Estados alcancen anualmente el umbral citado, o que estén obligados por decisión de la oficina Intrastat. En cambio, la presentación de estadísticas por cuantías inferiores es voluntaria.

Las declaraciones Intrastat deben ser presentadas dentro de los plazos reglamentarios por el sujeto pasivo o su representante, generalmente un agente de aduanas, denominado *tercer declarante*. La ausencia de presentación mensual de la declaración estadística, las presentaciones fuera de plazo o declarar datos incompletos o falsos está sancionado con multas de hasta 30.000 €.

3   Código de conducta estadístico de la Unión Europea

El sistema estadístico de la UE es un referente internacional de calidad informativa en su campo, y suministra datos tanto a los organismos oficiales como a cualquier persona que desee consultarlos.

1. Independencia profesional
2. Mandato de recogida de datos
3. Adecuación de los recursos
4. Compromiso de calidad
5. Confidencialidad estadística
6. Imparcialidad y objetividad
7. Metodología sólida
8. Procedimientos estadísticos adecuados
9. Carga no excesiva para los encuestados
10. Relación costo-eficacia
11. Relevancia
12. Precisión y fiabilidad
13. Oportunidad y puntualidad
14. Coherencia y comparabilidad
15. Accesibilidad y claridad

Tabla 27. Principios del Código de Buenas Prácticas de las Estadísticas Europeas.

Con el propósito de confeccionar estadísticas objetivas, con información independiente, que permitan ofrecer la calidad necesaria de las condiciones requeridas y el análisis y la toma de decisiones, la Comisión Eurostat, los institutos nacionales de estadística y las demás instituciones gubernamentales con responsabilidad en la elaboración de las estadísticas aplican un código de buenas prácticas, los principios del cual se detallan en la tabla 27.

Anexos

Anexo 1
Certificado de origen (cámara de comercio)

<table>
<tr><td colspan="2">

1. Expedidor, Expedidor, Expéditeur, Consignor المرسل 发货人

</td><td colspan="2">

NÚM. **2139631**

</td><td>

ORIGINAL

</td></tr>
<tr><td colspan="2" rowspan="2">

2. Destinatari, Destinatario, Destinataire, Consignee المرسل اليه 收货人

</td><td colspan="3">

COMUNITAT EUROPEA
COMUNIDAD EUROPEA
COMMUNAUTE EUROPEENNE
EUROPEAN COMMUNITY
المجموعة الاقتصادية الاوروبية 欧洲共同体

CERTIFICAT D'ORIGEN
CERTIFICADO DE ORIGEN
CERTIFICAT D'ORIGINE
CERTIFICATE OF ORIGIN
شهادة المنشأ 原产地证明

</td></tr>
<tr><td colspan="3">

3. País d'origen, País de origen, Pays d'origine, Country of origin بلد المنشأ 原产国

</td></tr>
<tr><td colspan="2">

4. Informacions relatives al transport (opcional)
Informaciones relativas al transporte (Mención facultativa)
Informations relatives au transport (Mention facultative)
Transport details (Optional) معلومات عن واسطة المرسلة 运输情况

</td><td colspan="3">

5. Observacions, Observaciones, Remarques, Remarks ملاحظات 注备

</td></tr>
<tr><td colspan="4">

6. Número d'ordre, marques, numeració, nombre i naturalesa dels paquets, designació de les mercaderies
Nº de orden, marcas, numeración, número y naturaleza de los bultos, designación de las mercancías
Nº d'ordre, marques, numéros, nombre et nature des colis, désignation des marchandises
Item number, marks, number and kind of packages, description of goods
مواصفات البضاعة : رقم لطرود ،رقم لطرود ، عدد وطبيعة الطرود
序号；商标；号码；包装件数量和性质；商品种类；

</td><td>

7. Quantitat
Cantidad
Quantité
Quantity
الكمية 数量

</td></tr>
<tr><td colspan="5" height="400">

CANCELADO

</td></tr>
<tr><td colspan="5">

8. L'autoritat sotasignada certifica que les mercaderies descrites més amunt són originàries del país que figura a la casella núm. 3
La autoridad que suscribe certifica que las mercancías designadas son originarias del país que figura en la casilla nº 3
L'autorité soussignée certifie que les marchandises désignées ci-dessus sont originaires du pays figurant dans la case nº 3
The undersigned authority certifies that the goods described above originate in the country shown in box 3
تشهد السلطة الموقعة أدناه أن البضائع المذكورة أعلاه مصدرها البلاد المذكوره في الخانة رقم ٣
签发该证当局证实上述商品原产于第3栏内所注明的国家

Lloc i data de l'expedició, nom, signatura i segell de l'autoritat competent
Lugar y fecha de expedición, nombre, firma y sello de la autoridad competente
Lieu et date de délivrance, désignation, signature et cachet de l'autorité compétente
Place and date of issue, name, signature and stamp of competent authority
مكان ،وتاريخ وسمعة وتوقع وختم السلطة المختصة. 发证地点和日期；发证当局的名称，签字和印章

CAMBRA OFICIAL DE COMERÇ, INDÚSTRIA I NAVEGACIÓ DE BARCELONA

</td></tr>
</table>

Anexo 2
Certificado de circulación EUR-1

CERTIFICADO DE CIRCULACIÓN DE MERCANCÍAS

1. Exportador (nombre,, dirección completa y país)

EUR. 1   N.º   **0283251**   **A**

Véanse las notas del reverso antes de rellenar el impreso

2. Certificado utilizado en los intercambios preferenciales entre

y

(indíquese los países, grupo de países o territorios correspondientes)

3. Destinatario (nombre, apellidos, dirección completa y país) (mención facultativa)

4. País, grupo de países o territorio del que se considera que los productos son originarios

5. País, grupo de países o territorio de destino

6. Información relativa al transporte (mención facultativa)

7. Observaciones

8. Número de orden; marcas y numeración; número y naturaleza de los bultos (¹); Descripción de las mercancías (²)

9. Masa bruta (kg) u otra medida (litros, m³, etc.)

10. Facturas (mención facultativa)

11. VISADO DE LA ADUANA O DE LA AUTORIDAD GUBERNAMENTAL COMPETENTE

Declaración certificada

Documento de exportación (³):

Formulario _____________ N.º __________

Aduana u oficina gubernamental competente:

____

País o territorio de expedición________________

____

Lugar y fecha________________________________

____

____

(Firma)

Sello

12. DECLARACION DEL EXPORTADOR

El que suscribe declara que las mercancías arriba designadas cumplen las condiciones exigidas para la expedición del presente certificado

Lugar y fecha ___________________________

____

(Firma)

(1) Si la mercancía no está embalada, indíquese el número de artículos o declárese "a granel", según sea el caso.   (2) Incluye la clasificación arancelaria de la mercancía al nivel de partida (código 4 dígitos).   (3) Complétese sólo si la normativa del país o territorio exportador lo exige.

Anexo 3
Certificado de circulación ATR

CERTIFICADO DE CIRCULACIÓN DE MERCANCÍAS

1. Exportador (nombre y apellidos, dirección completa, país)

A.TR. N.º GA 2300407 A

2. Documento de transporte (indicación facultativa)
N.º .... de ....

3. Destinatario (nombre y apellidos, dirección completa, país)(indicación facultativa)

4.

ASOCIACIÓN
entre la
COMUNIDAD ECONÓMICA EUROPEA
y
TURQUÍA

5. Estado de exportación

6. Estado de destino (¹)

(1) Indíquese un Estado miembro o Turquía

7. Datos relativos al transporte (indicación facultativa)

8. Observaciones

9. N.º de Orden

10. Marcas, numeración, número y naturaleza de los bultos (para las mercancías a granel indíquese, según el caso, el nombre del barco, el número del vagón o del camión); designación de las mercancías.

11. Peso bruto (kg.) u otra medida (hl. m³, etc.)

12. VISADO DE LA ADUANA

Declaración certificada conforme
Documento de exportación (²)
Modelo .... n.º ....
de ....
Aduana ....
Estado de expedición: ....
....
En ...., a ....

....
(Firma)

(2) Consígnese sólo cuando lo exija el Estado de exportación

13. DECLARACIÓN DEL EXPORTADOR

El abajo firmante declara que las mercancías anteriormente designadas reunen las condiciones requeridas para la obtención del presente certificado.

En ...., a ....

....
(Firma)

Anexo 4
Certificado de circulación FORM A

<table>
<tr>
<td colspan="2">

1. Espéditeur (nom, adresse, pays de l'exportateur)

2. Destinataire (nom, adresse, pays)

</td>
<td colspan="4">

Réference n.º

A   Nº 211049

SYSTÈME GÉNÉRALISÉ DE PRÉFÉRENCES
CERTIFICAT D'ORIGINE
(Déclaration et certificat)
FORMULE A

Délivré en ....
(pays)

Voir notes au verso

</td>
</tr>
<tr>
<td colspan="2">

3. Moyen de transport et itinéraire (si connus)

</td>
<td colspan="4">

4. Pour usage officiel

</td>
</tr>
<tr>
<td>

5. Nº d'ordre

</td>
<td>

6. Marques et numéros des colis

</td>
<td>

7. Nombre et type de colis; description des marchandises

</td>
<td>

8. Critère d'origine (voir notes au verso)

</td>
<td>

9. Poids brut ou quantité

</td>
<td>

10. N.º et date de la facture

</td>
</tr>
<tr>
<td colspan="3">

11. Certificat

Il est certifié, sur la base du contrôle effectué, que la déclaration de l'exportateur est exacte

Lieu et date, signature et timbre de l'autorité délivrant le certificat

</td>
<td colspan="3">

12. Déclaration de l'exportateur

Le soussigné déclare que les mentions et indications ci-dessus sont exactes, que toutes ces marchandises ont été produites en

....

Et qu'elles remplissent les condiitions d'origine requises par le système généralisé de préférences pour être exportées à destination de

....
(nom du pays importateur)

Lieu et date, signature du signataire habilité

</td>
</tr>
</table>

Anexo 5A
Declaración de los elementos relativos al valor en aduana (DV–1) (hoja 1)

COMUNIDAD EUROPEA DECLARACION DE LOS ELEMENTOS RELATIVOS AL VALOR EN ADUANA   **D.V. 1**

1 NOMBRE Y DIRECCION DEL VENDEDOR (en letras de molde)

PARA USO DE LA ADMINISTRACION

2 (a) NOMBRE Y DIRECCION DEL COMPRADOR (en letras de molde)

2 (b) NOMBRE Y DIRECCION DEL DECLARANTE (en letras de molde)

OBSERVACION IMPORTANTE

Al filmar y presentar esta declaración el declarante se compromete en cuanto a la exactitud y la integridad de la información suministrada en el presente formulario, en cualquiera de sus hojas suplementarias que le acompañan y a la autenticidad de todos los documentos presentados en apoyo. El declarante también se responsabilizará de suministrar la información adicional o la documentación necesaria para establecer el valor en aduana de las mercancías.

3 Condiciones de entrega

4 Número y fecha de la factura

5 Número y fecha del contrato

6 Número y fecha de cualquier resolución aduanera relativa a los apartados 7 a 9.

Márquese con X la casilla adecuada

7 (a) ¿Existe VINCULACION entre comprador y vendedor en el sentido del apartado 2 del artículo 143 (*) del Reglamento (CEE) n°. 2454/93?
En caso negativo, pásese al apartado 8.   □ SI □ NO

   (b) ¿Ha INFLUIDO la vinculación en el precio de las mercancías importadas?   □ SI □ NO

   (c) (respuesta facultativa) ¿Se APROXIMA MUCHO el valor de transacción de las mercancías importadas a algún valor de los mencionados en la letra (b) del apartado 2 del artículo 29 del Reglamento (CEE) n°. 2913/92?.
En caso afimativo, explíquese con detalle.   □ SI □ NO

8 (a) ¿Existe RESTRICCIONES para la cesión o utilización de las mercancías por el comprador, distintas de las que:
    - impongan o exijan la ley o las autoridades en la Comunidad.
    - limiten la zona geográfica donde puedan revenderse las mercancías, o
    - no afecten sustancialmente al valor de las mercancías?.
   (b) ¿Dependen la venta o el precio de CONDICIONES ó PRESTACIONES, cuyo valor no pueda determinarse con relación a las mercancías objeto de valoración?   □ SI □ NO
Especifíquese la naturaleza de las restricciones, condiciones o prestaciones, según el caso: □ SI □ NO

Si puede determinarse el valor de las condiciones o prestaciones, indíquese su importe en el apartado 11 (b).

9 (a) ¿Existe CANONES y DERECHOS DE LICENCIA relativos a las mercancías importadas que el comprador esté obligado a pagar, directa o indirectamente, como condición de la venta?   □ SI □ NO

   (b) ¿Está la venta condicionada por un acuerdo, según el cual una parte del producto de cualquier REVENTA, CESION ó UTILIZACION posterior de las mercancías importadas, revierta directamente o indirectamente al vendedor?   □ SI □ NO
En caso de respuesta afirmativa a una de las preguntas. especifiquense las condiciones, y si es posible, indíquese los importes en los apartados 15 y 16.

(*) NOTA A LA CASILLA 7
1. SOLO SE CONSIDERARA QUE EXISTE VINCULACION ENTRE LAS PERSONAS EN LOS CASOS SIGUIENTES:
   (a) si cada una forma parte de la Dirección o del Consejo de Administración de la empresa de la otra;
   (b) si ambas tienen jurídicamente la condición de asociadas;
   (c) si una es empleada de la otra;
   (d) si una persona cualquiera posee, controla o tiene directa o indirectamente el 5% o más de las acciones o títulos con derecho a voto de una y de otra;
   (e) si una de ellas controla, directa o indirectamente, a la otra;
   (f) si ambas son controladas, directa o indirectamente, por una tercera persona;
   (g) si juntas controlan, directa o indirectamente, a una tercera persona;
   (h) si son miembros de la misma familia;
2. El hecho de que el comprador y el vendedor estén vinculados no impide necesariamente el uso del valor de transacción (ver apartado 2 del artículo 29 del Reglamento (CEE) n°. 2913/92 así como la nota interpretativa a dicho artículo en el Anexo 23.

10 (a) Número de las hojas suplementarias D.V. 1 BIS

10 (b) (Localidad):
   (Fecha):
   Firma:

Anexo 5B
Declaración de los elementos relativos al valor en aduana (DV-1) (hoja 2)

1935785 **A**

PARA USO DE LA ADMINISTRACION

			Partida de orden	Partida de orden	Partida de orden
A. Base de cálculo	**11** (a) Precio neto en la MONEDA DE FACTURACION (Precio efectivamente pagado o por pagar en el momento a considerar para la determinación del valor en aduana)				
	(b) Pagos indirectos - véase apartado 8 (b)				
	(Tipo de cambio:)				
	12 Total A en MONEDA NACIONAL				
B. ADICIONES. Importes en MONEDA NACIONAL NO INCLUIDOS en A (*)	**13** Costes soportados por el comprador				
	(a) Comisiones, excepto las comisiones de compra				
	(b) Gastos de corretaje				
	(c) Envases y embalajes				
Indíquense A CONTINUACION las posibles decisiones anteriores de las autoridades aduaneras referentes a estas cuestiones:	**14** Bienes y servicios suministrados por el comprador, gratuitamente o a precio reducido y utilizados en la producción y venta para la exportación de las mercancías importadas:				
	Los valores indicados se repartirán, si llega el caso, de manera adecuada.				
	(a) materiales, componentes, partes y elementos similares incorporados a las mercancías importadas.				
	(b) herramientas, matrices, moldes y objetos similares utilizados en la producción de las mercancías importadas.				
	(c) materiales consumidos en la producción de las mercancías importadas				
	(d) trabajos de ingeniería, de desarrollo, artísticos y de diseño, planos y croquis, realizados fuera de la Comunidad y necesarios para la producción de las mercancías importadas.				
	15 Cánones y derechos de licencia - véase apartado 9(a)				
	16 Producto de cualquier reventa, cesión o utilización posterior, que revierta al vendedor - véase apartado 9 (b)				
	17 Gastos de entrega hasta _________________ (Lugar de introducción)				
	(a) Gastos de transporte				
	(b) Gastos de carga y de manipulación				
	(c) Seguro				
	18 Total B				
C. DEDUCCIONES. Importes en MONEDA NACIONAL INCLUIDOS en A (*)	**19** Gastos de transporte posteriores a la llegada al lugar de introducción				
	20 Gastos relativos a trabajos de construcción, instalación, montaje, mantenimiento o asistencia técnica, realizados después de la importación				
	21 Otros gastos (especifiquense)				
	22 Derechos de aduanas y otros gravámenes pagaderos en la Comunidad como consecuencia de la importación o de la venta de las marcancias				
	23 Total C				
	24 VALOR DECLARADO (A+B-C)				

(*) Cuando los importes son pagaderos en MONEDA EXTRANJERA, líndiquese aquí el importe en la moneda extranjera y el tipo de cambio relativo a cada. elemento y partida de orden.

Referencia   Importe   Tipo de cambio

Anexo 6A
Declaración de importación (Unión Europea)

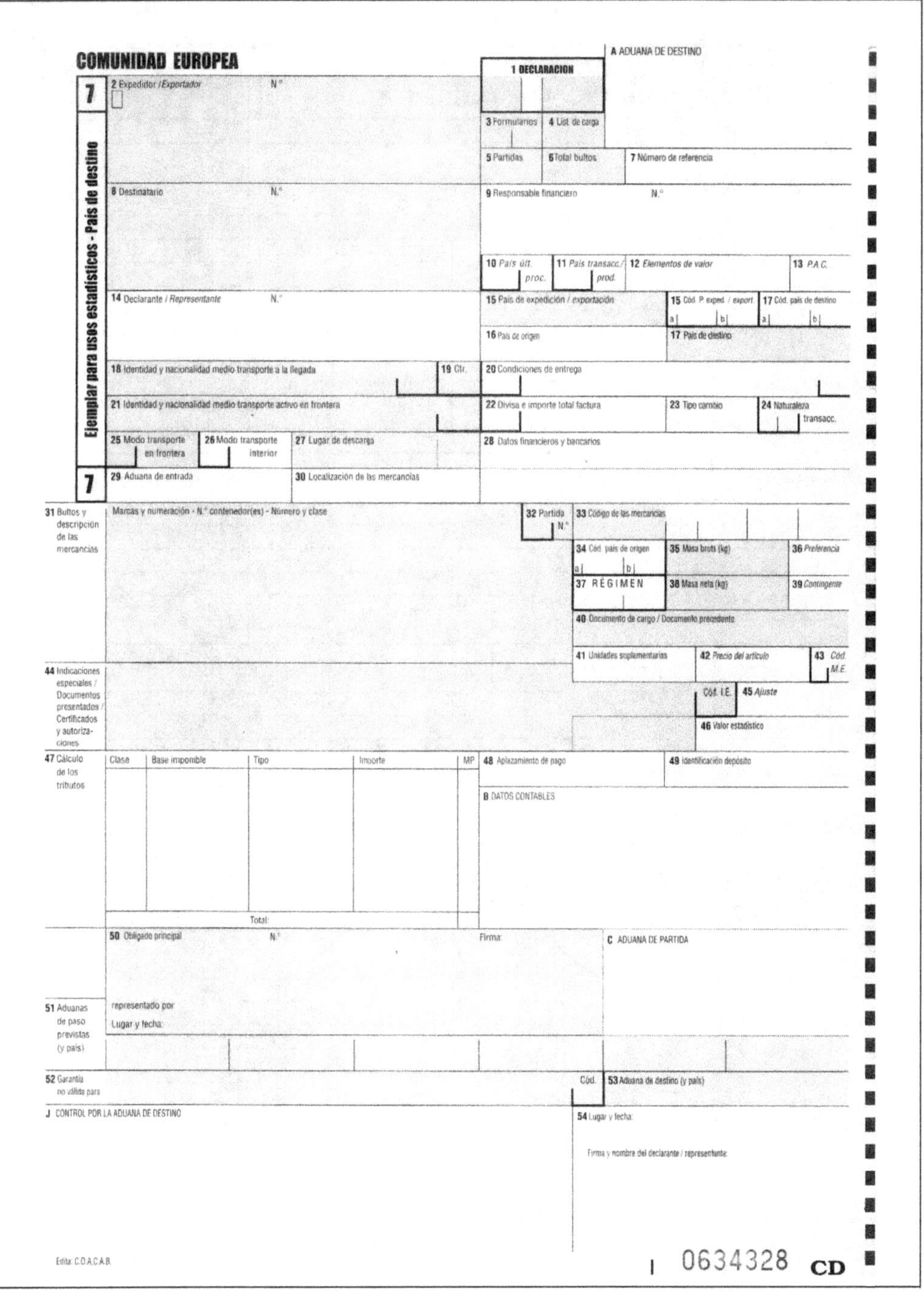

Anexo 6B
Declaración de ingreso (Chile)

| | | FORM **07** | NUMERO DE IDENTIFICACION |

GOBIERNO DE CHILE
SERVICIO NACIONAL DE ADUANAS

DECLARACION DE INGRESO

FORM **07** — NUMERO DE IDENTIFICACION
15 — FECHA DE VENCIMIENTO

Aduana **25** — Despachador **26** — Tipo de Operación

IDENTIFICACION

Consignatario o Importador — Dirección — Comuna
Cod — RUT — Representante Legal — RUT
Consignante — Dirección — País — Cod

ORIGEN, TRANSPORTE Y ALMACENAJE

País Origen — País Adquisición — Via Transporte
Puerto Embarque — Puerto Desembarque — Tipo Carga
Cia. Transportadora — Cod. País — RUT
Manifiesto — Fecha
Docto. Transporte — Fecha
Emisor Documento Transporte — RUT
Almacenista — Cod. — Fecha de Recepción — Fecha de Retiro
Registro Reconocimiento — Regla 1 o V°B°

REGIMEN SUSPENSIVO

Dirección Almacenamiento — Comuna
Ad. Control Plazo — Parcial — Hojas Insumo — Total Insumos — Cod. Almacén
Número — Fecha — Aduana — Hojas Anexos

ANTECEDENTES FINANCIEROS

Régimen Importación — Cod. Bco. Comercial — Divisas
Forma Pago — Días — Valor EX-Fábrica
Moneda — Gastos Hasta FOB
Cláusula Compra — Forma Pago Gravámenes

DESCRIPCION DE MERCANCIAS

ITEM **1** — Nombre — Cod. Arancel — Valor CIF Item
Atributo 1 — Atributo 2 — Ad Valorem — Cod.
Atributo 3 — Atributo 4 — Otro 1 — Cod.
Atributo 5 — Atributo 6 — Otro 2 — Cod.
Ajuste — Cantidad Mercancías — Unidad Medida — Precio FOB Unitario — Otro 3 — Cod.
Código Arancelario del Tratado — Acuerdo Comercial — Observaciones — Otro 4 — Cod.
Observaciones — Observaciones — Observaciones

Tipo Bulto	Cod.	Cantidad	Tipo Bulto	Cod.	Cantidad	Total Item	Valor FOB	**CUENTAS Y VALORES**
						Total Hojas	Flete	
						Total Bultos	Seguro	
						Peso Bruto	Valor CIF	

IDENTIFICACION DE BULTOS

OBSERVACIONES BANCO CENTRAL - S.N.A.

(-)
178

AUTORIZA RETIRO MERCANCIAS

Tipo de Inspección — Resultado
Nombre Fiscalizador — Código
N° Interno:
Observaciones

OPERACIONES CON PAGO DIFERIDO
Fecha Vencimiento — Valor US$

501		601		TOTAL GIRO US$	191
502		602		TOTAL DIFERIDO	699
503		603		CUOTA CONTADO	199
504		604		61 Tipo de Cambio	91
505		605		USO EXCLUSIVO SERVICIO DE TESORERIAS	
506		606		IPC	92
507		607		INTERESES Y MULTAS	93

Tasa Interés — Cuotas — Aduana — TOTAL A PAGAR EN $ — 94
N° — Fecha — FECHA DE ACEPTACION **215**

Número — Fecha

Anexo 6C
Declaración de importación (Colombia)

REPÚBLICA DE COLOMBIA

DIAN

Declaración de Importación   Privada   **500**

1. Año

4. Número de formulario

El contrabando es contra todos

Lea cuidadosamente las instrucciones

Importador

5. Número de Identificación Tributaria (NIT)   6. DV.   11. Apellidos y nombres o razón social

13. Dirección   15. Teléfono   12. Cód. Dirección seccional   16. Cód. Dpto.   17. Cód. Ciudad/ Municipio

Declarante

24. Número de Identificación Tributaria (NIT)   25 DV.   26. Razón social del declarante autorizado   27. Tipo usuario   28. Cód. Usuario

29. Número documento de identificación   30. Apellidos y nombres

31. Clase importador   32. Tipo declaración   33. Cód.   34. No. Formulario anterior   35. Año   Mes   Día   36. Cód. Direcc. Seccional   37. Declaración de exportación   No.   38. Año   Mes   Día   39. Cód. Dirección seccional

40. Cód. Lugar ingreso de las mercancías   41. Cod. Depósito   42. Manifiesto de carga   No.   43. Fecha de llegada   44. Documento de transporte   No.   45. Año   Mes   Día

46. Nombre exportador o proveedor en el exterior   47. Ciudad   48. Cód. País exportador

49. Dirección exportador o proveedor en el exterior   50. E-mail

51. No. de factura   52. Año   Mes   Día   53. Cód. País procedencia   54. Cód. Modo transporte   55. Código de bandera   56. Cód. destino mercancía   57. Empresa transportadora   58. Tasa de cambio $ cvs.

S   59. Subpartida arancelaria   60. Código complementario   61. Código suplementario   62. Cód. Modalidad   63. No. Cuotas o meses   64. Valor cuota USD   65. Periodicidad del pago de la cuota   66. Cód. País origen   67. Cód. Acuerdo

68. Forma de pago de la importación   69. Tipo de importación   70. Cód País compra   71. Peso bruto kgs.   dcms.   72. Peso neto kgs.   dcms.   73. Código embalaje   74. No. Bultos   75. Subpartidas física   76. Cód. Unidad física   77. Cantidad   dcms.

78. Valor FOB USD   79. Valor fletes USD

80. Valor seguros USD   81. Valor otros gastos USD

82. Sumatoria de fletes, seguros y otros gastos USD   83. Ajuste valor USD

84. Valor aduana USD   85. Cód. Reg. o licencia   86. Número

87. Cód. oficina   88. Año   89. Programa No.   90. Cód. interno del producto

Concepto	%		Base	Total liquidado pesos ($)	Total a pagar con esta declaración pesos ($)	Total liquidado dólares (USD)
Arancel	92	93		94	95	96
I.V.A.	97	98		99	100	101
Salvaguardia	102	103		104	105	106
Derechos compensatorios	107	108		109	110	111
Derechos antidumping	112	113		114	115	116
Sanción	117	118		119	120	
Rescate	121	122		123	124	
Total				125		126

91. Descripción de las mercancías (**NO** incluir la descripción de las mercancías a importar con lo señalado en el arancel de aduanas en la subpartida arancelaria - Incluya marcas, seriales y otros). Si el campo es insuficiente, continúe al respaldo de este formulario.

127. Valor pagos anteriores   128. Recibo oficial de pago anterior No.   129. Fecha

130. Espacio reservado DIAN - Actuación aduanera   131. Espacio reservado uso exclusivo Ministerio de Relaciones Exteriores   132. No. Aceptación declaración

133. Fecha

134. Levante No.   135. Fecha   Firma funcionario responsable   136. Nombre

137. C.C. No.

Firma declarante

997. Espacio exclusivo para el sello de la entidad recaudadora

980. Pago total $

996. Espacio para el adhesivo de la entidad recaudadora (Números del adhesivo)

PRECIO MAXIMO DE VENTA AL PUBLICO $6.000

Conserve el nombre de la máquina registradora al dorso de este formulario

Original: Dirección de Impuestos y Aduanas Nacionales

201040900000001

Anexo 6D
Declaración aduanera de importación (Ecuador)

REPUBLICA DEL ECUADOR
DECLARACION ADUANERA DE IMPORTACION

Consulta de detalle de la declaración

Número de DAU	

Información de general

Aduana		Código de régimen	
Tipo de despacho		Número de despacho	
Tipo de pago		Fecha de Aceptación	

Información de Importador

Nombre		Número de	
Ciudad		Teléfono	
Dirección			
Ciiu			

Información del declarante

Apelidos / nombres		Número de	
Código del decarante			
Dirección			

Información de carga

Pais de procedencia		Codigo de endoso	
Beneficiario del giro		Numero de carga	
Documento de transporte			

[Comun]

Valor en aduana

Fob		Flete	
Seguro		Ajustes	
Otros ajustes		Valor en aduana	
Items declarados		Peso neto (kilos)	
Cantidad de unidades fisicas		Cantidad de unidades comerciales	
Total en tributos			

[Item]

Firma del Contribuyente	1 de hoja /3 total de hojas	Firma del Declarante

Anexo 6E
Documento aduanero de importación (México)

SAT

Servicio de Administración Tributaria

SECRETARIA DE HACIENDA Y CREDITO PUBLICO

Hoja de cálculo para la determinación del valor en aduana de mercancías de importación

1 DATOS DEL IMPORTADOR

APELLIDO PATERNO, MATERNO, NOMBRE(S), DENOMINACION O RAZON SOCIAL — RFC

DOMICILIO   CALLE   No. EXTERIOR/INTERIOR   CODIGO POSTAL   ENTIDAD O MUNICIPIO

2 DATOS DEL VENDEDOR

APELLIDO PATERNO, MATERNO, NOMBRE(S), DENOMINACION O RAZON SOCIAL — TAX NUMBER

DOMICILIO   CALLE   No. EXTERIOR/INTERIOR   CIUDAD   PAIS

3 DATOS DE LA MERCANCIA

DESCRIPCION

CLASIFICACION ARANCELARIA — CANTIDAD

PAIS DE PRODUCCION — PAIS DE PROCEDENCIA

4 DETERMINACION DEL METODO

1. ¿ES COMPRAVENTA PARA IMPORTACION A TERRITORIO NACIONAL?   SI ( )   NO ( )
2. UNICAMENTE PERSONAS VINCULADAS, ¿LA VINCULACION AFECTA EL PRECIO?   SI ( )   NO ( )
3. ¿EXISTEN RESTRICCIONES?   SI ( )   NO ( )
4. ¿EXISTEN CONTRAPRESTACIONES?   SI ( )   NO ( )
5. ¿EXISTEN REGALIAS O REVERSIONES?   SI ( )   NO ( )

EN CASO DE HABER CONTESTADO NEGATIVAMENTE AL SUPUESTO NUMERO 1 O AFIRMATIVAMENTE EN CUALQUIERA DE LOS DEMAS SUPUESTOS, NO PODRA UTILIZAR EL METODO DE VALOR DE TRANSACCION, UTILICE OTRO METODO.

5 PRECIO PAGADO O POR PAGAR

PAGOS DIRECTOS: _______________

CONTRAPRESTACIONES O PAGOS INDIRECTOS: _______________

TOTAL %: _______________

6 AJUSTES INCREMENTABLES

COMISIONES: _______________
FLETES Y SEGUROS: _______________
CARGA Y DESCARGA: _______________
MATERIALES APORTADOS: _______________
TECNOLOGIA APORTADA: _______________
REGALIAS: _______________
REVERSIONES: _______________

TOTAL %: _______________

7 NO INCREMENTABLES

GASTOS DIVERSOS QUE SE REALICEN CON POSTERIORIDAD EN LOS SUPUESTOS A QUE SE REFIERE LA FRACCION I DEL ART. 56 DE LA LEY

GASTOS NO RELACIONADOS: _______________
FLETES Y SEGUROS: _______________
GASTOS DE CONSTRUCCION: _______________
INST., ARMADO, ETC.: _______________
CONTRIBUCIONES: _______________
DIVIDENDOS: _______________

TOTAL %: _______________

8 VALOR EN ADUANA CONFORME AL METODO DE VALOR DE TRANSACCION

PRECIO PAGADO O POR PAGAR: _______________   AJUSTES INCREMENTABLES: _______________   VALOR EN ADUANA %: _______________

9 LA PRESENTE DETERMINACION DEL VALOR ES VALIDA PARA

PEDIMENTO NUMERO	FECHA DEL PEDIMENTO AA/MM/DD	FACTURA NUMERO	FECHA DE LA FACTURA AA/MM/DD	MARQUE CON UNA X SI CUENTA CON MAS DE UN PEDIMENTO

LUGAR DE EMISION DE LA FACTURA   TIPO DE FACTURA   DOCUMENTO UNICO □   SUBDIVISIONES □

METODOS DIFERENTES AL VALOR DE TRANSACCION

10 VALOR EN ADUANA DETERMINADO SEGUN OTROS METODOS %

11 NO UTILIZO EL VALOR DE TRANSACCION POR

1. NO SE TRATO DE UNA COMPRAVENTA.   ( )
2. LA COMPRAVENTA NO FUE PARA EXPORTACION CON DESTINO A TERRITORIO NACIONAL.   ( )
3. EXISTIR VINCULACION QUE AFECTA EL PRECIO.   ( )
4. EXISTIR RESTRICCIONES A LA ENAJENACION O UTILIZACION DISTINTOS DE LOS PERMITIDOS.   ( )
5. EXISTIR CONTRAPRESTACIONES O REVERSIONES NO CUANTIFICABLES.   ( )

12 METODO PARA LA DETERMINACION DEL VALOR EN ADUANA

1. VALOR DE TRANSACCION DE MERCANCIAS IDENTICAS.   ( )
2. VALOR DE TRANSACCION DE MERCANCIAS SIMILARES.   ( )
3. VALOR DE PRECIO UNITARIO DE VENTA.   ( )
4. VALOR RECONSTRUIDO.   ( )
5. VALOR DETERMINADO CONFORME AL ARTICULO 78 DE LA LEY ADUANERA.   ( )

13 EL SUSCRITO MANIFIESTA BAJO PROTESTA DE DECIR VERDAD QUE LO ASENTADO EN ESTA DECLARACION ES VERIDICO.

APELLIDO PATERNO, MATERNO Y NOMBRE(S) DEL REPRESENTANTE LEGAL

FECHA DE ELABORACION AA/MM/DD

FIRMA DEL IMPORTADOR O REPRESENTANTE LEGAL — RFC

14. SE ASENTARA EL NUMERO DE PATENTE O AUTORIZACION DEL AGENTE O APODERADO ADUANAL QUE REALIZARA EL DESPACHO DE LAS MERCANCIAS.

Anexo 7A
Declaración de exportación (Unión Europea)

DUA EXPORTACIÓN
(DOCUMENTO ÚNICO ADMINISTRATIVO)

COMUNIDAD EUROPEA

Ejemplar para el país de expedición / exportación

1

2 Expedidor / Exportador N.°

8 Destinatario N.°

14 Declarante / Representante N.°

18 Identidad y nacionalidad medio transporte a la partida 19 Ctr.

21 Identidad y nacionalidad medio transporte activo en frontera

25 Modo transporte en frontera 26 Modo transporte interior 27 Lugar carga

1 29 Aduana de salida 30 Localización de las mercancías

A ADUANA DE EXPEDICIÓN/EXPORTACIÓN

1 DECLARACIÓN

3 Formularios 4 List. de carga

5 Partidas 6 Total bultos 7 Número de referencia

9 Responsable financiero N.°

10 País primer destino 11 País transacción 13 P.A.C.

15 País de expedición / exportación 15 Cód P. exped / export 17 Cód. país de destino a b a b

16 País de origen 17 País de destino

20 Condiciones de entrega

22 Divisa e importe total factura 23 Tipo cambio 24 Naturaleza transacc.

28 Datos financieros y bancarios

Bultos y descripción de las mercancías — Marcas y numeración - N.° contenedor(es) - Número y clase

32 Partida N.° 33 Código de las mercancías

34 Cód. país de origen 35 Masa bruta (kg) a

37 RÉGIMEN 38 Masa neta (kg) 39 Contingente

40 Documento de carga / Documento precedente

41 Unidades suplementarias

Indicaciones especiales / Documentos presentados / Certificados y autorizaciones

Cód. I. E.

46 Valor estadístico

Cálculo de los tributos — Clase Base imponible Tipo Importe MP 48 Aplazamiento de pago 49 Identificación depósito

B DATOS CONTABLES

Total

50 Obligado principal N.° Firma C ADUANA DE PARTIDA

Aduanas de paso previstas (y país) representado por: Lugar y fecha.

Garantía no válida para Cód. 53 Aduana de destino (y país)

CONTROL POR LA ADUANA DE PARTIDA Sello: 54 Lugar y fecha
Resultado:
Precintos colocados: Número:
  marcas:
Plazo (fecha límite)
Firma:

Firma y nombre del declarante / representante:

E 0005326 **CD**

Anexo 7B
Declaración de salida (Chile)

SERVICIO NACIONAL DE ADUANAS / CHILE
DOCUMENTO UNICO DE SALIDA

NUMERO DE IDENTIFICACION
4962193-0

FECHA
23082020

Jrelhugright#Pkln

Aduana		Despachador
34 VALPARAISO	G05	MANUEL FERNANDO GARCÍA

N° Despacho	Tipo de Operacion	
1715	200	EXPORTACION.NORMAL

IDENTIFICACION

Rut Exportador	Consignatario o Exportador
3| 96615800-K	EXPORTADORA SOLESOLE S.A.

Direccion		Comuna
AV. LUIS PASTEUR 5661	13132	VITACURA

Rut Exportador Secundario	Consignatario o Exportador Secundario
0	0	

Direccion		Comuna
	0	

Consignatario
LNV EASY SALES, LTD.

DESTINO Y TRANSPORTE · REGIMEN SUSPENSIVO

	Puerto Embarque	Cod Region Origen	Tipo Carga	Via Transporte
905	VALPARAISO	5	F	1

	Puerto Desembarque		Pais Destino
135	PHILADELPHIA	225	U.S.A.

Rut Cia. Transportadora	Cia. Transportadora	Pais Cia de Tranps.
59059900-K	HAMBURG SUD	ALEMANIA

Rut Emisor	Emisor Documento Transporte
59059900-K	HAMBURG SUD

Número Documento de Transporte	Fecha Documento de Transporte
SUDUB2SCLNC19243	27082012

N° Viaje	Nombre de la Nave
85639	GLASGOW EXPRESS

V°B°
1 SAG 582664 30082012

REGIMEN SUSPENSIVO

N° Documento	Aduana	Plazo
0	0	0

ANTECEDENTES FINANCIEROS

	Tipo de Autorización	N° Informe	Fecha
0		225	240
13	Moneda: DOLAR USA	Valor Clausula de Ve: 28800	
2	Modalida de Venta: BAJO CONDICION	Comisiones en el Ext: 0	
5	Cláusula de Venta: FOB	Otros Gastos Deduci: 0	
1	Forma de Pago: COB1	Valor Liquido de Reto: 28800	

DESCRIPCION DE MERCANCIAS

ITEM 1 — Nombre
SIN-CODIGO ; MANDARINAS FRESCAS; SUBSOLE-F; W. MURCOTT; EN CAJAS

Atributo 1	Atributo 4	Cód. Arancel	Peso Bruto
DE 17.00 KN		08052010	25920
Atributo 2	Atributo 5	U. Medida: 6 KN	Precio Unit: 1.1764
Atributo 3	Atributo 6	Cantidad: 24480	Valor FOB: 28800

Observaciones 1	Observaciones 2	Observaciones 3
68| 650| TLCCH-USA	61|	2SCLNC1924	67|	VALOR DEFINITIVO

ITEM — Nombre

Atributo 1	Atributo 4	Cód. Arancel	Peso Bruto
Atributo 2	Atributo 5	U. Medida	Precio Unit
Atributo 3	Atributo 6	Cantidad	Valor FOB

Observaciones 1	Observaciones 2	Observaciones 3

DESCRIPCION DE BULTOS

N°	Cod	Tipo de Bulto	Cantidad de Bultos	Identificacion de Bultos	Sub Continente
1	76	REEFER40	1		1440 CAJACARTON
2					
3					
4					
5					

OBSERVACIONES GENERALES

	Parcial	Número Parcial	Total Parciales
INST. 1543		0	0

TOTALES

Total Items	Total B
1	1

Total Peso Bruto	25920
Total Valor FOB	28800
Seguro		0
Flete		0
Valor Cif	0	

ACEPTACION A TRAMITE	AUTORIZACION DE SALIDA	LEGALIZACION/DECLARAC
	Fecha: 04/09/2020 Tipo Examen: L| SIN EXAMEN	Fecha: 05/09/2020 Tipo Examen: L| LIBRE

Anexo 7C
Declaración de exportación (Colombia)

DIAN
Dirección de Impuestos y Aduanas Nacionales

Declaración de Exportación

MUISCA
Modelo Único de Ingreso, Servicio y Control Automatizado

600

1. Año

Espacio reservado para la DIAN

4. Número de formulario

Exportador

20. Tipo de documento | 18. Número de identificación | 6. DV. | 7. Primer apellido | 8. Segundo apellido | 9. Primer nombre | 10. Otros nombres

11. Razón social

Declarante

24. Tipo de documento | 25. Número documento de identificación | 26. DV. | 27. Primer apellido | 28. Segundo apellido | 29. Primer nombre | 30. Otros nombres

31. Razón social

Destinatario

32. Tipo de documento | 33. Número documento de identificación | 34. Primer apellido | 35. Segundo apellido | 36. Primer nombre | 37. Otros nombres

38. Razón social

39. Domicilio destinatario | 40. Ciudad

Datos del negocio

41. Clase DEX | Cód. | 42. No. Formulario anterior | 43. Tipo de diligenciamiento | Cód.

44. Tipo despacho | Cód. | 45. Tipo de corrección | Cód. | 46. No. Referencia | 47. No. Programa especial de muestras o contrato de suministro de energía | 48. No. Autorización de embarque global

49. Régimen aduanero | Cód. | 50. Aduana despacho | Cód. | 51. Cód. País trámite | 52. Cód. Región de procedencia

53. Tipo de datos | Cód. | 54. Tipo de embarque | Cód. | 55. Cód. Naturaleza transacción | 56. Cód. Incoterms | 57. Lugar de entrega

58. Cód. Moneda de transacción | 59. Valor factura en moneda de transacción | 60. Tasa de cambio | 61. Forma de pago | Cód. | 62. Cantidad de pagos anticipados

63. Fecha 1er. pago anticipado (Año Mes Día) | 64. Mercancía a la mano con el viajero SI NO | 65. Sistemas especiales SI NO | 66. Exportación en tránsito SI NO | 67. Modo de transporte | Cód. | 68. Tipo de carga | Cód.

Lugares

69. Aduana de salida | Cód. | 70. País destino final | Cód. | 71. Cód. Lugar destino final

Valores estadísticos totales

72. Valor total FOB USD | 73. Valor total fletes USD | 74. Valor total seguros USD | 75. Valor total otros gastos USD

76. Valor total exportaciones USD | 77. Valor a reintegrar USD | 78. Total valor agregado nacional USD

Totales para control

79. Total series | 80. Total número de bultos | 81. Total peso bruto kgs.

Actuación aduanera

82. No. Autorización embarque | 83. Fecha autorización embarque (Año Mes Día) | 84. No. Solicitud autorización de embarque | 85. Fecha solicitud autorización embarque (Año Mes Día)

86. Nombre funcionario responsable | Firma funcionario responsable

87. Cargo.

88. Tipo de documento | 89. No. del documento de identificación

90. No. Radicación

Firma de quien suscribe el documento

1001. Apellidos y nombres

1005. Cód. Representación

1006. Organización

1002. Tipo doc. | 1003. No. Identificación | 1004. DV | 997. Fecha declaración exportación (AAAA MM DD HH MM SS)

Anexo 7D
Documento aduanero de exportación (México)

THIS INVOICE MUST BE COMPLETED IN ENGLISH

SHIPER FROM	Data
Tax ID/VAT No. AGE931028HC9	09/11/2016
Contact Name NORMA	Air Waybill No.
Telephone No. 55	**806122894654**
E-Mail **ncuevas**	
	INVOICE
ALFAOMEGA GRUPO EDITOR, S.A. DE C.V.	Purchase Order No. M29249
DR. ISIDORO	
COL. DOCTORES	
C.P. 06720, MEXICO D.F	EXW = EX WORKS
Country MEXICO	Reason for Export
Parties to Transaction	
[ ] Related Non-Related	[ ] Sold [ ] Not Sold [X] Other

SHIPPED TO	SOLD TO: [X] Same as SHIPPED TO
Tax ID/VAT No.	
Contact Name DAVID	SAMPLES
Telephone No. 932	
E-Mail	
Company/ Name/ Address:	Company/ Name/ Address:
MARGE BOOKS	SAME
AVENIDA ALCALDE MOIX No 28	
SABADELL, C.P. 08207	
BARCELONA ESPAÑA	
TEL 93	
Country ESPAÑA	Country:

No. of Packages	No. of Units	Unit of Measure	Description of Goods	Country	Value Unit	Total Value
1	50	PC	SAMPLES BOOKS	MEX	$ 1.00	$ 50.00 $

TOTAL DE PACKAGES   1

TOTAL WEIGTH(Indicate LBS or KGS   16.000   [ ] LBS   [X] KGS

Subtotal	$ 50.00
Insurance	$ -
Freight	$ -
Packing	$ -
Handing	$ -
Other	$ -
Invoice Total	$ 50.00
Currency C	

Special Instructions:

Declarations Statement(s):

Invoice without commercial value , value only for customer purposes

PROMOTIONAL MATERIAL WITHOUT COMMERCIAL VALUE

Signature/Title.   INTERNATIONAL COORD.   Date 09/11/2016

I declared that all the information contained in this invoice to be true and correct

Anexo 8
Documento de acompañamiento de exportación

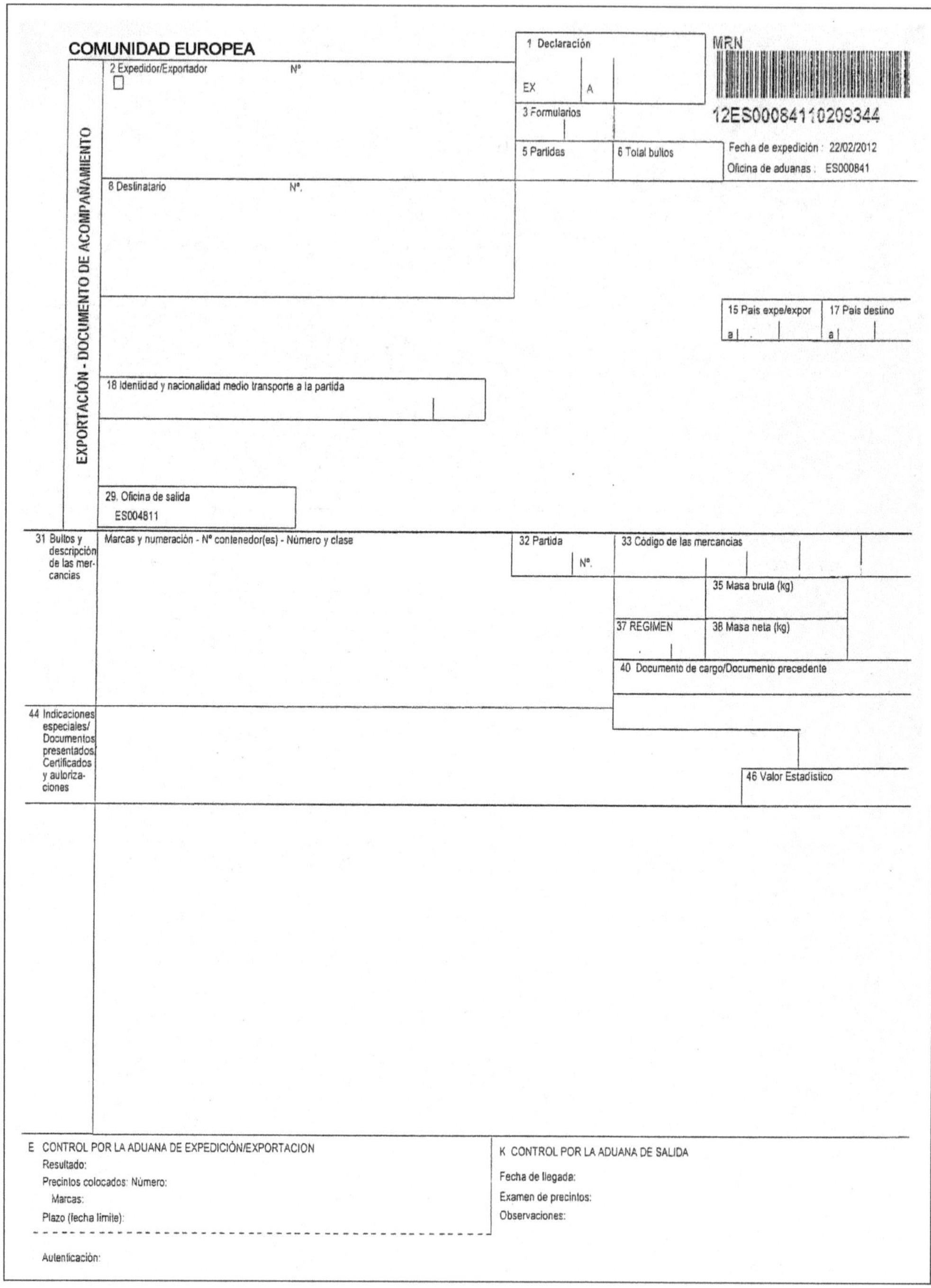

Anexo 9
Documento de pago

PÁG.:   1

Delegación de MADRID

N.I.F.:   99999999R
Nº de Referencia: DUA 2801 2 561926

Ejemplar para
EL INTERESADO

JUAN ESPAÑOL ESPAÑOL

Agencia Tributaria	DOCUMENTO DE PAGO Periodo voluntario de pago	MODELO 031

Organo liquidador **Administración de aduanas: MADRID**	Número de referencia DUA 2801 2 561926	Número de Justificante 280350000091P

Titular de la deuda	N.I.F. 99999999R	Apellidos y Nombre o Razón Social **JUAN ESPAÑOL ESPAÑOL**
	Domicilio	

Representante
99999999R

Apellidos y Nombre o Razón Social
JUAN ESPAÑOL ESPAÑOL

Concepto
DERECHOS DE IMPORTACION E IMPUESTOS INDIRECTOS

Importes:
DCHOS.ARANCELARIOS C   5,57
IVA IMPORTACION   39,65

9051203100000000004522280350000091P99999999R

Total a ingresar: 45,22 euros

PLAZOS DE PAGO
a/ Procedimiento ordinario y DUAS simplificados sin complementario: 10 días contados a partir de la fecha de notificación de la deuda, si no se ha depositado garantía por parte del interesado, o 30 días contados a partir de la fecha de contracción si se ha presentado garantía por parte del interesado.
Arts. 222 Y 227 del Código Aduanero Comunitario
b/ Procedimientos simplificados:
– DUAS simplificados obligados a presentar complementario: 32 días contados desde la fecha de levante.
– Duas recapitulativos y contracciones únicas: 30 días contados desde el día siguiente al de finalización del periodo de globalización disminuido en un número de días igual a la mitad del periodo de globalización.
Artículo 227, apt. l, letras b/ y b/, y apt. 3 del código Aduanero comunitario.
LUGAR DE PAGO
El pago podrá hacerse en Bancos, Cajas de Ahorros y Cooperativas de Crédito en las que no es preciso tener cuenta abierta, o por INTERNET en la página de la Agencia www.agenciatributaria.es.

ABONO a Tesoro Público, cuenta restringida de la Delegación de la A.E.A.T. para la recaudación de Tributos de Liquidaciones previamente notificadas, la cantidad que se indica en esta **Carta de Pago,** entregada por el deudor citado, para el pago de la liquidación que consta.

Justificante del Ingreso (Validación mecánica o sello, fecha y firma)

Anexo 10A
Formulario de solicitud de cuaderno ATA (hoja 1)

FORMULARIO DE SOLICITUD DE CUADERNO ATA

SR. SECRETARIO GENERAL DE LA CAMARA OFICIAL DE COMERCIO, INDUSTRIA Y NAVEGACION DE BARCELONA

El abajo firmante, D. ....

en nombre ___Propio___ .... N.I.F. o D.N.I. ....
de la Empresa

con domicilio .... D.º Postal .... Telf. ....

en la que ostenta el cargo de .... solicita de esa Corporación, le sea expedido un Cuaderno ATA, acogido al Convenio de:

☐ MATERIAL PROFESIONAL   ☐ FERIAS Y EXPOSICIONES   ☐ MUESTRAS COMERCIALES

(Señálese con una cruz el recuadro correspondiente al Convenio aplicable).

amparando el material que en relación al dorso se detalla y cuyo valor comercial se indica, del cual es propietaria la persona o entidad solicitante.

El cuaderno interesado debe ser valedero para los siguientes países:

EN DESTINO   ....

EN TRANSITO   ....

(Cuando deba utilizarse el cuaderno para más de una entrada en el mismo país, indíquese el número de entradas a continuación del nombre del país).

La Empresa o persona solicitante estará representada por ....
.... **(Cítese los datos personales del encargado de utilizar el Cuaderno ATA en las Aduanas).**

A tales efectos, el abajo firmante se compromete, en nombre propio o de la Empresa que representa, a:

1.º Repatriar el material que se indica dentro de los plazos autorizados.
2.º Cumplir lo ordenado, para la utilización de los Cuadernos ATA, por las Administraciones aduaneras españolas y de los países de destino o tránsito visitados con el material en cuestión.
3.º Satisfacer a la Administración aduanera del país de importación de dicho material, en caso de venta, cesión, abandono, pérdida, robo, destrucción fortuita, omisión del registro aduanero de reexportación, registro aduanero de reexportación de fecha posterior al plazo autorizado para la importación temporal, etc., el importe de los derechos de entrada y otras tasas correspondientes en vigor.
4.º Reembolsar a la Cámara de todas las sumas que, en concepto de derechos aduaneros y tasas, deba abonar con motivo del Cuaderno ATA solicitado y de cuantos gastos le origine la cancelación definitiva de este documento.
5.º Devolver a la Cámara el Cuaderno, para su regularización, dentro de los treinta días siguientes a su caducidad o antes si no les es ya necesario. En garantía de este Compromiso, el abajo firmante se declara conforme en entregar a la Cámara:

☐ UN AVAL BANCARIO O DE CAUCION   ☐ OTROS
☐ UN DEPOSITO EN METALICO

por suma en consonancia con el valor del material amparado, estimada suficientemente por la Cámara, para responder de las reclamaciones de aduanas extranjeras que puedan derivarse del uso de este Cuaderno ATA, según lo previsto en el artículo 6.º del Convenio Aduanero sobre Cuadernos ATA de 6 de diciembre de 1961

Cuando una garantía haya sido entregada, ésta será reintegrada por la Cámara o, en su caso, se entenderá cancelada, cuando dicha Corporación regularice el Cuaderno ATA expedido.

.... de .... de ....

EL SOLICITANTE,
(Firma original y sello de la Empresa)

NOTA IMPORTANTE:
La Entidad emisora del cuaderno declina toda responsabilidad por las dificultades que pudieran producirse en el caso de que las autoridades aduaneras, españolas o extranjeras, juzgasen insuficiente el valor declarado para el material.

DILIGENCIA DE EMISION **(A rellenar por la Cámara)**

Esta CAMARA OFICIAL DE COMERCIO DE BARCELONA, de acuerdo con la anterior petición, emite el CUADERNO ATA núm. ...., expedido el ...., con validez

hasta el .... conteniendo .... juegos de volantes amarillos .... juegos de volantes blancos .... juegos de volantes azules y .... hojas complementarias a la lista general de mercancías.

El titular ha presentado en garantía ....

EL SECRETARIO, P.D.

DILIGENCIA DE REGULARIZACION:
El cuaderno n.º .... ha sido regularizado provisionalmente con fecha de hoy, y devuelta la garantía.
En ....

Anexo 10B
Formulario de solicitud de cuaderno ATA (hoja 2)

N.° de orden N.° d'ordre *Item N°*	Designación comercial de las mercancías y en su caso, marcas y números Désignation commerciale des marchandises et, le cas échéant, marques et numéros *Trade description of goods* *and marks and numbers, if any*	Número de Piezas Nombre de Pièces *Number* *of Pieces*	Peso o Volumen Poids ou Volume *Weight or Volume*	Valor Valeur *Value* *)*	**Pais de origen** *Pays d'origine* *Country of origin*	Reservado a la aduana Réservé à la douane *For official* *use*
1	2	3	4	5	6	7
SUMA y **SIGUE** / TOTAL ou A REPORTER/*TOTAL or CARRIED OVER*						

Anexo 11A
Formulario de solicitud de cuaderno CPD (hoja 1)

FORMULARIO DE SOLICITUD DE CUADERNO C.P.D.

SR. SECRETARIO DE LA CAMARA OFICIAL DE COMERCIO, DE ....

El abajo firmante, D. ....

en nombre __Propio__ .... N.I.F. ó D.N.I. ....
de la Empresa

con domicilio .... Teléfono ....

en la que ostenta el cargo de .... solicita de esta Corporación, le sea expedido un Cuaderno C.P.D., acogido al Convenio de:

☐ MATERIAL PROFESIONAL   ☐ FERIAS Y EXPOSICIONES   ☐ MUESTRAS COMERCIALES

(Señalese con una cruz el recuadro correspondiene al Convenio aplicable).

a beneficio del material que en relación al dorso se detalla y cuyo valor comercial se indica, del cual es propietaria la persona o entidad solicitante.

El cuaderno interesado debe ser valedero para los siguientes países:

EN DESTINO   ....

                 ....

EN TRANSITO   ....

(Cuando deba utilizarse el cuaderno para más de una entrada en el mismo país, indíquese el número de entradas a continuación del nombre del país).

La Empresa o persona solicitante estará representada por ....

.... **(Cítese los datos personales del encargado de utilizar el Cuaderno C.P.D. en las Aduanas).**

A tales efectos, el abajo firmante se compromete, en nombre propio o de la Empresa que representa, a:

1.º Repatriar el material que se indica dentro de los plazos autorizados.
2.º Cumplir lo ordenado, para la utilización de los Cuadernos C.P.D., por las Administraciones aduaneras españolas y de los países de destino o tránsito visitados con el material en cuestión.
3.º Satisfacer a la Administración aduanera del país de importación de dicho material, en caso de venta, cesión, abandono, pérdida, robo, destrucción fortuita, omisión del registro aduanero de reexportación, registro aduanero de reexportación de fecha posterior al plazo autorizado para la importación temporal, etc., el importe de los derechos de entrada y otras tasas correspondientes en vigor, o bien,
4.º Reembolsar a la Cámara de todas las sumas que, en concepto de derechos aduaneros y tasas, deba abonar con motivo del Cuaderno C.P.D. solicitado y de cuantos gastos le origine la cancelación definitiva de este documento.
5.º Devolver a la Cámara el Cuaderno, para su regularización, dentro de los treinta días siguientes a su caducidad o antes si no les es ya necesario. En garantía de este Compromiso, el abajo firmante se declara conforme en entregar a la Cámara:

☐ UN AVAL DE UN BANCO, o   ☐ OTROS
☐ UN DEPOSITO EN METALICO, u

por suma en consonancia con el valor del material beneficiado, estimada suficientemente por la Cámara, para responder de las reclamaciones de aduanas extranjeras que puedan derivarse del uso de este Cuaderno C.P.D., según lo previsto en el artículo 6.º del Convenio Aduanero sobre Cuadernos C.P.D. de 6 de diciembre de 1961.

6.º Cuando una garantía haya sido entregada, ésta será reintegrada por la Cámara o, en su caso, se entenderá cancelada, cuando dicha Corporación regularice el Cuaderno C.P.D. expedido.

.... de .... de ....

EL SOLICITANTE,
(Fima y sello de la Empresa)

NOTA IMPORTANTE:

La Entidad emisora del cuaderno declina toda responsabilidad por la dificultades que pudieran producirse en el caso de que las autoridades aduaneras, españolas o extranjeras, juzgasen insuficiente el valor declarado para el material.

DILIGENCIA DE EMISION **(A rellenar por la Cámara)**

Esta CAMARA OFICIAL DE COMERCIO DE .... , de acuerdo con la anterior petición, emite

el CUADERNO C.P.D. núm .... , expedido el .... , con validez

hasta el .... conteniendo ...... juegos de volantes amarillos .... juegos

de volantes blancos .... juegos de volantes azules y .... hojas complementarias a la lista general de mercancías.

El titular ha presentado en garantía ....

EL SECRETARIO, P.D.

DILIGENCIA DE REGULARIZACION:

El cuaderno n.º .... ha sido regularizado provisionalmente con fecha de hoy, y devuelta la garantía

En ....

El Delegado de la Cámara,

Anexo 11B
Formulario de solicitud de cuaderno CPD (hoja 2)

N.º de orden N.º d'ordre Item N°	Designación comercial de las mercancías y en su caso, marcas y números Désignation commerciale des marchandises et, le cas échéant, marques et numéros *Trade description of goods and marks and numbers, if any*	Número de Piezas Nombre de Pièces *Number of Pieces*	Peso o Volumen Poids ou Volume *Weight or Volume*	Valor Valeur *Value* *)	**País de origen** *Pays d'origine* *Country of origin*	Reservado a la aduana Réservé à la douane *For official use*
1	2	3	4	5	6	7
SUMA y **SIGUE** / TOTAL ou A REPORTER/*TOTAL or CARRIED OVER*						

* Valor comercial en el país de emisión y en su moneda, salvo indicación contraria.
* Valeur commerciale dans le pays d'émission et dans sa monnaie, sauf indication contraire. / * Commercial value in country of issue and in its currency, unless stated differently.
** Indicar el país de origen si es diferente del país de emisión del cuaderno, utilizando el código internacional de los países ISO.

Anexo 12
Autorización administrativa de importación

AUTORIZACIÓN ADMINISTRATIVA DE IMPORTACIÓN

REINTEGRO

SECRETARÍA GENERAL DE COMERCIO EXTERIOR

MINISTERIO DE INDUSTRIA, TURISMO Y COMERCIO
SECRETARÍA DE ESTADO DE COMERCIO

(1) IMPORTADOR (NOMBRE, RAZÓN SOCIAL, DOMICILIO Y TELÉFONO)   N.I.F.

(2) CUPO Nº

(3) NÚMERO   32   4043775 1

(4) NÚMERO DE OPERACIONES FINANCIERAS

(5) ADUANA DE DESPACHO

(6) PROVEEDOR (EXPORTADOR) DOMICILIO Y PAÍS

(7) NOMBRE O RAZÓN SOCIAL Y DOMICILIO PARA LA NOTIFICACIÓN

(8) DESCRIPCIÓN RESUMIDA DE LA MERCANCÍA

Valor FOB. (o análogo)

(9) PLAZO DE VALIDEZ

(10) POSICIÓN ESTADÍSTICA NUMÉRICA

(11) INFORMACIÓN ADICIONAL

(12) PAGO DEL VALOR   SI ☐   NO ☐

(13) NATURALEZA DE LA TRANSACCIÓN
☐ 1. CON transmisión de propiedad
☐ 2. SIN (X) transmisión de propiedad

(14) PESO NETO KGS.

(15) MONEDA DE PAGO

(16) CONDICIONES DE ENTREGA   (INCOTERMS)

(17) UNIDAD DE MEDIDA

(18) VALOR TOTAL

(19) PLAZOS DE PAGO   meses hasta el último pago ☐ , ☐ % interés anual

(20) CANTIDAD TOTAL

(21) CONTRAVALOR EN EUROS

(22) PAÍS DE ORIGEN

(23) CANTIDAD AUTORIZ.

(24) VALOR AUTORIZADO

(25) PAÍS DE PROCEDENCIA

(26) RESOLUCIÓN

(27) OBSERVACIONES

(28) DESCRIPCIÓN DETALLADA DE LA MERCANCÍA   VALORES UNITARIOS O PARCIALES

(29) DATOS COMPLEMENTARIOS (X)
1. MESES DE PERMANENCIA:
2. INGRESOS: (Si los hay)
3. PAGOS:
4. ARRENDAMIENTO FIN.:   SI ☐   NO ☐

(30) FECHA Y FIRMA DEL TITULAR

(31) FIRMA, FECHA Y SELLO DE SALIDA

MEH J. Nº 3

SECRETARÍA GENERAL DE COMERCIO EXTERIOR

Anexo 13
Certificado de importación Agrim

COMUNIDAD EUROPEA - CERTIFICADO DE IMPORTACIÓN A G R I M

ES | N° 366117894 5

1 Organismo emisor del certificado (nombre y domicilio)

SECRETARÍA GENERAL DE COMERCIO EXTERIOR
Paseo de la Castellana, 162 - 28046 MADRID

3

4 Solicitante (nombre, apellidos, domicilio completo y Estado miembro)

SOLICITUD

7 País de procedencia — Obligatorio ☐ SI ☐ NO

8 País de origen — Obligatorio ☐ SI ☐ NO

11 Importe total de la garantía

13 PRODUCTO QUE VA A IMPORTARSE

14 Denominación comercial

15 Denominación según la nomenclatura combinada (NC)

16 Código(s) NC

17 Cantidad (1) en números

18 Cantidad (1) en letras

20 Menciones especiales

(1) Masa neta u otra unidad de medida con indicación de la unidad.

NOTAS

MEH t. N° 6

Anexo 14
Certificado de exportación Agrex

COMUNIDAD EUROPEA - CERTIFICADO DE EXPORTACIÓN O FIJACIÓN ANTICIPADA A G R E X

SOLICITUD

1 Organismo emisor del certificado (nombre y domicilio)

SECRETARÍA GENERAL DE COMERCIO EXTERIOR
Paseo de la Castellana, 162 - 28046 MADRID

ES Nº 565968705 6

3

4 Solicitante (nombre, domicilio completo y Estado miembro)

7 País de destino — Obligatorio — ☐ SI — ☐ NO

8 Fijación anticipada solicitada — ☐ SI — ☐ NO

9 Licitación solicitada — ☐ SI — ☐ NO

11 Importe total de la garantía

13 **PRODUCTO QUE VA A EXPORTARSE**

14 Denominación comercial

15 Denominación según la Nomenclatura Combinada (NC)

16 Código(s) NC

17 Cantidad (1) en números

18 Cantidad (1) en letras

20 Menciones especiales

(1) Masa neta u otra unidad de medida con indicación de la unidad.

NOTAS

Lugar y fecha:

Firma del solicitante:

MEH I. Nº 14

Anexo 15
Solicitud de importación de productos industriales

ES I 00366214 5

SOLICITUD DE DOCUMENTO DE IMPORTACIÓN DE PRODUCTOS INDUSTRIALES

1. Importador

NIF/Nº de IVA Intracomunitario

Nombre:
Domicilio:
Población: C.P. ....
Provincia: País:
Teléfono: Fax:
E-mail:

2. Declarante / Representante

Nº Buzón:

Nombre:
Domicilio:
Población: C.P. ....
Provincia: País:
Teléfono: Fax:
E-mail:

3. Código de la Nomenclatura Combinada y/o Categoría

4. País de origen

5. País de procedencia

6 a. Designación de las mercancías

Precio y condiciones de entrega según contrato

7. Período previsto importación

M M   A A A A

8. Aduana de despacho

9. Unidad de medida
a. Denominación de la unidad ....
b. Cantidad solicitada
   en la unidad de medida ....

10. Peso en kilogramos | **11. Valor total CIF en euros**

12. Período contingentario

6 b. [ ] 1ª Calidad   [ ] 2ª Calidad motivada por:

14. Datos para reparto de contingentes
14 a. La solicitud se efectúa como:

[ ] Importador nuevo

[ ] Importador tradicional

Indique en este caso las importaciones tradicionales por cada año base

Año base   Tradición importadora
....
....
....

13. Información adicional si procede
13 a. Si es sustitución indique el número
      de documento a sustituir

13 b. Proveedor/Exportador:
      Dirección:
      País:

13 c. Documento de Exportación nº .... fecha ....
13 d. Contrato nº .... fecha ....
13 e. Fecha de entrega .... Fecha de pago ....
13 f. Otra información adicional:

14 b. Otra información relativa a contingentes

15. Documentos aportados

1 [ ] Acreditación de Nº de identificación
2 [ ] Acreditación de representación
3 [ ] Acreditación tradición importadora
4 [ ] Documentos a sustituir
5 [ ] Documento de Exportación
6 [ ] Contrato
7 [ ] Conocimiento de embarque
8 [ ] Certificado de producción
9 [ ] Certificado de Artesanía y Folklore
10 [ ] Certificado CITES
11 [ ] Factura
12 [ ] Fotocopia DNI del certificador
13 [ ] Otros ....

16. Certificación

El abajo firmante certifica que los datos incluidos en la presente solicitud y en los documentos que se acompañan son exactos y han sido declarados de buena fe, que está establecido en la Comunidad Europea y que la presente solicitud constituye la única solicitud presentada por él o en su nombre relativa al contingente o vigilancia aplicable a las mercancías descritas en esta solicitud. El abajo firmante se compromete, en cumplimiento de la legislación comunitaria a restituir, en su caso, el documento de importación a la autoridad competente de expedición a más tardar dentro de los diez días laborables siguientes a su fecha de expiración.

Nombre y Apellidos

D.N.I.   En calidad de:

                                        Sello

Firma   Fecha .... de .... de...............

17. Reservado a la Administración
(Registro de Entrada)

MEH t. Nº 98

EJEMPLAR PARA LA ADMINISTRACIÓN

ILMO. SR. SECRETARIO GENERAL DE COMERCIO EXTERIOR · MINISTERIO DE INDUSTRIA, TURISMO Y COMERCIO · MADRID

Anexo 16
Licencia de transferencia de material de defensa y doble uso

<table>
<tr><td colspan="3" align="center">LICENCIA DE TRANSFERENCIA DE MATERIAL DE DEFENSA Y DE DOBLE USO</td></tr>
<tr>
<td>0.A EXPORTACIÓN / EXPEDICIÓN ☐

IMPORTACIÓN / INTRODUCCIÓN ☐</td>
<td colspan="2">0.B Material de defensa ☐
Productos y tecnologías de doble uso - REG (CE) 428/2009 ☐
Otro material ☐</td>
</tr>
</table>

1. Exportador/Importador ... NIF Nº REOCE	2. Número de licencia **ESMDDUM 0031217**	3. Plazo de validez
	4. Punto de contacto SUBDIRECCIÓN GENERAL DE COMERCIO EXTERIOR DE MATERIAL DE DEFENSA Y DE DOBLE USO	
5. Destinatario/Proveedor	7. Nombre, teléfono y domicilio para notificaciones (titular o agente / representante)	7.A Buzón Ministerial
	8. País de origen	Código
6. Dirección de la Autoridad emisora MINISTERIO DE ECONOMÍA Y COMPETITIVIDAD Secretaría de Estado de Comercio Castellana, 162 MADRID	9. País de expedición	Código
10.A. Comprador (si es diferente del destinatario)	11. País de la Unión Europea donde están o van a estar situados los productos/País de procedencia (para importación). Sólo para productos de doble uso.	Código
	12.A. Aduana de despacho	Código
10.B. Usuario Final (si es diferente del comprador)	12.B. Exportación en el marco de: TPA Nº Acuerdo previo Nº	
	13. País de destino	Código
14. Descripción detallada de la mercancía	15. Código aduanero (TARIC)	16. Artículo o Sub-artículo de Material de Defensa y de Doble Uso (ampliar en hoja complementaria)
	17. Valor total de la transacción Euro .... Cobro del valor Sí ☐ No ☐	18. Cantidad total y unidad de medida
19. Uso final	20. Fecha del contrato ¿Existe contrato con el Ministerio de Defensa? Sí ☐ No ☐	21. Régimen de exportación/exped. importación/introd. (INCOTERMS) ·· 22. Hojas complementarias Sí ☐ No ☐

23.A. Información adicional: ¿Incorpora la mercancía componentes, equipos o productos de otros países? Sí ☐   No ☐   Nº CII ....
¿Material incluido en la lista de armas de guerra? Sí ☐   No ☐   Nº CUD ....
Observaciones

24.A.	24.B Medio de transporte utilizado	24.C. TEMPORAL
☐ LICENCIA INDIVIDUAL ☐ LICENCIA GLOBAL ☐ RECTIFICACIÓN DE LICENCIA INDIVIDUAL Nº .... ☐ RECTIFICACIÓN DE LICENCIA GLOBAL Nº .... ☐ LICENCIA TEMPORAL	Aire Tren Carretera Barco Por determinar Empresa Ruta/Países de tránsito	A. Feria B. Prueba C. Reparación D. Homologación E. Otros F. Programa intern. de cooperación G. Donación/Regalo H. Segunda mano I. Asistencia Técnica J. Transferencia de tecnología Plazo de re-importación/re-exportación ....
25A. Datos Complementarios ☐ Memoria técnica ☐ Folletos ☐ DUD ☐ CUD ☐ Otros	25.B. Firma, nombre, cargo y Sello del titular	26. A rellenar por la autoridad emisora Sello Firma y nombre Cargo Fecha

En caso necesario, utilice hojas complementarias. Ver instrucciones de cumplimentación   SECRETARÍA DE ESTADO DE COMERCIO

SECRETARÍA DE ESTADO DE COMERCIO

MEH 1, Nº 16

Anexo 17
Declaración de transferencia temporal de armas de fuego reglamentadas

MINISTERIO
DE INDUSTRIA, TURISMO
Y COMERCIO

SECRETARÍA DE ESTADO
DE COMERCIO

SECRETARÍA GENERAL
DE COMERCIO EXTERIOR

DECLARACIÓN DE TRANSFERENCIA TEMPORAL DE ARMAS DE FUEGO REGLAMENTADAS

1.	**DATOS DE IDENTIFICACIÓN DE LA TRANSFERENCIA**
	TITULAR (NOMBRE O RAZÓN SOCIAL, DOMICILIO, TELÉFONO):

2.	**INFORMACIÓN ADICIONAL**
	PAÍS DE DESTINO:
	ACTIVIDAD:
	ARMA:
	TIPO:
	MODELO:
	MARCA:
	SISTEMA DE DISPARO:
	CAPACIDAD DE CARGA:
	CALIBRE:

MEH t. Nº 132

3.	**CERTIFICACIÓN DEL DECLARANTE**
	El abajo firmante certifica que está establecido en la Unión Europea y que los datos consignados en la presente declaración y en los documentos que se acompañan son exactos y se hacen constar de buena fe.

Nombre y apellidos   Firma   Sello

LUGAR Y FECHA

SECRETARÍA GENERAL DE COMERCIO EXTERIOR

Anexo 18
Documento de vigilancia

COMUNIDAD EUROPEA — DOCUMENTO DE VIGILANCIA

1	**1. Destinatario** *(nombre y apellidos, dirección completa, país, número del IVA)*

Original para el destinatario

2. Nº de expedición

3. Lugar y fecha previstos para la importación

4. Autoridad competente de expedición *(nombre y apellidos, dirección y teléfono)*

5. Declarante/representante *(si procede)* *(nombre y apellidos, dirección completa)*

6. País de origen *(y número de geonomenclatura)*

7. País de procedencia *(y número de geonomenclatura)*

8. Último día de vigencia

1

9. Designación de las mercancías

10. Código de las mercancías (NC) y categoría

11. Cantidad expresada en kilogramos (peso neto) o en una unidad suplementaria

12. Valor cif en frontera CE en ecus

13. Menciones complementarias

14. Visado de la autoridad competente

Fecha: ....

Firma: ....   Sello

Anexo 19
Documento Intrastat de expedición

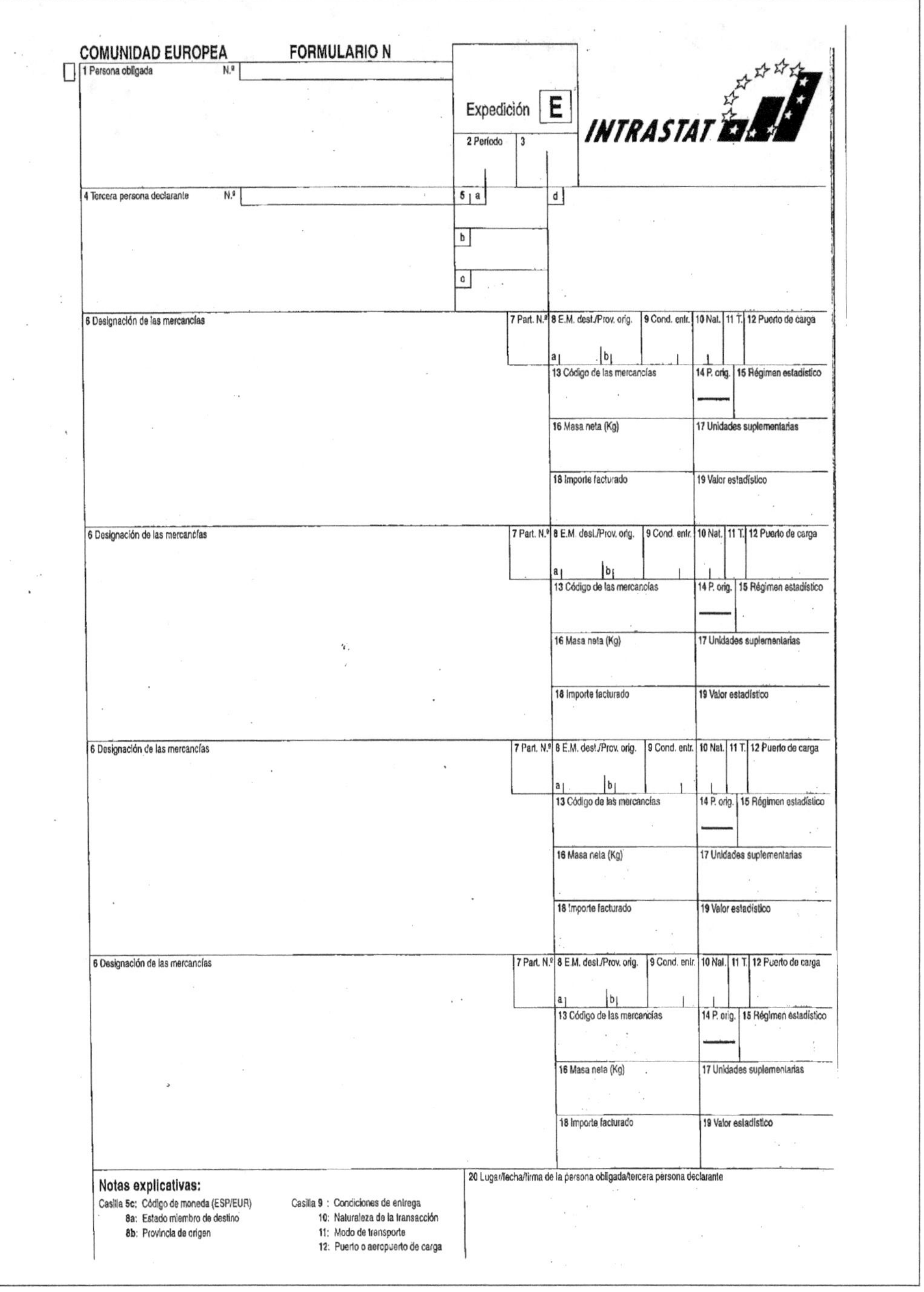

Anexo 20
Documento Intrastat de introducción

Tecnologías para liderar el futuro

Marc Busom

Mediciones e instrumentación. Metrología, modelación, sensórica

Luis Enrique Martín Santamaría

Cómo gestionar la cadena de suministo

Ed Weenk

Economía circular. Un enfoque práctico para transformar los modelos empresariales

Rozanne Henzen, Ed Weenk

Cadena de suministro. Principios, máximas y recomendaciones

Luis Aníbal Mora García

Manual del comercio electrónico

Eva María Hernández Ramos, Luis Carlos Hernández Barrueco

Manual de uso de las reglas Incoterms 2020

Alfonso Cabrera Cánovas

Manual de estrategia de operaciones

Ángel Caja Corral

Manual práctico de las 5'S para ganar en calidad y productividad

Luis Socconini, Marco Barrantes

Gestión financiera del comercio internacional

Josep M. Casadejús

El crédito documentario y el mensaje SWIFT

Luis Sánchez Cañizares

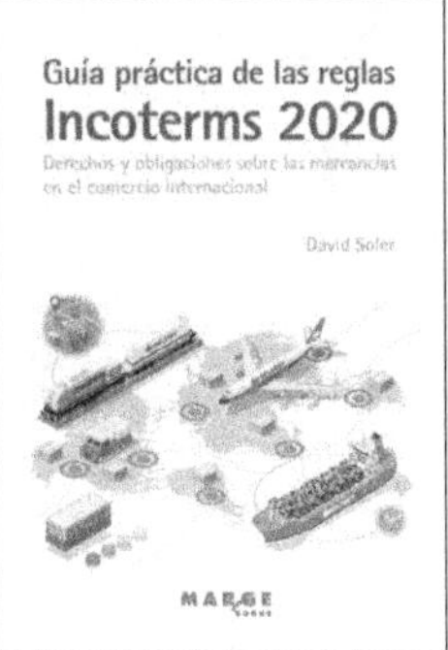

Guía práctica de las reglas Incoterms 2020

David Soler

Indicadores económicos en el comercio internacional

Òscar Mascarilla Miró

El riesgo país y las garantías internacionales

Xavier Fornt Alsina

Negociación para el comercio internacional

Cristina Peña Andrés

Manual de transporte para el comercio internacional

Cristina Peña Andrés

Guía documental para exportar e importar. Los 12 documentos clave

Alberto García Trius

Crédito documentario. Guía para el éxito en su gestión

Cristina Peña Andrés, Amelia de Andrés Leal

Brutau, 160 – 08203 Sabadell (Barcelona) – Tel. +34-931 429 486 – marge@margebooks.com – www.margebooks.com

www.ingramcontent.com/pod-product-compliance
Lightning Source LLC
Chambersburg PA
CBHW081250130726
47998CB00010B/2746